아시아 경제, "힘의 이동"

아시아 경제, "힘의 이동"
- 일본에서 중국으로 옮겨가는 경제주도권

삼성경제연구소

■■■ 책을 펴내며

　제2차 세계대전 이후 동아시아는 일본을 선두로 고도성장을 이뤄 1990년대에는 세계 경제의 주역의 하나로 부상했다. 동아시아는 성장뿐만 아니라 분배에서도 다른 어느 지역보다 균형을 달성한 것으로 평가받고 있다.
　1990년대 전반까지만 해도 세계가 부러워했던 동아시아 경제가 1990년대 후반에 미증유의 경제 위기를 겪었다. 급변하는 국제 경제 환경과 내부의 경제·사회 시스템을 조화시키지 못했던 나라에서 발생한 외환 위기는 아시아인들에게 뼈아픈 상처를 남겼다. 외환 위기를 겪지 않은 일본까지 10여 년간의 장기불황에 빠져 있고, 싱가포르, 홍콩, 대만 등도 2001년에는 마이너스 성장을 할 정도로 경제체질이 취약해졌다. 동남아시아 국가들은 외환 위기에서 완전히 벗어나지도 못하고 있는 상황이다.
　이처럼 선발 아시아 국가들이 미래의 진로를 설정하지 못하고 있는 가운데 후발자인 중국은 지금 1970년대 말 시작한 개혁·개방의 과실을 착실히 수확하고 있다. 일본이 머뭇거리고 있는 사이 중국 경제는 1990년대 후반 급속도로 성장하였고 동아시아 국가와의 협력 관계도 빠른 속도로 확대되고 있다. 무역이나 투자면에서 아직 일본에는 미치지 못하지만 수년 내에 중국이 일본을 앞질러 중심국으로서 아시아 경제를 주도할 것으로 예상된다.

앞으로 아시아는 일본과 중국의 마찰, 세계 시장에서 아시아 국가 간의 치열한 경쟁으로 인한 교역조건의 악화와 불안정 그리고 산업공동화로 인해 또 다시 경제 위기를 맞을 가능성도 있다. 더욱이 과거 일본 주도의 아시아 경제가 다자주의적 성격을 갖고 있었다면 중국 주도의 아시아는 내부지향적 성격을 갖게 될 것이며 이에 대한 미주와 유럽의 반발이 야기될 가능성도 있다. 아시아 경제가 과거의 성장세를 회복하고 공동번영을 하기 위해서는 다양한 방안이 모색되어야 할 것이다. 구조조정을 통한 경제 효율의 증진이 개별 국가의 과제라면 국제 시장에서의 협력과 산업분업을 촉진하는 것은 공동의 과제라고 할 수 있다.

이 책은 동아시아 경제의 과거 성장과 그 요인을 살펴보고 중국의 부상 및 그 의의를 아시아 전체의 맥락에서 다각도로 분석했다. 이 책이 아시아 경제의 질서 변화와 한국 경제의 좌표 설정에 관심 있는 독자들에게 참고가 되기를 기대한다.

2002년 10월
삼성경제연구소 소장 최 우 석

차 례 아시아 경제, "힘의 이동"

책을 펴내며

책을 시작하며

I 세계화로 성장한 동아시아

1. 동아시아의 고도성장	15
2. 대외지향형 성장 전략	23
3. 동아시아 발전과 일본의 직접투자	32
4. 역외 수출형 무역구조	40
5. 고저축 고투자 경제	48
6. 산업구조의 동조화와 경쟁	56

II 누가 아시아를 두려워하랴

1. 동아시아 경제의 문제	65
2. 동아시아의 수출주도형 전략 – 합성의 오류	73
3. 동남아시아 경제의 좌절	81
4. 신흥공업국은 어디로	99
5. 넘버원 일본?	112
6. 팔려가는 동아시아 기업	133

III 고도성장하는 중국

1. 중국 경제의 구조 고도화   151
2. 경제 성장의 원동력 외국인직접투자   162
3. 세계의 생산기지   170
4. 진전되는 산업구조 고도화   176
5. 중국의 성장 지속 가능한가   188

IV 중국과 동아시아의 경제협력의 변화

1. 중국과 아시아: 경쟁인가 보완인가   205
2. 일본과 중국: 중국 신드롬   218
3. 통합되는 중국과 대만 홍콩   233
4. 동남아시아와 중국 그 애증의 관계   244
5. 동아시아 지역화 가능성 증대   255

V 동아시아 경제의 미래를 위해

1. 동아시아의 경제협력의 현황   269
2. 동아시아 경제협력의 필요성과 목표   289
3. 가장 중요한 실물경제협력   307

맺는말   321

■■■ 책을 시작하며

역사학자 에릭 홉스봄은 19세기 후반의 세계사를 다룬 대작 『자본의 시대 The Age of Capital. 1848~1875』에서 "이 책의 저자는 이 책이 다루는 시대에 대한 어떤 혐오- 아마도 그것은 어떤 경멸일지도 모른다 - 를 감출 수가 없다. 다만 그 시대가 이룩한 그 엄청나게 거대한 물질적 성취에 대한 경탄과, 또 좋아하지 않는 일도 이해하려고 하는 노력이 나의 이러한 감정을 경감시키고 있는 것이다."라고 썼다. 그는 자본의 시대인 1848~75년 기간에 세계는 본격적인 자본주의 체제로 들어갔고 세계화를 통해 물질적 생산에서 과거 유례가 없는 발전을 이루어냈다고 평가한다. 이 시기에는 산업혁명을 통해 영국을 필두로 세계 경제- 엄밀히는 유럽 경제 -가 과거 어느 때보다도 발전했다. 영국은 공업 발전을 통해 세계 무역을 선도해나갔으며 독일은 프로이센을 중심으로 관세동맹을 통해 분열되어 있던 군주국들을 통일해갔다. 그리고 이를 바탕으로 강대국들은 식민지 전쟁을 하면서 제국주의의 길로 나서게 되는 것이다. 평화주의자인 에릭 홉스봄은 제1차 세계대전의 원인과 전조를 이 시기에서 발견했고 그래서 전쟁으로 귀결되는 물질적인 부의 축적을 혐오 혹은 경멸하지만 발전 그 자체는 인정하지 않을 수 없었던 것이다.

시대와 장소를 달리하지만 제2차 대전 이후 1990년대 중반까지 동아시아는 또 다른 자본의 시대로 19세기 후반 유럽의 발전에 결코 뒤지지 않는 성취를 만들어냈다. 실제로 약 50년 동안 동아시아가 이룬 물질적 성과는 대단한 것이었다. 일본은 제2차 세계대전의 패전국에서 미국에 이어 세계 2위의 경제대국으로 부상했고 한국은 분단과 내전을 겪으면서도 세계 12~13위권의 경제대국으로 성장했다. 홍콩, 싱가포르는 작은 도시를 세계의 대표적인 성공도시로 만들어갔다. 밀림과 천연자원을 배경으로 서구 식민지로 모노컬처적 생산구조를 보였던 동남아시아 각국 경제도 세계의 공업국으로 성장했다. 더구나 중국의 경우는 21세기 들어 세계적인 강국으로 등장할 전망이다.

그러나 21세기를 맞는 동아시아는 1990년대 후반 겪은 외환 위기와 일본의 침체, 중국의 부상이라는 구조 변동으로 불확실한 미래를 앞에 두고 있다. 후일 또 다른 에릭 홉스봄 같은 역사가가 20세기 후반의 동아시아 경제를 평가한다면 과연 어떻게 평가할 것인가? 에릭 홉스봄이 19세기 후반 자본의 시대를 경멸과 혐오로 인식한 것처럼, 후일 20세기 말의 동아시아 역사를 다룰 역사가들이 이 시기를 물질적 성공이 새로운 문제를 잉태한 시기로 쓸 것인지, 아니면 발전 이후에 균형과 조화를 달성한 황금의 시기로 평가할 것인지 역시 알 수 없다. 이는 현재 우리 앞에 놓여 있는 미래를 우리가 어떻게 만들어가느냐에 달려 있다. 지난 50년의 성과를 그대로 이어가면서 성장과 형평을 달성할 수 있을 것인가, 아니면 갈등과 분열, 국가간 성장 격차로 일부 국가들의 퇴보를 지켜보아야 할 것인가? 분명한 사실은 미래의 역사는 오늘 우리가 어떻게 생각하고 행동하는가에 달려 있다면 동아시아는 아직 희망이 있다는 것이다.

현실적으로 동아시아에는 몇 가지 위험 요소가 있다. 가장 먼저 들 수 있는 것은 동아시아 경제를 이끌어온 주도 세력이 바뀌는 데 따른 마찰이다. 1960년대 이래 동아시아는 일본이 주도한 세계화 과정에서 성장을 했고 동아시아의 시장은 세계 전역이 되었다. 그러나 선진국의 성숙, 미국과 유럽의 지역화 경향, 일본의 혁신 능력 쇠퇴 등으로 중국이 일본의 역할을 대신하게 될 것이다. 이 과정에서 일본과 중국이 협조적 게임을 할 것인지는 예측하기 어렵다. 둘째는 동아시아

■■■ 책을 시작하며

경제가 일본을 비롯해 계속 과도한 경쟁을 할 수 있다는 것이다. 동아시아 국가들이 제살 깎기 식의 경쟁을 하여 세계 시장에서 지속적으로 공산품의 덤핑식 수출을 하고 여기에 통제되지 않은 환율전쟁까지 가세하게 된다면 동아시아 국가들이 수출을 늘린다고 해도 교역조건의 악화로 후생 수준은 감소할 것이다. 셋째는 취약한 동남아시아 국가들에게 주기적으로 경제 위기가 닥칠 수 있다는 점이다. 외국인투자로 성장해온 동남아시아 국가들은 자체 기술역량을 충분히 개발하지 못했다. 외환 위기에서 완전히 회생하지 못하고 성장 산업이 없는 가운데 여전히 많은 외채를 지고 있다. 다국적기업은 이제 동남아를 더 이상 매력적인 투자국으로 보지 않을 것이다. 동남아시아가 신규 노동력에 일자리를 제공하고 외채 상환을 지속적으로 할 수 있을지 아무도 확신하지 못하고 있다.

이와 같은 예상되는 갈등과 위기를 사전에 막기 위해서는 동아시아 내에서 광범위한 협력이 이루어져야 한다. 이러한 협력을 반대하는 자유주의자 혹은 다자주의적 견해를 가진 측에서는 시간이 지나면 갈등과 위기는 시장에 의해 해결될 수 있다고 주장할 수 있다. 실제로 경제원리만 따진다면 경쟁력이 높은 국가는 살아남고 그것이 더 자연스러운 것인지도 모른다. 그러나 시장의 작동 과정에서 우리는 많은 사람들이 불안정한 삶을 영위하고 빈곤의 늪으로 빠지는 것을 보게 될 것이다. 이미 세계의 여러 국가들이 발전의 대열에서 탈락했고 앞으로도 그럴 가능성이 있다. 인간이나 국가에게 시장을 이야기할 수는 없다.

향후 10여 년 간에 동아시아 협력 체제가 어떤 형태로 나타날지 뚜렷하지는 않다. 동아시아 내부의 협력에 대한 미국의 강력한 반대는 계속 될 것이고 일본과 중국간의 경쟁이 협력을 어렵게 할 수도 있다.

그러나 미국이나 유럽에서 지역화 경향이 강화되고 동아시아 국가들의 성장 전략이 변하면서 시간이 가면 동아시아는 점점 자체의 제도적 협력의 틀을 갖추게 될 것이다. 찰스 디킨스는 프랑스 대혁명을 소재로 삶과 사랑을 기록했던 『두 도시 이야기』를 "그 때는 최상의 시간이었고, 최악의 시간이었고, 지혜의 시절이었고, 어리석음의 시절이었고, 믿음의 시기였고, 불신의 시기였고, 빛의 계절이었고, 어둠의 계절이었고, 희망의 봄이었고, 절망의 겨울이었다. 우리는 우리 앞에 모든 것을 갖고 있었고 아무 것도 갖고 있지 못했다."라는 문장으로 시작했다. 두 도시 이야기의 첫머리처럼 우리는 갈림길에 서 있고 우리 앞에는 모든 가능성이 있는 것이다. 향후 동아시아 역사를 관찰할 제2의 에릭 홉스봄은 20세기 후반의 동아시아 역사를 아름다운 자본의 시대였다고 기록할 수 있도록 해야 한다.

　이 책은 저자의 관찰을 토대로 과거 동아시아 경제의 성장과 문제점 및 중국의 부상을 살펴보고 동아시아 경제질서가 중국을 중심으로 어떻게 전개되고 있는가를 그린 것이다. 저자는 기본적으로 현재 동아시아 경제가 중대한 전환기에 들어서 있다고 본다. 세계화를 이끌었던 일본 주도에서 중국으로 경제의 중심축이 넘어가고 있으며 과거의 동아시아 경제 성장 모델이 일부 작동하지 않는다고 보는 것이다. 따라서 저자는 동아시아가 내부 문제를 해결하고 지속적인 번영을 달성하기 위해서는 협력, 특히 실물경제에서의 협력이 필요하다고 본다.

　물론 동아시아 경제를 평가하고 협력의 필요성을 제시했을 때 저자는 모든 사항을 실증적 차원에서 분석하고 제안한 것은 아니며 일부에서는 과감한 논리적 뛰어넘기도 있다는 사실을 인정한다. 따라서 이 책의 논지에 동의하지 않는 독자들도 있을 것이다. 그러나 사회현상을

■■■ 책을 시작하며

이해하는 과정에서 논박이 필요하다고 본다면 저자의 논지에 동의하든 하지 않든 동아시아의 현재와 미래에 관심이 있는 독자들에게 이 책은 다소 참고가 될 수 있을 것이다.

Part I
세계화로 성장한 동아시아

■■■ 현재 동아시아 지역의 발전 패턴은 서로 다른 공업화 단계에 있는 국가들 간의 노동의 수직적 분업에 기초하여 이전에 확립된 수출 부문에서의 우위가 높은 단계에 있는 국가에서 낮은 단계에 있는 국가로 계속 이전되고, 높은 단계에 있는 국가들은 계속 새로운 제품 라인에서 경쟁력을 획득해가는 안행형이다.(UNCTAD, Trade and Development Report, 1993, p. 131.)

■■■ 개도국에 대한 일본의 대규모 직접투자는 현재까지 유치국으로부터도 환영받고 있는데, 해당 국가의 천연자원·농업 생산, 가공산업의 개발에 큰 기여를 하고 다른 한편으로는 개별 국가에게 적합한 제조업이 일본에서 개도국으로 이전하는 데도 큰 기여를 하고 있다.(Kiyoshi Kojima, Direct Foreign Investment, 1978, p. 85.)

아시아 경제, "힘의 이동"

1. 동아시아의 고도성장

동아시아의 기적

역사상 수많은 경제대국이 탄생했다가는 사라지곤 했다. 멀리 로마시대까지 거슬러 올라갈 필요도 없이 14~15세기 지리상 대발견 이후만 살펴보더라도 스페인, 네덜란드, 영국, 프랑스, 미국 등 여러 나라가 성쇠 과정을 거쳐갔다. 그러나 이 과정에서 중국을 제외한 동아시아 국가들이 세계적 강대국으로 인정받았던 사례는 찾아보기 힘들다. 비단과 도자기의 나라인 중국은 오랫동안 경제적·정신적으로 세계를 선도할 수 있는 잠재력을 갖고 있었고, 그래서 서구의 지도자들에게 일종의 경외의 대상이 되기도 했지만 중국 스스로가 13세기 유라시아를 경영했던 몽고족의 활동과 14세기 명나라 때 정화(鄭和, 1371~1435?, 명나라의 무장)의 대항해(大航海) 이후 세계를 이끌고 나간다는 생각을 해본 적은 없었다. 그래서 중국은 잠자는 위대한 거인이었고 동아시아에서만 중심으로서 자존을 가졌던 나라에 불과했다. 그리고 19세기에 중국은 종이호랑이에 불과하다는 사실을 세계에 증명하고 말았다.

일본도 마찬가지로 세계의 주역이 되지는 못했다. 일본은 메이지 유신 이후 40여 년 만에 급속히 성장했고 청일전쟁과 러일전쟁의 승리를 거쳐 20세기 초에는 그 누구도 무시할 수 없는 국가가 되었다. 한때 일본은 중국 대륙 대부분을 점령하여 장개석의 국민당은 내륙 양자강의 오지인 충칭까지 밀려났고 모택동이 이끄는 공산당도 옌안까지 대장정의 길을 떠나지 않으면 안 되었다. 더구나 일본은 한반도와 대만뿐만 아니라 멀리 미얀마와 남태평양의 작은 섬까지 지배하여 강대국의 흉내를 내었으나 그 과정에서 얼마나 많은 사람들에게 피해를 주었는가는 누구나 아는 사실이다. 이처럼 일본은 세계의 이목을 끌기는 했으나 지도국이 되지는 못했던 것이다.

제2차 세계대전 이후 동아시아는 지리멸렬해졌다. 중국은 공산화되었고 미국 주도의 냉전시대 동안 다른 동아시아 국가와는 교류가 없었다. 일본은 전후의 폐허 속에서 생존해야 했고 한국을 비롯한 동남아 국가들은 신생국으로서 불확실한 국제 정치·경제질서 속에서 불안하게 국가의 미래를 설계해야 했다. 더욱이 한국은 분단 상황 속에서 더 많은 문제를 갖고 있었다.

그러나 1960년대부터 동아시아는 수출지향적 제조업의 안정된 성장에 힘입어 서서히 생명을 되찾기 시작했다. 일본이 선발 주자로 이미 1960년대에 전쟁의 폐허에서 자동차를 수출하는 새로운 공업국가로 부상했다. 1960년대 일본의 연평균 성장률 10.5%는 그 어느 선진국도 따라올 수 없는 것이었다. 이후 고도성장세는 한국·대만·홍

동아시아 국가의 성장률 추이

(단위 : %)

	1960~69	1970~79	1980~89	1990~95	1996	1997
일본	10.5	5.1	4.0	2.0	3.5	1.8
한국	7.6	9.3	7.8	7.8	7.1	5.7
중국	-	9.6	9.5	10.7	9.7	8.8
대만	9.1	10.2	8.1	6.4	5.7	6.8
홍콩	8.7	8.9	7.3	5.0	4.9	5.3
싱가포르	8.7	9.4	7.3	8.6	6.9	7.8
말레이시아	-	8.0	5.8	8.9	8.6	7.8
태국	8.0	7.3	7.3	9.0	5.5	-0.4
인도네시아	3.0	7.7	5.3	8.0	8.0	5.0
필리핀	4.8	6.1	1.9	2.3	5.7	5.1

자료 : IMF, 각국 통계.

콩·싱가포르 등 아시아신흥공업국(NICs)을 거쳐 말레이시아, 태국, 인도네시아 등으로 확산되어갔다. 이들 8개국의 1965~90년까지의 성장률은 세계에서 가장 높았으며 1970년대와 1980년대에는 아시아신흥공업국이 세계 무대에 네 마리의 용으로 화려하게 등장했다. 그리고 1980년대 후반 세계는 열대 몬순의 농업 지역인 동남아시아가 순조롭게 공업국으로 전환되고 있음을 보았다. 그리고 1990년대에는 동남아시아와 중국이 부상하기 시작했다. 실제로 동아시아는 제2차 세계대전 이후 세계적으로 유례 없는 고도성장을 장기간 유지했다.

성장이 지속되면서 동아시아 경제구조도 고도화되었다. 성장은 농업 부문의 축소와 도시 및 공업 부문의 확대로 나타났다. 위장실업이 축소되면서 도시와 농촌 간의 격차 및 소득 격차가 감소했고 성장의 과실은 상대적으로 균형 배분되었다. 동아시아에서는 짧은 기간 동안 삶의 질이 급속히 개선되었는데 세계은행의 추정에 의하면 1975~95년 기간 동아시아의 빈곤 인구는 급속히 감소한 것으로 나타나고 있다.

빈곤선을 이용해 구한 인두지수(head-count index)[1]에 의하면 1975년에는 동아시아 인구의 약 60%가 하루 1달러 미만으로 생활하고 있었으나 1995년에는 10명 중 2명만이 하루 1달러 이하로 살게 되었다. 이처럼 절대적 빈곤 인구가 급격히 감소했는데 비록 외환 위기로 빈곤 인구가 다시 증가하기는 했으나 필리핀에서만 빈곤 인구가 증가했을 뿐 인도네시아에서는 6,500만 명 이상, 중국에서는 3억 명 정도가 이 기간에 빈곤을 탈출할 수 있었던 것이다. 필리핀의 성장률이 1980~90년대에 계속 낮았다는 점에서 경제 성장이 빈곤 퇴치에 가장 중요한 수단이라는 사실을 알 수 있다.

소득 수준이 높아지면서 영양 공급이 개선되었고 의료보건서비스의 질도 개선되어 동아시아에서는 기대수명도 증가했다. 1970년 인도네시아에서 새로 출생한 사람은 47.9세 정도만 살 것으로 기대되었으나 1995년에 태어난 신생아는 15년 이상 더 살게 되었다. 말레이시아·태국에서 1995년에 태어난 사람은 25년 전에 같은 마을에서 태어난 사람보다 10년을 더 살 수 있게 되었다. 인도네시아의 빈곤 인구 감소에서 볼 수 있듯이 빈곤의 추방이 사람의 삶을 얼마나 개선시키는지 알 수 있다. 또한 이러한 결과를 두고 관찰자에 따라 다르게 주장하기도 하지만 중남미 등에 비해서는 훨씬 공평한 소득 분배를 성취한 것이기도 했다. 즉 동아시아는 성장과 균형이라는 어려운 과제를 무난하게 달성했던 것이다.

---

1 여기서 인두지수는 1985년 구매력 평가 기준의 불변 미 1달러를 빈곤선으로 가정한 것이다. 즉 이 기준에 의해 하루 1달러 미만의 소득을 갖는 인구를 빈곤 인구로 산정했다.

동아시아의 생활 수준

	빈곤 인구(백만 명)		인두지수(%)		기대수명(출생시)	
	1975	1995	1975	1995	1970	1995
중국	568.9	269.3	59.5*	22.2	61.7	69.4
인도네시아	87.2	21.9	64.3	11.4	47.9	63.7
말레이시아	2.1	<0.2	17.4	4.3	61.6	71.8
필리핀	15.4	17.6	35.7	25.5	57.2	66.5
태국	3.4	<0.5	8.1	<1.0	58.4	69.0

주 : * 는 1978년의 중국 농촌 지역만 대상으로 한 결과.
자료 : World Bank, *East Asia: The Road to Recovery*, p. 75.

성장의 배경에 대한 평가

한 특정 지역이 이렇게 단기간에 순차적으로 그리고 성공적으로 경제 성장을 한 사례는 흔하지 않기 때문에 동아시아의 성장 원인을 규명하기 위해 학술적 또는 실제적인 차원에서 많은 논의가 이루어졌다. 가장 먼저 논의의 물꼬를 튼 것은 1990년대 초 세계은행에서 만들어낸 「동아시아의 기적 The East Asian Miracle」이었다.[2] 이 보고서는 고도성장을 달성한 아시아의 8개국을 대상으로 성장의 요인이 무엇인가를 정책적 차원에서 분석했으며 최초로 동아시아 경제 발전을 '기적'이라는 이름으로 불렀다. 세계은행의 연구에 소요된 연구자금은 일본 정부로부터 나왔는데, 자금을 지원한 일본은 내심 동아시아 고도성장에 일본의 산업 정책이나 경제 철학이 얼마나 큰 영향을 미쳤는가를 보여주고 싶어했다.

---

2 The World Bank, *The East Asian Miracle: Economic Growth and Public Policy*, 1993, Oxford University Press.

그러나 연구진은 일본의 기대와는 달리 동아시아 고유 모델은 존재하지 않고, 동아시아가 정책을 유연하고 실용적으로 구사하여 경제 성장을 달성했다고 해석했다. 즉 세계은행은 동아시아 각국이 경험과 제도가 다양하고 정책에서도 엄청난 차이를 보이므로 단일 동아시아 모델이란 없고, 동아시아 정부는 고도성장에 필요한 기능을 수행하기 위해 실용성과 유연성에 기초한 다양한 정책적 조합을 사용했는데 그 핵심에는 시장 기능의 제고와 경쟁 원리의 촉진이 있었던 것으로 파악하여 정부 주도의 산업 정책의 유효성에 대해서는 큰 의미를 부여하지 않았던 것이다.

세계은행은 이 보고서에서 동아시아의 성장을 '기능적 접근 방법'에 의한 것이라고 해석했다. 3개의 성장 기능, 즉 축적(accumulation), 효율적인 배분(allocation), 급속한 기술 추격(생산성 향상)을 위해 정부는 시장지향형에서 국가주도형에 이르기까지 다양한 경제 정책을 사용했다. 안정된 거시경제 유지, 인적자본 개발, 가격구조 왜곡 최소화, 외국기술 개방 등은 급속한 성장의 기초가 되었고 금융 통제(낮은 실질 이자율 유지), 선택적 산업 육성, 수출 촉진을 위한 비전통적 무역 정책 등 선택적 개입 정책이 경제의 통합 조정이 필요할 때 사용되었다. 선택적 개입 정책이 성공하기 위해서는 준경쟁 상태(유효경쟁)가 조성되어야 하는데 동아시아에서는 기본적인 경쟁 원리와 개입이 협력적으로 조화되었고 이러한 경쟁 원리는 축적, 배분, 생산성 증가에 기여하고 지속적인 고도성장과 공평한 소득 분배를 달성하도록 했다.

세계은행은 동아시아 중에서도 동남아시아의 발전 과정이나 모델이 동북아시아의 모델에 비해 세계 다른 개도국에 시사점이 있다고 평가하고 있다. 일본·대만·한국은 고유한 역사와 제도적 배경 아래 정부의 선택적 개입 및 성과 감시를 확립시키는 메커니즘을 개발했으나 이는 특수한 것이었으며, 1960~70년대의 국제 환경에서 정부의 개입이 가능했으므로 다른 개도국에 적용하기는 무리라는 것이었다. 그러나 동남아시아 국가의 경우 외국인투자나 금융 개방도가 높고 시장 자유화를 병행함으로써 다른 개도국에 건설적인 모델이 될 수 있다고 평가했다.

세계은행의 보고서가 신고전파 경제학의 입장에 서 있다면 동아시아의 성장이 고유한 동아시아의 특성에 의존하고 있다는 견해도 있다. 예컨대 캠포스와 루트(Campos & Root)는 동아시아가 '공유성장(shared growth)'을 추진함으로써 경제 성장을 달성했다고 보았다. 경제

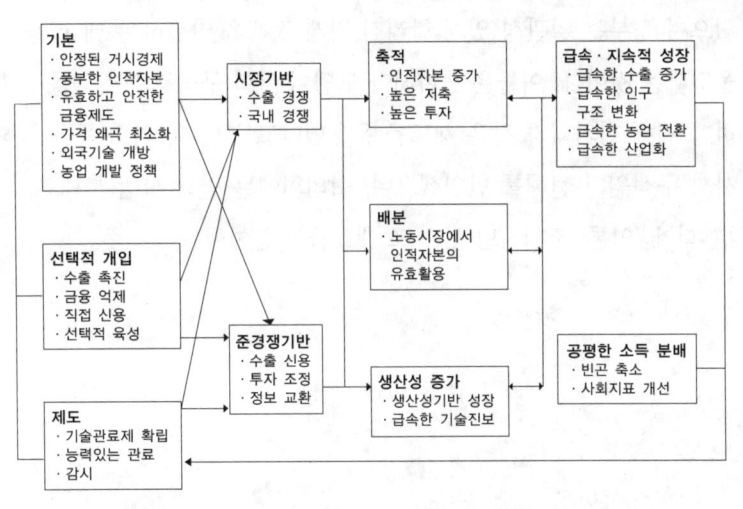

자료 : World Bank, *The East Asian Miracle*, p. 88.

발전 과정에서 '선희생, 후과실' 법칙이 작용할 때 사회 각 구성원의 동의를 얻는 것이 중요한데 동아시아는 동의를 얻는 방법으로 공유성장을 선택했고 이를 통해 사회의 분열 없이 지속적인 고도성장을 달성했다는 것이다. 즉 이들은 동아시아가 서구의 대의제 시스템과는 다른 동아시아 고유의 시스템을 갖고 있다고 본 것이다.[3]

동아시아 정부의 지도자들은 경제 발전을 위해서 사회 구성원의 기대를 통합 조정해야 한다는 점을 인식하고 사회 안정과 지속적 성장 추진에 힘썼다. 각 정부는 권위주의 혹은 독재정부였지만 경제 성장과 성장 과실의 공평한 확산을 통해 적법성을 확립했고, 성장 정책의 혜택을 확대하여 개인과 기업들은 공유성장에 대한 신뢰를 확신했다. 재계는 역동적인 산업 기초의 건설을 담당하고, 일반 국민들은 경제 확대로 장기적이고 지속적인 수혜를 거두어들이는 기회를 갖게 되었다. 공유성장을 통해 사회의 분열이 억제되고 체제 붕괴의 위험도 줄어들었으며 정부는 일관성 있게 합리적 경제 정책을 마련하는 데 힘을 기울였다는 것이다. 이들은 동아시아 모델이 사회 구성원의 합의를 도출하기 위해 협의회와 같은 제도를 운용했다고 본다. 협의회 등을 통해 사회 구성원의 견해를 반영했으며, 협의회에는 민간 산업계 대표, 정부, 학계, 언론, 소비자단체, 노조 대표들이 참여했다.

---

[3] Jose Edgardo Campos & Hilton L. Root, *The Key to the Asian Miracle: Making shared Growth Credible*, The Brookings Institution, 1996.

2. 대외지향형 성장 전략

공업화와 수출주도형 성장

일본은 동아시아에서는 가장 먼저 1950년대에 공업화를 성공적으로 수행했다. 전후 일본의 정치·경제질서 형성에 큰 영향을 미쳤던 더글라스 맥아더 장군은 엔화를 1달러당 360엔에 고정시켰고 이를 바탕으로 일본은 면직물, 장난감, 트랜지스터 라디오 등 공산품을 저가에 미국에 수출할 수 있었다. 일본의 발전은 기업간 경쟁, 국가 주도의 산업 정책, 세계 시장에서 경쟁을 통한 기술 발전 등 서구의 선진국과는 다른 정부의 개입과 시장의 활용이라는 양측을 모두 강조하는 전략에 기인했다. 일본은 이후 자동차·전자 등에서 세계 시장을 석권하면서 미국의 업체들을 도태시켜 나갔다.

부존자원이 부족하고 일본의 성장 전략에 영향을 받은 한국·대만·홍콩 등은 경제 발전 초기인 1960년대 이후 수출주도형 공업화 정책을 쓰기 시작했다. 한국에서는 구로 공단이나 마산 수출공단 등 수출을 전제로 한 공업단지들이 건설되었다. 수출품으로는 섬유의류, 신발, 합판, 심지어 가발까지 노동집약적 제품이 주류를 이루었다. 1960년대 한국의 부녀자들은 가발의 원료로 사용되던 긴 머리채를 팔아 가계에 보태기도 했고 1970년대 초만 해도 한국의 가장 대표적인 기업은 합판업체인 동명목재이었다. 1970년대 중화학공업화를 추진한 한참 뒤인 1980년대 중반까지도 한국에서 신발·섬유의류는 가장 중요한 수출품이었다.

대만의 사정도 다르지 않았다. 1970년대 대만의 주력 산업은 합성섬유에 기반을 둔 섬유 산업이었고 이를 기반으로 대만 최대의 기업집단인 포모사플라스틱 등 대기업이 출현했다. 홍콩의 경우에도 공산화와 함께 유입된 상하이의 섬유 기업인들의 진출이 홍콩 공업화의 기초가 되었고 홍콩은 이후 세계 섬유 무역의 중심지가 되기도 했다.

동남아시아는 동북아시아 국가들에 비해 공업화를 뒤늦게 시작했다. 태국을 제외한 이들은 서방의 식민지로 장기간 존속되어왔고 열대 지역에 풍부한 천연자원을 갖고 있었기 때문에 공업화에 대한 필요성을 덜 느꼈다. 식민 모국들은 동남아시아를 자국 공업에 필요한 자원의 공급지로 개발했기 때문에 농업이나 플랜테이션이 중요한 산업이었다. 더구나 인도네시아와 말레이시아는 석유 생산국으로서 1970년대 두 차례의 석유파동 기간에는 상당한 덕을 보기도 했다. 그러나 이들도 1970년대가 되면 점점 투자를 유치하고 수출에 관심을 보이기 시작했다. 말레이시아가 후일 전자 공업의 중심지가 된 페낭을 근거로 수출가공기지를 건립한 것이 1970년대 초였던 것이다.

동아시아가 수출을 확대하면서 세계 무역에서 차지하는 동아시아

세계 무역에서 지역별 비중 추이

(단위 : %)

	동아시아	일본	NICs	아세안	중국	미국	EU	세계
수출								
1970	11.3	6.9	1.7	2.2	0.6	15.3	39.9	100.0
1980	14.8	7.0	3.1	3.8	1.0	11.8	35.7	100.0
1990	21.0	8.5	6.3	4.3	1.9	11.6	44.1	100.0
1995	26.7	8.9	8.3	6.5	3.0	11.8	38.5	100.0
수입								
1970	11.8	6.4	2.2	2.7	0.6	14.3	39.3	100.0
1980	15.1	7.3	3.3	3.4	1.0	13.3	37.0	100.0
1990	18.9	6.7	5.9	4.7	1.5	14.8	44.1	100.0
1995	24.7	6.6	8.4	7.2	2.6	15.1	37.2	100.0

자료 : IMF, *International Financial Statistics* 각호.

의 비중은 급속히 증가했다. 1970년만 해도 동아시아 총수출은 세계 총수출 2,821억 달러의 11.3%인 319억 달러에 불과했고 이 중에서 일본은 193억 달러, 60.5%를 차지했다. 그러나 1995년에 동아시아의 수출 비중은 26.7%로 급격히 증가했다. 일본의 세계 시장 점유율은 1955년 2.2%에서 1965년 4.5%로, 그리고 1970년 6.9%에서 1995년이면 8.9%로 증가했다. NICs 국가군의 비중은 1970년 1.7%에서 1995년 8.3%로 괄목하게 증가했는데 실제로 한국의 수출 증가율은 1970년대 전반 연평균 43.5%에 이르렀고, 후반에도 28.1%가 성장했다. 대만·홍콩·싱가포르 등 나머지 국가들의 수출 증가율도 1970년대 30%에 근사했다. 아세안의 경우도 NICs에 미치지는 못하지만 빠른 수출 신장세를 보였고 중국의 경우도 1970년 세계 전체의 0.6%에 불과하던 비중이 1995년에는 3.0%까지 증가했다. 동아시아의 수입도 급속히 증가하여 세계 시장에서 차지하는 비중이 1970년 11.8%에서

동아시아 국가의 공산품 수출 비중

(단위 : %)

	1975	1980	1985	1990	1995	1999
한국	81.9	90.5	91.8	94.1	94.3	92.9
홍콩	97.9	97.8	98.1	98.6	99.3	99.6
대만	81.4	88.2	90.7	93.6	94.1	96.6
싱가포르	50.2	51.9	53.9	73.6	86.4	88.5
중국	n.a	49.7	49.4	74.4	85.6	89.8
인도네시아	n.a	4.0	13.9	38.4	52.2	58.3
말레이시아	31.4	28.4	32.1	55.8	77.0	82.2
필리핀	22.1	39.7	62.2	72.6	82.7	93.8
태국	23.8	39.8	42.7	64.8	74.2	78.0

자료 : ADB, *Asian Development Outlook*, 2001, p. 166.

1995년에는 24.7%로 증가했다.

 수출의 증가는 수출 상품이 공산품으로 고도화되지 않으면 불가능하다. 한국·대만·홍콩 등 3국의 공산품 수출 비율은 1970년대에 이미 75% 수준을 상회했고 1985년에는 총수출의 90%를 상회하게 되었다. 완전한 공업국으로 탈바꿈한 것이다. 동남아시아의 경우에는 여전히 자연자원과 농산물이 주요한 수출품이었다. 태국의 쌀·고무·주석, 인도네시아의 석유·광물자원·목재 등은 주요한 수출품이었고 말레이시아는 주석이나 고무를 수출했다. 그러나 이들의 공업화가 진행되자 공산품 수출 비중은 1985년 이후 급격하게 높아졌다. 예컨대 인도네시아는 1980년 공산품 수출 비율이 4%에 불과했으나 1990년에는 38.4%, 1999년에는 58.3%로 증가했다. 말레이시아와 태국도 비슷한 양상을 보였다. 중국의 경우는 이미 1980년에 공산품 수출 비율이 50%에 육박했고 1999년에는 90%에 이를 정도로 공업화되었다.

동아시아의 공업화는 해외 시장에 대한 수출과 연결되었다. 저개발 단계에서 동아시아 국가들은 좁은 내수 시장만을 대상으로 공업화를 추진하기는 어려웠기 때문에 규모의 경제를 통한 효율성 제고와 비용 절감을 위해 해외 시장을 대상으로 하지 않을 수 없었다. 수출 주도를 위해 동아시아 국가들은 수출 진흥을 위한 정책으로 관세·비관세 보호 외에도 무역신용이나 관세환급 등 다양한 방법을 동원하면서 자원의 왜곡이라는 비난을 받기도 했지만 결과적으로 수출은 동아시아 경제 성장에 가장 중요한 밑거름이 되었다.

그 결과 동아시아 국가들의 해외 의존도가 지나치게 높아졌는데 2001년 현재 싱가포르의 수출은 GDP 대비 174%에 이르고 있다. 홍콩·말레이시아·태국 등도 높은 수출 의존도를 보이고 있는데 해외에서의 수요 변화가 즉각적으로 국내 경제 성과에 영향을 미치게 되는 것이다. 이에 비해 중국과 일본의 수출 의존도는 각각 26% 및 10% 수준을 유지하고 있고 한국은 이들보다는 높은 40%선에 이르고 있다.[4]

성공한 대외지향 전략

지난 1987년 세계은행은 매년 발간하는 「세계은행 개발보고서」에서 아주 흥미로운 분석을 했다. 세계의 41개 개발도상국을 몇 가지 기준에 의해 강력한 대외지향형, 보통의 대외지향형, 보통의 대내지향형, 강한 대내지향형으로 구분하여 경제성장률, 1인당 소득, 국내저축률,

---

4 싱가포르는 중계무역을 하는 국가이다. 싱가포르 당국은 수출을 국내 수출과 재수출로 구분하여 발표하고 있는데 2000년의 경우 국내 수출은 57%였다. 국내 수출은 다시 석유 수출과 비석유 부문 수출로 구분되고 있고 엄밀하게 싱가포르가 산유국이 아니므로 가장 중요한 것은 비석유 국내 수출이다. 2000년 비석유 국내 수출은 총수출의 약 48% 정도였다.

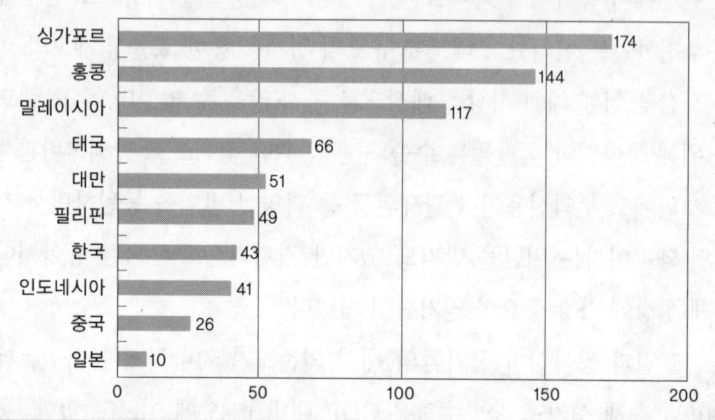

자료: *Asian Wall Street Journal*, 2002. 5. 29.

인플레이션 등 경제적 성과를 측정했던 것이다.[5] 각 기준에 의해 강한 대외지향형 국가로 분류된 나라들은 1963년 이후 1985년까지의 홍콩·한국·싱가포르 등이었으며 강한 대내지향형 국가들로서는 아르헨티나·방글라데시·페루 등이 있었다. 말레이시아·태국은 온건대외지향형 국가로 분류되었고 인도네시아의 경우 전반기에는 온건대외지향형이었으나 1973~85년에는 온건대내지향형으로 방향을 수정한 것으로 나타났다. 이 기간에 자원민족주의가 전세계적으로 강력하게 일어났고 제 1, 2차 석유 위기가 있었다는 점에서 인도네시아는 제조업 육성의 필요성을 덜 느꼈기 때문이다. 플랜테이션에 기반을 둔 지주계층의 정책 결정 영향력이 컸던 필리핀은 전 기간에 걸쳐 온건대내

---

5 World Bank, *World Development Report*, 1987.

지향형 국가였다.

　개발도상국의 성장률을 기간별로 보면 전체적으로 1963～73년 기간의 성장률이 1973～85년보다 더 높았다. 1960년대에는 미국 주도의 자유화가 급속히 신장되었고 세계 경제가 안정되어 개발도상국의 성장에 기여했으나 1973년 이후에는 2회에 걸친 석유파동의 영향을 개발도상국이 받았기 때문이다.

　국가 범주별로 보면 강력한 대외지향형 정책을 채택한 국가군에서 1963～73년 기간과 1973～85년 기간 모두 경제성장률과 1인당 소득이 가장 빨리 증가한 것으로 나타났다. 강한 대외지향적 국가의 평균 성장률은 전기에 거의 10%, 후기에도 8%에 가까웠다. 이에 비해 강한 대내지향적 국가의 성장률은 강한 대외지향적 국가의 성장률에 비해 양기간 모두 절반 정도에 불과한 것으로 나타났다. 또한 제조업의 실질부가가치 증가율, GDP에서 제조업의 비중, 공업 부문의 고용 비중, 제조업 고용 증가율 등에서 강력한 대외지향형 국가가 가장 빠른 성장률을 보였다. 그래서 보고서는 "대외지향형 경제의 경제적 성과가 전반적으로 거의 모든 측면에서 대내지향형 경제보다 우월하였다."라고 결론짓고 있다.[6] 이를 통해 강력한 대외지향형 전략이 개발도상국의 경제 발전에 상대적으로 큰 기여를 했던 것이다.

　성장 전략에 따라 특히 주목할 점은 투자의 생산성을 나타내는 한계고정자본계수(ICOR)이다.[7] 경제가 성숙할수록 수확체감의 법칙이 작용하기 때문에 자본 심화 현상이 나타나며 한계고정자본계수는 시

---

6 World Bank, *World Development Report*, 1987, p. 85.
7 한계고정자본계수는 1단위의 GDP 증가를 위해 몇 단위의 투자가 필요한가를 나타내는 투자의 생산성을 나타내는 지표로 사용된다.

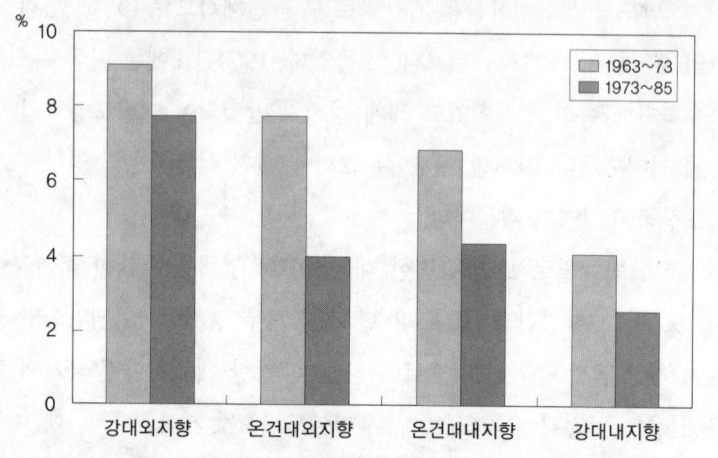

자료 : World Bank, *World Development Report*, 1987, p. 84.

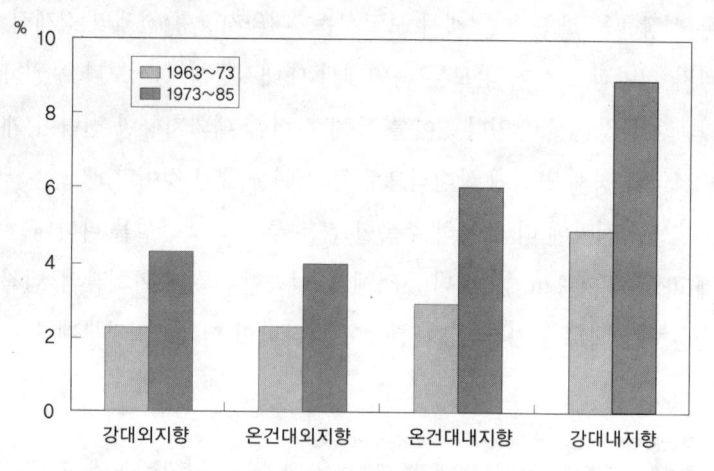

자료 : World Bank, *World Development Report*, 1987, p. 84.

간 경과에 따라 증가하고 성숙국일수록 커진다. 그런데 이 한계고정자본계수가 대외지향형의 강도에 따라서 상이하다는 것이다. 즉 강한 대외지향형 국가일수록 한계고정자본계수가 작고 약한 대외지향형 국가일수록 컸다. 이는 강한 대외지향형 국가가 같은 투자를 해도 더 많은 부가가치를 창출한 것으로 투자가 더 효율적이었다는 사실을 말해준다. 이는 개발도상국이 대외에 경제를 개방하면서 세계 시장에서 경쟁하기 위해 기업의 비용 절감이나 효율성 제고를 위한 노력을 많이 했다는 것을 의미한다. 즉 경쟁에 노출될수록 투자의 효율성이 증가한다는 것을 말하는 것이다.

3. 동아시아 발전과 일본의 직접투자

일본과 신흥공업국의 대 동남아시아 투자

전후의 폐허에서 경제를 재건시킨 일본은 1960년대에 들어서 새로운 공업국가로 떠올랐다. 해외에도 눈을 돌리기 시작한 일본은 수입대체형 전략을 사용하고 있던 동남아시아에 무역장벽을 우회하기 위해 투자를 시작했다. 또한 섬유 산업을 육성하기 시작한 한국에도 주로 원료 분야이지만 기업들이 합작투자의 형태로 진출했다. 경제 개발에 필요한 자금을 조달하기 위해서 한국은 이미 1965년에 일본과 외교 관계를 정상화하였다. 일본의 아시아 진출은 1970년대 초반만 해도 동남아시아 국가에게는 상당한 부담으로 작용했는데, 1974년 일본의 다나까 수상이 동남아시아를 순방할 때는 대규모 반일시위가 전개되기도 했다. 이후 후쿠다 수상의 '마음과 마음으로 동아시아를 대한다'는 소위 후쿠다 독트린 이후 일본의 원조는 동남아시아에 넘쳤다.

1970년대 말과 1980년대 초반 제 2차 원유쇼크 이후 세계 경제는 극심한 침체기로 빠져 들어갔다. 미국은 쌍둥이적자로 고통을 겪고 있었고 생산성 증가율이 낮아졌다. 이때 세계적으로 과거에 보지 못했던 기현상이 벌어졌다. 경기는 침체했으나 물가는 상승하는, 즉 스태그플레이션이 발생했다. 인플레이션의 주요한 원인 중의 하나는 유가를 비롯한 비용 상승이었다. 미국의 레이건 정부에서는 경기회복을 위한 다양한 아이디어가 만발했는데 한 대학교수는 식당에서 내프킨에 낙서처럼 그린 곡선을 이용하여 감세(減稅)가 오히려 경제활동을 증가시키며 세수를 증대시킬 것이라고 주장했다. 이 교수의 이름을 딴 소위 '래퍼커브(Laffer Curve)'는 정치성은 떨어졌으나 많은 사람들의 고개를 끄덕이게 했고, 레이건 대통령 역시 마찬가지였다. 그러나 다양한 논의에도 불구하고 결국 미국을 비롯한 선진국들이 취한 조치는 잘나가고 있는 일본의 경쟁력을 환율 조정을 통해 저하시키자는 것이었다.

　1985년 가을 서방 선진국 재무장관의 합의(플라자합의) 이후 일본의 엔화 환율은 하락하기 시작했다. 일본 기업은 단기간에 급등한 엔고 현상 때문에 비명을 질렀지만 일본과 경쟁하던 한국과 대만 등 비교적 앞선 동아시아 국가의 경쟁력은 급속히 상승했다. 한편 엔고로 경쟁력이 저하된 일본 기업은 동남아시아로 진출하기 시작했다. 1987년 이후 한국·대만 기업도 동남아시아에 진출하기 시작했다. 1980년대 중반 이후 3저 시기에 한국이나 대만·홍콩은 수출을 급격히 신장시키면서 미국의 무역 압력과 통화절상 압력을 받았고 자국 내에서는 국민들의 민주화 열기가 거세져 인권·노동권의 요구가 높아짐에 따라 인건비가 상승하여 수출경쟁력이 하락했기 때문이다. 더구나 3저 효과로 기업들은 어느 정도 내부에 축적된 자본을 갖고 있기도 했다. 대만 기업들은 화교 기반이 강하고 전자 산업이 발전한 말레이시아·태국으로 이전했다.

동남아시아 또한 1980년대 중반에는 자원 중심의 경제가 그 한계에 와 있었다. 싱가포르, 말레이시아, 인도네시아가 모두 낮은 성장률을 기록하거나 마이너스 성장을 경험했고 통화가치를 절하하지 않을 수 없었다. 동남아시아로서는 경제난을 해소하기 위해서라도 외국인 직접투자 유치에 더 많은 노력을 기울여야 했다.

다음의 그림은 신흥공업국들의 대 아세안 투자가 시작된 1980년대 말과 1990년대 초의 동아시아의 투자 및 무역 관계를 나타내고 있다.[8] 이 시기에 NICs는 일본으로부터는 기술과 자본재를, 미국으로부터는 자본재를 수입하고 있었다. 아세안은 일본으로부터 자본과 기술,

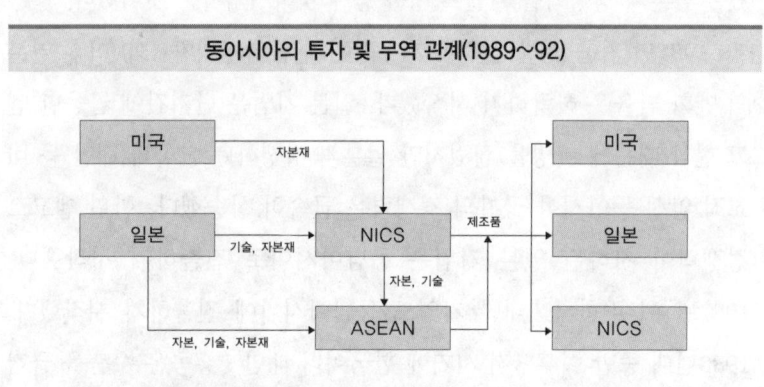

동아시아의 투자 및 무역 관계(1989~92)

자료 : 日本通産省, 『通商白書』 1992년판.

---

[8] 아시아신흥공업국이 미국으로부터 자본재를 수입하는 부분은 대일 수입에 비해 그 규모가 크지 않고, 제조업 상품이 일본과 아시아신흥공업국으로 수출되는 정도도 대미 수출에 비하면 얼마되지 않는다고 할 수 있다.

그리고 자본재를 수입하고 있었다. 동시에 이 시기에는 NICs의 대 아세안 투자가 시작되어 자본과 기술이 아세안으로 진출하게 된다. 이와 같은 구조에서 NICs와 아세안의 생산품은 미국, 일본, 신흥공업국으로 수출되었다. 또한 이 시기는 아세안까지 수출을 급격히 증가시킴으로써 동아시아의 순차적 발전 과정이 점차 혼합 발전의 양상을 보이며 상호경쟁의 시기로 접어든 때였다.

한편 일본은 경제력에 걸맞게 막대한 공적개발원조(ODA)를 동아시아에 지원했다. 동아시아 위기가 발생한 1997년 일본의 개발원조자금 지원은 93억 달러를 넘었으며 이는 69억 달러를 지출한 미국보다도 많은 것이다. 그러나 일본의 ODA 지원 중 무상원조는 원조국 중 가장 낮은 비율인 40% 수준에 불과하다. 또한 대부분의 원조국이 일본 경제와 직·간접적으로 관계가 있는 국가들이었다. 그 결과 일본 ODA의 수원국들의 상당수가 아시아 국가이다. 실제로 1997년의 경우 아시아 지역에 대한 원조 비율이 전체의 69%를 차지하고 있었다. 이는 아시아가 더 빈곤했던 1976~77년 기간에 비해 4%포인트가 낮아졌을 뿐이다. 더구나 상위 10개 대상국은 아시아 국가들이며 5위까지의 국가가 전체의 40%를 차지하고 있었다.

이와 같이 1960년대 이후 아시아 지역의 경제가 상대적으로 높은 성장을 했음에도 원조가 아시아에 집중된 이유는 역사적·지리적·경제적인 이유로 파악할 수 있다. 원조는 무상이든 저금리에 의한 자금이든 주로 수원국의 경제 발전이나 경제 안정을 목적으로 지원된다. 그러나 일본의 원조는 병원 설립·상수도 시스템 구축·농촌 용수 공급 등 경제적 인프라 건설, 산업 생산과 서비스의 개선 등에 치중하고, 기초 교육·위생과 같은 기초적인 민간 수요에 대해서는 빈약했다. 그래서 일본의 대 동아시아의 원조 대부분은 무역, 직접투자, 건설프로젝트와 연계되어 일본 기업의 동아시아 진출을 지원하는 수단으로 활용되었던 것이다.

일본이 의식했든 안 했든 동아시아는 일본의 대 동아시아 전략의 일환 속에서 일본의 직접투자와 정책·기술 등을 수용하면서 공업화를 추진해왔다. 그러나 동아시아는 공업화 과정에서 세계 시장을 이용하여 성장을 했기 때문에 수출시장으로서의 미국을 가장 중요시했다. 즉 동아시아는 1960년대 이후 전개된 제 2차 세계화 과정의 가장 큰 수혜국들이었던 것이다.

안행 형태의 발전

일본은 동아시아의 경제 성장에 다양하게 기여했다.

첫째, 일본의 경제 운용 철학은 동아시아 국가들의 모델이 되었다. 동아시아 경제의 성장에서 정부는 중요한 역할을 했으며 육성 대상 산업을 선정하고 자원을 배분해 효과적인 무역 정책을 사용하는 등 전략적 개입을 해온 것이다. 대체적으로 정부의 이러한 전략적 개입은 생산성 상승에 기여했다고 평가되는데[9] 동아시아의 정부 대부분이 일본에게서 배웠다. 일본은 처음으로 산업 정책의 실질적인 형태를 세계 경제에 제시했는데 1970년대 이전에는 '산업 정책(Industrial policy)' 이라는 용어가 존재하는지도 모른 채 대부분의 동아시아 국가들이 당연한 것처럼 일본의 모델을 이어받아 산업 정책을 광범위하게 사용했던 것이

---

9 Stiglitz, Joseph E. "Some Lessons from the East Asian Miracle", *World Bank Resrearch Observer*, Vol. 11, No. 2, 1996, pp. 151~177.

다. 일례로 1960년대와 70년대 한국의 개별 산업진흥법은 일본의 동종의 법률을 대부분 모방한 것이었다.

둘째, 일본의 자본과 기술은 동아시아의 산업 발전에 기여했다. 자본과 기술이 이전되는 가장 중요한 통로는 직접투자였다. 일본은 1970년대부터 국내에서 인건비 상승 등으로 경쟁력이 저하되는 산업들을 직접투자를 통해 동아시아 국가들로 이전했다. 처음에는 섬유·봉제 등 노동집약적 산업이 이전했고 이러한 산업들은 동아시아 전체의 수출 산업으로 발전하였다. 1970년대 말에는 일본의 자동차업체가 동남아시아 내수 시장을 목표로 진출했고 1980년대에는 우회수출을 위해 전자 산업이 진출했다. 독자적인 기술 개발 능력과 자본이 부족했던 동아시아에서 일본의 직접투자는 산업 발전의 기초가 되었던 것이다.

일본의 직접투자는 한국이나 대만 등 선진 신흥공업국보다는 후발 주자인 아세안에 더 집중되는 현상을 보였다. 이는 한국이나 대만에서 기업가 계층이 더 두터웠기 때문이기도 하고 단일민족국가로서 동남아시아 국가들에 비해 민족주의적 성향이 더 강했기 때문이기도 하다. 일본 기업의 대 아세안 투자는 3단계로 나눌 수 있다. 제 1단계는 1950~60년대 주로 원료 조달용 투자를 했던 시기이며 인도네시아 등에 대한 투자가 많았다. 제 2단계는 1960~70년대 주로 소비재나 공업용 소재 및 중간재의 내수 목적의 투자가 많았던 시기였다. 전자업체로서는 마쓰시타, 산요, 도시바 등이 활발한 진출을 했는데 당시 동남아시아에는 고관세 등 장벽이 많았고 이를 피하고 수출을 확대하는 차원에서 투자가 이루어졌다. 따라서 현지 내수 시장용의 가정용 전자·자동차 조립의 투자가 많았다. 제 3단계의 투자는 1985년 플라자 합의 이후 엔고 현상으로 빚어진 투자 러시이다. 이 때는 우회수출을 위해 전자업체들이 집중적으로 진출했으며 많은 기업이 일본과 동남 아시아에서 동시에 생산을 하였다.

이처럼 일본은 경제 철학이나 동아시아가 절대적으로 필요한 생산 및 공정기술을 이전하고 자본을 공급하여 동아시아 산업 성장의 선순환(virtuous cycle) 구조를 만드는 데 기여했고 성장은 지역적으로 확산되었다. 이러한 경제 발전은 동아시아라는 시스템 내에서 계속되었다.

이와 같은 동아시아 지역 전체의 동태적 발전 과정을 흔히 안행형태(雁行形態) 발전이라고 한다.[10] 안행이론은 1930년대 섬유 산업의 동태적 발전 과정을 경험적으로 설명하기 위해 제시된 것이었으나 일본인 학자들은 경쟁력을 상실한 산업이 쇠퇴하고 신흥 산업이 비교우위 산업으로 부상하면서 산업 구조가 고도화되어가는 과정을 설명하는 데 이용했다. 또한 이들은 이를 동아시아 국가의 순차적 발전 과정에 적용하여 일본이 아시아 경제의 성장에 기여했음을 주장해왔고[11] 적어도 경제 위기 이전까지 이 안행형 발전 모델은 많은 조명을 받았다.

안행형 발전에 의하면 일본은 선두에 서서 산업을 발전시키고 경쟁력이 저하되면 제2선에 있는 국가가 이 산업에서 비교우위를 갖게 된다. 또 제2선의 국가가 경쟁력을 상실하면 제3선에 있는 국가가 이를 다시 개발시키는 것이다. 예컨대 섬유 산업의 경우 초창기에는 일

---

10 안행형 모델이 처음 등장한 것은 1930년대 섬유 산업의 동태적 발전 과정을 연구한 Akamtsu에 의해서였다. 이후 이 이론은 1970년대의 Kojima를 거쳐 일본에서 시작되는 동아시아의 산업 발전 과정을 경험적으로 설명하는 이론이 되었다. 일본에서 경쟁력이 저하되는 산업이 동아시아의 다음 단계에 있는 국가로 이전되고 여기에서 다시 경쟁력이 저하되면 다음 단계의 국가로 이전해간다는 것이다. 그 이전 과정에서는 앞선 국가의 투자가 중요한 역할을 하게 된다는 것이다.
11 Edith Terry, *The east Asian Miracle- one paradigm Too Many?*, International Relation Research Archive, http://www.irra.org/ebt/paradigm1.html

본에 비교우위가 있었으나 일본이 다른 산업으로 이전해가면서 NICs 국가로 비교우위가 이전됐고, 다시 아세안, 중국으로 비교우위가 이전한다는 것이다. 즉 동아시아 경제는 일본에서 시작된 산업 발전이 아시아 신흥공업국으로 이전하고 다시 동남아시아로 이전하는 안행 형태로 전개되면서 발전했으며 이 과정에서 일본은 직접투자, 개발원조, 기술이전 등을 통해 이를 도왔다는 것이다. 이는 특정 산업을 볼 때 일본—한국, 대만—아세안으로 산업이 이전해간다는 것을 말한다. 그래서 이동 과정에서는 직접투자가 중요한 역할을 한다.

그러나 일본의 이러한 기여가 반드시 긍정적인 측면만 있는 것은 아니었다. 이러한 형태의 발전은 선두자가 지속적으로 혁신 능력을 갖추고 새로운 산업을 발전시켜야 유지될 수 있다. 결과적이기는 하지만 일본은 1990년대 들어와서 이러한 혁신 능력을 상실하고 말았다. 더욱 중요한 것은 일본이 직접투자를 하면서 게이레츠(系列) 시스템을 그대로 이전시킴으로써 동아시아 국가는 일본에 기술과 자본을 더욱 의존하지 않을 수 없는 단기 이익, 장기 창조 능력의 미개발이라는 문제를 갖도록 한 것이었다.

4. 역외 수출형 무역구조

역내 무역의 증가와 대 일본 적자 증가

1960년대 이후 일본의 대 동아시아 투자와 이후 계속된 신흥공업국의 부상 및 대 동남아시아 투자는 동아시아의 경제를 수출의존형 구조로 전환시켰고 역내의 교역도 급격히 증가했다. 그러나 동아시아의 지역별 역내 무역 흡수력에는 상당한 차이가 있다.[12] 2000년 일본의 대 동아시아 수입은 1,051억 달러로 총수입의 31%를 차지하고 있다. NICs 3국의 경우는 2,543억 달러, 전체의 52.3%를 동아시아에서 수입하고 있다. 아세안과 중국도 각각 총수입의 47.6%인 1,061억 달러, 44.1%인 628억 달러를 역내에서 수입하고 있다. 일본의 대 동아시아 수입

---

12 여기서의 동아시아 역내 수입 구조 분석에서는 대만이 제외되어 있다. 대만이 IMF 회원국이 아니기 때문에 대만의 무역통계가 IMF의 무역통계에 반영되지 않았다. 그러나 분석 결과는 큰 차이가 없을 것으로 보인다.

비율은 1980년 20.7%에서 2000년 31.0%까지 지속적으로 증가했고 다른 지역의 경우도 마찬가지다.

이는 경제 발전에 따라 동아시아의 무역 협력이 확대되고 있다는 것을 의미한다. 그러나 금액으로 볼 때는 역내 무역의 확대에 가장 크게 기여한 지역은 NICs 3국이다. 이들은 역내에서 1980년 297억 달러를 수입했으나 2000년에는 2,543억 달러를 수입하게 된 것이다. 1980~90년 기간에 NICs 3국은 동아시아가 흡수한 수입 증가액 1,485억 달러 중 761억 달러를 흡수하여 총 역내 수입 증가분의 51.2%를 차지했으며 1990~2000년 기간에는 2,980억 달러 중 49.8%인 1,485억 달러를 흡수했다. 아세안 4국은 1980~90년에는 19.3%, 1990~2000년 기간에는 20.5%로 비슷한 기여율을 보이고 있다.

중국은 1980~90년 기간에 동아시아로부터 191억 달러를 수입했고 이는 역내 수입 증가분의 12.9%였다. 1990~2000년 기간에도 중국은 12.5%의 기여율을 보였다. 일본은 1980~90년 역내의 수입 증가분의 16.6% 정도를 흡수했으며 1990~2000년 기간에는 별 차이가 없는 17.1%만 흡수했다. 이처럼 동아시아 국가들이 역내 수입을 확대해왔지만 이는 일본의 수입 확대보다는 주로 NICs가 수입을 확대하면서 나타난 현상이다.

실제로 2000년 현재 NICs 3국은 531억 달러의 대 일본 적자를 기록하여[13] 아세안 4국과 중국이 15억 달러 및 149억 달러의 흑자에도 불구하고 동아시아 전체는 일본에 367억 달러의 적자를 기록하고 있

---

13 여기서는 IMF의 통계를 주로 이용했는데 IMF 통계는 대만의 통계를 집계하지 않아 대만이 분석에 포함되지 않았다. 그러나 2000년 대만의 대 일본 수출은 166억 달러, 수입은 386억 달러로 220억 달러의 엄청난 적자를 기록하고 있다. 대만 경제부, 「國內外經濟統計指標速報」, 2001. 5.

각국(지역)의 동아시아 내 수입 추이

(단위 : 억 달러, %)

	일본	NICs 3국	아세안 4국	중국	계
1980	293 (20.7)	297 (43.3)	164 (42.0)	64 (32.8)	818 (30.5)
1985	299 (22.9)	404 (46.4)	170 (45.7)	211 (49.6)	1,084 (36.5)
1990	540 (23.0)	1,058 (48.6)	450 (46.1)	255 (47.4)	2,303 (38.1)
1995	1,012 (30.1)	2,438 (53.9)	1,086 (49.3)	573 (43.4)	5,109 (44.8)
2000	1,051 (31.0)	2,543 (52.3)	1,061 (47.6)	628 (44.1)	5,283 (40.0)
1980~1990	247 (16.6)	761 (51.2)	286 (19.3)	191 (12.9)	1,485 (100.0)
1990~2000	511 (17.1)	1,485 (49.8)	611 (20.5)	373 (12.5)	2,980 (100.0)

주 : NICs 3국은 한국, 홍콩, 싱가포르, 아세안 4국은 말레이시아, 태국, 인도네시아, 필리핀.
자료 : IMF, DOT를 이용 계산.

다. NICs의 대일 적자는 이들의 공업화 심화와 함께 계속 확대되었고 한때 자원 수출로 대일 흑자를 기록했던 아세안도 공업화에 따라 적자로 전환되었다. 중국은 1985년경까지는 일본에 적자를 기록했으나 의류·가전 등 일반 공산품의 수출을 확대하면서 최근에는 흑자를 기록하게 되었다. 동아시아의 대일 무역은 전반적으로 동아시아 경제가 호황을 보일 때 적자가 확대되었고 경제가 상대적으로 어려울 때 적자 폭이 감소하는 모습을 보이고 있다.

일본은 동아시아의 성장을 활용해 수출을 증가시켰으나 역내에서 그 만큼 수입을 확대하지는 않았고 동아시아 역내 교역의 증가는 NICs 상호간의 교역 증가와 아세안과 중국의 수입 증가로 나타난 결과라고 할 수 있다. 일본은 강력한 생산기술과 게이레츠로 대표되는 자기완결형 생산구조를 갖고 있어 동아시아와의 산업 협력이나 분업의 영역이 상대적으로 적었고 중간재나 부품, 소재의 수입 수요가 크지 않았다. 물론 일본의 수입 중 동아시아 수입 비율은 급격히 증가해 왔지만 그 규모에는 한계가 있었다. 예컨대 일본의 수입액 3,797억 달러(2000년) 중 공산품의 수입은 2,320억 달러로 약 61%에 불과하다. 식료품, 원료, 원유 등의 수입이 상당 부분을 차지하고 있는데 소비재의 수입 증가에는 한계가 있는 것이다. 2000년 일본의 대 아시아 수입 구조를 보면 광물성 연료(석유·LNG 등)가 12.8%, 섬유 원료 등 원료가 4.1%, 식품이 9.4%, 기계기기 37.6%, 섬유 제품 13.4%, 그리고 기타 공산품 22.7%로 구분된다. 1차 산품의 경우 가격 변동은 있겠지만 수입 수요가 급증할 수 없고 섬유 제품의 경우도 동일하다.

일본의 대 동아시아 무역 흑자는 일본이 동아시아를 일본 중심의 무역 및 투자시스템의 하위구조로 고착시켜놓고 있기 때문이다. 일본은 동아시아 경제의 틀을 형성하면서 기술을 지배하고 있어 대 동아시아 수입의 상당 부분도 사실은 일본 기업의 현지 투자회사로부터의 수입일 뿐이다. 이러한 구조로 일본은 몇십 년간 완전고용상태를 유지할

동아시아 지역의 대 일본 무역수지 추이

(단위 : 억 달러)

	1980	1985	1990	1995	2000
NICs	-102	-124	-266	-606	-531
아세안	103	82	-6	-200	15
중국	-8	-86	44	69	149
계	-7	-128	-228	-737	-367

자료 : IMF.

수 있었고 평생고용을 유지함으로써 1990년대 전반 실업률이 10%를 넘나들던 서구의 정치 지도자들을 분노하게 만들었던 것이다.

미국, 유럽 시장 지향의 수출 구조

일본의 대 동아시아 수출 상품의 흡수력에 한계가 있고 다른 국가들은 수입 수요가 크지 않으므로 동아시아의 상품의 상당 부분이 결국 미국이나 유럽에 수출돼어야 한다. 실제로 동아시아는 세계 시장에 대한 공산품의 공급지 역할을 한다. 1999년 아시아의 수출은 1조 3,936억 달러이고 역내 수출은 약 46.6%인 6,496억 달러이다. 이에 비해 EU는 총수출 2조 1,800억 달러의 63.5%를 역내에 수출하고 NAFTA는 54.1%를 역내에서 흡수하고 있다.

미국에 대한 의존도가 많이 줄었다고는 하지만 2000년 현재 대부분의 동아시아 국가의 대미 수출은 총수출의 20% 이상이며, 비중이 가장 높은 필리핀의 경우 29.9%에 이르고 있다. 필리핀의 주요 수출품이 바로 반도체, 전자 부품 등으로 주요 시장은 미국이 되고 있다. 대만이나 홍콩의 대미 수출 비중은 23% 수준이고 한국의 경우도 21.8%에 이르렀다.

세계 권역의 무역구조(1999)

(단위 : 억 달러, %)

	아시아		EU		NAFTA	
	수출	비율	수출	비율	수출	비율
역내 수출	6,496	46.6	13,840	63.5	5,790	54.1
역외 수출	7,440	53.4	7,960	36.5	4,910	45.9
계	13,936	100	21,810	100	10,700	100

자료 : WTO.

싱가포르를 포함한 소위 아시아 4룡의 평균 대미 시장의존도는 22.6%이었다. 이에 비해 아세안 5의 대미 시장의존도는 19.8%이었는데 이는 필리핀의 의존도가 높은데도 불구하고 주로 일본에 대한 자원수출이 중요한 인도네시아의 비중이 13.6%, 2000년까지 미국과 무역정상화가 이루어지지 않은 베트남이 5.1%를 차지한 것에 불과한 데서 이유를 찾을 수 있다.

뿐만 아니라 동아시아는 대 미국 및 유럽 교역에서 흑자를 기록하고 있다. 실제 미국측 통계를 기준으로 보면 2000년 미국은 중국에 838억 달러, 일본에 813억 달러의 적자를 기록하는 등 한국·대만·말레이시아에 대해서도 미국은 100억 달러 이상의 적자를 기록하면서 동아시아 10개국에 2,292억 달러라는 대규모 적자를 기록했다. 미국은 싱

미국의 대 동아시아 수출입 및 무역수지

(단위 : 백만 달러)

	수출		수입		무역수지	
	2000	2001	2000	2001	2000	2001
일본	653	576	1,466	1,266	−813	−690
한국	279	222	403	352	−124	−130
대만	244	182	405	334	−161	−152
중국	163	192	1,001	1,023	−838	−831
싱가포르	178	177	192	149	−14	28
홍콩	146	141	115	97	32	44
말레이시아	110	94	256	223	−146	−129
필리핀	88	77	139	113	−51	−36
태국	66	60	164	147	−97	−87
인도네시아	25	25	104	101	−78	−76
동아시아 계	1,952	1,746	4,244	3,805	−2,292	−2,059
총계	7,804	7,310	12,169	11,420	−4,365	−4,110

자료 : 무역협회 KOTIS의 미국 무역통계.

가포르와 홍콩 등 도시국가에 대해서는 적자 폭이 적거나 흑자를 기록하고 있는데 이는 미국이 생활 필수품류를 동아시아에 의존하고 있기 때문이다.

2001년에도 사정은 크게 변하지 않았다. 미국의 경기 후퇴로 총수입이 약 6.2% 감소했고 동아시아로부터의 수입은 10.3%가 감소했지만 여전히 2,059억 달러의 적자를 보았다. 동아시아 IT 수출국들의 대미 수출이 부진했지만 동아시아 국가의 대 미국 수입 또한 줄어들었던 것이다. 주목되는 점은 미국이 대부분의 국가들에 대해 적자 폭을 축소시켰거나 흑자로 전환(싱가포르)했지만 중국에 대한 적자 폭은 여전히 830억 달러가 넘었고 2000년 2위 적자국이었던 일본과는 큰 격차를 보이고 있다는 점이다.

이러한 동아시아의 역외 배출형 무역구조와 막대한 무역수지 흑자는 역내나 역외와의 무역마찰을 낳았다. 미국은 동아시아에 대해 지속적으로 통상압력을 행사하고 있다. 미국과 EU 주요국은 1980년대 중반의 플라자합의로 동아시아의 환율 정책에 개입했다. 우루과이라운드(UR)를 통해 WTO를 발족시키면서 동아시아의 시장개방을 추진했고 미국은 APEC에서 무역 자유화를 추진하고 있다. 미국뿐만이 아니라 EU 등도 통상압력을 행사한다. 그 결과 동아시아 국가들은 지속적으로 통상압력 대상이 되고 있고 그 하나의 사례를 반덤핑 제소에서 볼 수 있다.

산업자원부가 정리한 2001년 상반기의 반덤핑 제소 상황을 보면 반덤핑 피제소국의 대부분이 아시아 국가이고 제소국의 상당수는 미국, EU, 캐나다 등 서구 선진국이었다.[14] 2001년 상반기 중 총 31개국(EU는 1국으로 계산)이 최소한 1건 이상의 반덤핑 제소를 당했고 7건 이

2001년도 상반기 국가별 피제소 현황

	중국	EU	한국	대만	인도	태국	인니	미국	말련
피제소 건수	21	19	10(12)	9	8	6	5	5	4

주 : ( )는 WTO 비회원국인 중국으로부터 제소된 건수를 포함한 것임.
자료 : WTO Semi-annual report.

상 제소된 국가는 6개국이었다. 중국이 21건으로 가장 많은 제소를 당했으며, EU는 19건, 한국은 10건이었다. 그러나 EU는 8개국의 합계이므로 실제로 한국은 중국 다음으로 제소를 많이 당한 국가이며, 중국이 WTO 회원국이 아니였던 점을 고려하면 WTO 회원국 중에서는 가장 많은 제소를 당한 셈이다. 5건의 제소를 당한 미국을 제외하면 아시아 개도국들은 대부분 피제소국이 되었는데 이는 동아시아의 수출 상품 구조에서 상당 부분 연유하고 있는 것이다.

아시아의 주요 시장인 미국, EU 등은 전통적으로 아시아 국가에 대한 반덤핑 제소를 해왔고 이는 2001년 상반기에 오히려 심화되고 있다. 미국은 2001년 상반기에 39건으로 가장 많은 조사를 했으며 캐나다는 23건의 반덤핑 제소를 하였다. 실제로 미국·EU·캐나다·호주의 제소 건수는 총 제소 건수의 67%로, 2000년의 45% 정도에서 크게 증가했다. 이는 미국의 경기 침체와 선진국들이 철강 분야에서 집중적으로 자국 산업의 보호를 위해 수입규제조치를 강화하고 있기 때문이라고 분석되지만 동아시아가 성장하는 과정에서 나타난 역외 배출형 무역구조 때문에 불가피한 측면이 있는 것이다.

---

14 산업자원부, 「2001년도 상반기 WTO 반덤핑 조사 현황」, 2001. 10. 4.

5. 고저축 고투자 경제

고저축과 고투자에 의한 성장

동아시아 경제의 또 다른 중요한 특징은 고저축·고투자에 의해 발전했다는 점이다. 동아시아의 경제 성장을 성장 요인 측면에서 살펴보면 경제 성장 과정에서 생산성 상승보다는 요소투입이 상대적으로 중요했다. 전통적으로 농업이 주력 산업이었던 동아시아는 저렴하고 풍부한 노동력을 가지고 있었다. 그러나 공업화와 함께 인력 구조에도 변화가 생겨 많은 노동력이 공업 부문에 투입되었으며 교육제도의 개선으로 노동력의 질이 개선되었다. 동시에 동아시아는 높은 저축률에 기반을 둔 높은 투자율을 통해 급속한 자본 형성을 달성했으며 투자율을 유지하기 위해서 해외저축도 적극적으로 사용했다. 이와 같이 노동력의 전환이나 질적 개선을 통한 요소투입 증대와 투자 확충이 동아시아 경제 성장의 중요한 요소로 작용했지만 경제 성장의 한 축이어야 하는

동아시아의 저축률과 투자율

(단위 : %)

	저축률(저축/GDP)			투자율(투자/GDP)		
	1990~95	1996	1997	1990~95	1996	1997
한국	35.6	33.7	33.1	36.8	38.4	35.0
인도네시아	31.0	27.3	29.9	31.3	30.7	31.3
말레이시아	36.6	42.6	43.8	37.5	41.5	42.0
필리핀	16.6	18.5	20.3	22.4	23.1	23.8
싱가포르	47.0	51.2	51.8	34.9	35.3	37.4
태국	34.4	33.7	32.9	41.0	41.7	35.0
홍콩	33.6	30.7	31.8	29.6	32.1	35.4
중국	40.8	40.5	41.5	38.8	39.6	38.2
대만	26.9	25.1	24.8	24.0	21.2	22.0

자료 : ADB, *Asian Economic Outlook*, 1999, p. 25.

생산성 증가 자체는 크지 않았다. 이러한 측면을 강조하는 학자들은 중장기적으로 동아시아는 저성장하지 않을 수 없다고 한다.[15]

동아시아 성장의 배경에는 높은 저축률과 투자가 있었다. 위의 표는 1990년대 동아시아 각국의 저축률과 투자율을 비교 정리한 것이다. 1997년 현재 저축률을 보면 싱가포르 51.8%를 필두로 중국과 말레이시아가 각각 40% 이상의 저축률을 보이고 있다. 한국·홍콩·태국이 30% 이상의 저축률을 기록하고 있고 가장 낮은 필리핀도 20% 이상을 기록하고 있다. 1990년대 내내 이와 같은 높은 저축률은 계속 유지되었다.

---

15 Paul Krugman, "The Myth of Asia's Miracle", *Foreign Affairs*, Vol. 73, No. 6, 1994, pp. 62~78.

높은 저축률을 기반으로 투자율도 높게 나타난다. 1997년의 경우 말레이시아의 투자율은 40% 이상에 이르렀고, 대만과 필리핀을 제외한 국가가 모두 30% 이상의 투자율을 기록하고 있다. 싱가포르·말레이시아·중국·대만을 제외한 다른 국가의 경우 투자율이 저축률을 상회하고 있다. 한 국민경제에서 저축과 투자의 차이는 경상수지 적자이다. 동아시아 국가들이 국내에서 막대한 저축을 동원하고 있음에도 투자를 모두 충족하지 못하여 결국 해외저축을 동원하고 있는 것이다.

동아시아의 낮은 생산성 증가 논쟁

이러한 사실은 동아시아 경제에 대한 효율성 논쟁의 빌미가 되기도 한다. 동아시아의 경제 성장을 평가하는 견해 중에서 가장 논란을 불러일으킨 것은 생산성이 성장 과정에 별로 기여하지 못했다는 주장이다. 노벨 경제학상을 수상한 솔로우(Solow Robert, 1956) 교수는 경제 성장에서 기술진보가 중요한 역할을 하고 있다는 사실을 처음 제시했다.[16] 솔로우 모형에 근거하여 계량 경제학자들은 세계 각국을 대상으로 자본·노동·생산성이 각각 어느 정도 성장에 기여해왔는가를 연구하기 시작했다.[17] 고도성장의 표본이었던 동아시아가 주요한 연구 대상이었

---

16 솔로우는 이미 1956년에 1차동차함수를 가정한 생산함수를 통해 기술진보가 1인당 생산에서 요소의 투입보다 더욱 중요한 요인이라고 분석한 바 있다. 여기에서 기술진보는 요소투입으로 설명되지 않는 잔차(residual)라고 불렀는데 이것이 바로 총요소생산성(total factor productivity) 증가율이다. Solow, Robert, M., "A Contribution to the Theory of Economic Growth," Quarterly Journal of Economics, No.70, 1956, pp. 65~94.
17 성장률은 자본스톡, 고용 및 총요소생산성의 증가율에 의해 결정되며 다음의 항등식으로 표시한다.
$\Delta Y/Y = \alpha \Delta K/K + \beta \Delta L/L + \Delta A/A$
여기서 △는 증가분을 나타내며 α는 자본에 대한 분배율, β는 노동에 대한 분배율인데 각각 국민소득에서 임금과 이윤의 비중이라고 할 수 있고 그 합은 1이다.

음은 물론이다. 그리고 많은 연구들이 동아시아 경제 성장 과정에서 기술진보를 나타내는 총요소생산성 증가보다는 노동과 자본의 투입 증가가 훨씬 중요한 역할을 했다고 결론지었다.

동아시아의 성장에서 기술진보의 역할이 없었다고 보는 가장 대표적인 견해는 번득이는 아이디어와 글솜씨를 자랑하는 미국의 경제학자 크루그만(Paul Krugman, 1994)[18]이었다. 그는 영(Alwyn Young)[19]의 연구 결과를 이용하여 선진국의 성장이 주로 총요소생산성의 증가에 의해서 이루어진 반면 아시아의 성장은 총요소생산성의 증가보다는 노동이나 자본의 투입 증가에 의한 것이기 때문에 1950년대 소련의 성장과 다를 바가 없다고 했다.

크루그만의 견해에 따르면 투자가 증가할수록 경제학의 가장 중요한 원리로 누구도 부정할 수 없는 수확체감의 법칙이 작용할 것이므로, 아시아의 성장이 영감(inspiration)이 아닌 땀(perspiration), 즉 생산성의 증가 없이 자본 확충(투자)이나 노동력의 전환 등 요소투입의 증가에 의해서 이루어지는 한 성장은 둔화된다는 것이다. 영의 연구 결과인 낮은 생산성 상승률이 미래에도 계속될 것이라고 보고 동아시아 경제의 미래를 부정적으로 본 것이다. 투자는 GDP 비율로 볼 때 무한히 증대할 수 없고, 농업 인구의 이동도 끝나게 되는 등 경제가 발전할

---

18 Paul Krugman, "The Myth of Asia's Miracle", *Foreign Affairs*, November/December, 1994, pp. 62~78.
19 Young, Alwyn, "Tale of Two Cities: Factor Accumulation and Technical Change in Hong Kong and Singapore", *NBER Macroeconomics Annual 1992*, pp. 13~54.
Young, Alwyn, "Tyranny of Numbers: Cinfronting the Statistical Realities of the East Asian Growth Experience", *Quarterly Journal of Economics*, Vol. 110, 1995 (August), pp. 641~80.

수록 요소의 투입 증가는 제한되지 않을 수 없다. 교육도 현재 이미 일정 수준에 이르러 있는데 이를 무한히 질적 고도화하기는 어려운 것이다. 한때 소련의 흐루시초프는 유엔 연단 위에 올라서 발을 구르며 "우리가 당신들을 묻어버릴 것이다."라고 자랑스럽게 구 소련이 서구를 능가할 것이라고 소리쳤지만 시간이 지났을 때 신기루에 지나지 않았던 것처럼 동아시아에서도 같은 상황이 전개될 가능성이 크다고 크루그만은 주장했다.

따라서 그는 21세기가 아시아 중심의 세계가 된다는 데 대해 동의하지 않는다. 아시아 경제의 성장이 둔화될 것이므로 세계 경제의 중심축의 아시아로의 이전은 불가능하다는 것이다. 산업 정책이나 전략적 무역 정책을 통한 아시아 정부의 개입주의도 효율성을 달성시키지 못했기 때문에 서구의 자유방임적 정책보다 우월하지 않다고 그는 평가한다.[20]

크루그만의 이런 주장에 대해서 아시아의 학자들이나 정치가들은 많은 반론을 제기했다. 싱가포르의 전 수상 이광요는 크루그만의 주장 이전에는 총요소생산성이라는 이름조차 들어본 적이 없었을 것임에도 불구하고 크루그만을 비판했다. 그는 특히 크루그만이 아시아가 영감이 아닌 땀에 의한 성장을 주장하면서 싱가포르를 예로 들었다는 점에 분노했다. 말레이시아의 지도자들 역시 분노를 표시했는데 놀랍게도 싱가포르와 말레이시아 정부는 이후 경제 개발 계획을 수립하거나 발

---

20 크루그만은 1990년대 말 아시아의 위기가 자신이 주장한 성장둔화론과는 직접 관계 없다고 본다. 크루그만은 아시아 위기는 금융기관의 부실 문제에서 초래되었고 금융기관의 부실은 금융기관의 모럴해저드에서 출발한다고 주장하고 있다. 은행이 국가가 최종적으로 구제할 것이므로 무분별하게 투자(대출)를 했다는 것이다. 따라서 크루그만은 경제회복을 위해서 아시아의 특수성을 강조하며 서구의 투자를 희생으로 삼아서는 안 된다고 평가하고 있다.(*Time*, 1997. 9. 29.)

표할 때 총요소생산성을 올려야 한다는 주장을 하여 그들이 내심 크루그만의 주장을 따끔하게 들었음을 인정했다.

크루그만의 논문은 상당한 반향을 일으켰고 동아시아가 고도성장을 했음에도 왜 생산성 상승률이 낮은가에 대한 논의가 일어났다. 많은 학자들이 동아시아의 총요소생산성을 추정했는데 대체로 생산성 상승률이 낮아 크루그만의 견해를 뒷받침했다. 영이 NICs 국가로 연구를 한정했는 데 비해 콜린과 보스워츠(Collins & Bosworth)는 동남아시아 지역을 포함하여 분석했다.[21] 이들은 싱가포르의 총요소생산성이 영의 연구에 비해 훨씬 컸지만 다른 나라들은 영의 결과와 비슷하다는 사실을 발견했다.

이들의 연구에 의하면 1960~94년 기간 태국의 총요소생산성 상승률이 1.8%를 기록했을 뿐 말레이시아, 인도네시아는 1% 미만이었고 필리핀은 -0.4%로 하락하였다. 이들은 "동아시아 경제의 성공에 총요소생산성 상승은 놀랄 만큼 적은 역할을 하고 있다"[22]고 결론짓는다. 동아시아가 정도의 차이는 있지만 개발 전략 추구에서 저급·중급·고급 기술 산업을 차례로 육성하는 일본을 따르고 있는데도 1960년대의 일본과는 달리 총요소생산성의 증가가 낮았다. 그러나 이들은 해외의 지식과 기술을 채택하는 잠재력은 한 국가의 발전 단계에 의존하고, 발전 초기에는 물적·인적자원의 확충이 중요하므로 발전 단계가 높아질수록 동아시아의 총요소생산성의 역할이 증가할 것으로 기

---

21 Susan M. Collins and Barry P. Bosworth, "Economic Growth in East Asia: Accumulation versus assimilation", *Brookings papers on Economic Activity*, 1996. 2, pp. 135~203.
22 Susan M. Collins & Barry P. Bosworth, 전게 논문, p. 139.

동아시아 국가의 총요소생산성 상승률(TFP) 추정

(단위 : %)

	Collins & Bosworth(1996)	Young (1995)	East Asia Miracle(1993)	Sarel (1997)
한국	1.5	1.7	2.2	-
대만	2.0	2.1	2.7	-
홍콩	-	2.3	3.4	-
싱가포르	1.5	0.2	2.1	2.2
말레이시아	0.9	-	0.5	2.0
태국	1.8	-	1.3	2.0
인도네시아	0.8	-	1.5	1.2
필리핀	-0.4	-	-	0.8
동아시아	1.1			

주 : Collins & Bosworth(1996)는 1960~94년 기간, Young(1995)은 1966~90년 기간, East Asia Miracle(1993)은 1960~85년 기간, Sarel(1997)은 1978~96년 기간.
자료 : World Bank, *East Asia: the Road to Recovery*, 1998, p. 17.

대하고 있다.

이에 비해 세계은행의 보고서 「동아시아의 기적」은 분석 대상 기간을 1960~85년으로 한정했지만 동남아시아 국가들이 상당히 높은 수준의 총요소생산성 증가율을 기록한 것으로 추정하고 있다. 또한 사렐(Michael Sarel)은 아세안의 총요소생산성 증가가 결코 적은 것이 아니라고 주장하고 있다.[23] 그는 1978~96년 기간을 대상으로 분석했는데 싱가포르의 총요소생산성 증가율은 이 기간에 2.2%로서 기존 영의

---

23 Michael Sarel, "Growth and Productivity in ASEAN Countries", *IMF Working Paper*, 1997.
24 Sarel은 기존의 연구가 생산요소, 즉 자본과 노동에 대한 분배율을 국민소득계정의 분배율을 사용한 데 비해 분배율이 경제의 산업구조와 발전 단계에 따라 결정된다는 가정하에 자본과 노동의 분배율을 독자적으로 구해 분석했다.

연구 결과에 비해 크게 높은 것으로 나타났다. 또한 태국, 말레이시아, 인도네시아의 경우도 경제 성장에 대한 생산성 증가율의 기여율이 같은 기간 중 0.3%의 총요소생산성을 기록한 미국과 큰 차이가 없다고 했다. 이는 영이나 크루그만이 제시한 비관적 견해와는 다른 것이었다.[24]

이와 같이 동아시아의 성장 과정에서 생산성 증가가 어느 정도의 역할을 했는가에 대해서는 완전한 의견일치가 있는 것은 아니다. 논의의 초기에는 생산성 증가율이 낮았다고 보는 견해가 일반적으로 강력한 영향력을 발휘했으나 이에 대한 반론도 무시할 수 없다. 그럼에도 불구하고 동아시아 경제가 고투자로 성장했다는 사실 자체는 부정할 수 없는 사실이다.

아시아 경제, "힘의 이동"

6. 산업구조의 동조화와 경쟁

동남아시아의 중화학공업 진출

안행형 모델은 발전 단계에 따라 각국의 비교우위 구조가 틀리고 따라서 특화하는 산업도 다르다고 가정한다. 안행형 모델대로라면 선진국인 일본과 그 다음 단계에 있는 NICs는 서로 다른 산업에 특화해야 하고 NICs와 동남아시아 국가 또한 다른 산업에 특화해야 하는 것이다. 그러나 경제가 발전하고 시간이 지나면서 동아시아 국가의 비교우위 구조는 분명하게 구분되지 않고 산업별로 중층적인 구조가 나타나기에 이르렀다. 즉 동아시아 대부분의 국가들이 중화학공업화를 추진하면서 상호 경쟁하게 된 것이다. 일본은 이미 1960~70년대 조선·철강·자동차의 세계적 수출국이 되었고, 한국도 1970년대 후반에서 1980년대 초에 중화학공업화의 시대로 들어섰다. 또한 일본과 한국이 아직 중화학공업에서 비교우위를 유지하고 있는 상황에서 1990년대 동남아시아가 산업 소재 분야의 투자를 확대했다.

동남아시아가 중화학공업화를 시작한 이유는 국가 차원의 산업구조 고도화에 기업인이 호응한 데 있었다. 1980년대 중반 이후 일본의 엔고로 인해 동남아시아에는 일본이나 한국·대만 등 동북아 지역의 기업들이 집중적으로 진출을 했지만 이들은 부품과 중간재를 모기업에서 조달하는 성향이 강했기 때문에 경제 성장에 따라 동남아시아의 무역수지 적자가 확대되었다. 이에 따라 동남아시아 정부는 무역수지 적자 해소와 자립 공업화를 위해 수입대체 전략을 추진했는데 태국과 인도네시아에서 기업인들은 이 정책에 호응하여 1990년대부터 중화학공업 부문에 투자를 하기 시작했던 것이다.

철강 산업 분야에는 한국이 일본을 이어받아 높은 경쟁력을 갖추었고 진출한 기업도 많았다. 1994년경 한국에서는 포항제철·한보철강·인천제철·동부제강 등이 경쟁적으로 설비를 확충했다. 태국의 철강 산업은 1990년대 이전 주로 건축자재인 봉강·형강류 가공업 수준에 있었으나 1980년대 말부터 자동차·전자 산업이 발달하면서 판재류 수요가 증가하자 기업들은 투자를 시작했다. 1980년대 말에는 냉연, 열연, 아연도강판 등에 투자가 시작되었고 1994년 태국 최초로 연 240만 톤 규모의 열연 플랜트가 가동되었다. 이후 대기업들이 앞다투어 철강업에 진출했는데 1996년 말까지 17개의 판재류 업체가 투자 승인을 받았으며 모두 완공되면 생산 능력은 1,100만 톤 이상이 될 예정이었다. 또한 1996년 말에는 선철, 스폰지아이언 등에서도 대대적인 투자가 일어나 정부의 승인을 받은 것만도 900만 톤 이상이었다.[25]

석유화학 산업에서는 태국의 국영석유회사(NPC)가 1995년에 이미 75만 톤의 에틸렌 생산 능력을 갖춘 상태에서, 석유화학전문그룹인 태국 석유화학공업(TPI)그룹이 1기와 2기 합쳐 100만 톤이 넘는 설비에 투자를 시작했다. 2000년까지 태국의 에틸렌 생산 능력은 300만 톤이 될 예정이었다. 인도네시아에서는 1995년 최초로 수하르토 대통령의 2남이 관여한 55만 톤의 에틸렌 플랜트가 가동하기 시작했다. 생산 능력이 인도네시아의 수요를 초과했음에도 1997년 초에는 2000년을 목표로 다국적 콘소시엄이 70만 톤에 달하는 프로젝트를 시작했다.[26] 심지어 필리핀에서도 석유화학 분야는 야심 있는 기업인들이 탐내는 분야였다. 고콩웨이그룹은 1997년 말 3억 달러의 폴리프로필렌 및 폴리에틸렌 플랜트를 가동하기 시작했고 5억 달러의 신규 투자를 시작했다.

자동차 산업에서도 각국이 앞을 다투어 설비를 확장했다. 1996년 6월 현재 동남아시아의 자동차 생산 규모는 베트남을 포함하여 160만 대에 이르렀으나 2000년까지 각국은 135만 대의 추가 생산 능력을 확보하기 위해 서두르고 있었다. 전통적으로 일본 차가 장악하고 있던 태국에 GM이 1998년 연 10만 대 규모의 가동을 목표로 7.5억 달러를 투자하며 진출했다. 인도네시아의 경우 인도네시아의 아스트라그룹 등이 일본 업체와 제휴하여 자동차를 생산하고 있었으나 한국의 현대와 기아자동차가 동시에 진출하였고 특히 기아자동차는 '국민차 프로젝트'를 추진했다. 외환 위기 발생 전 태국의 2000년 자동차 수요는

---

25 수요가 상대적으로 작은 말레이시아에서도 철강은 인기 있는 부문으로 등장했다. 1996년 일본의 가와사끼제철은 말레이시아 최초의 고로를 건설하겠다고 발표하였다. 그러나 이 당시 이미 말레이시아의 국영철강회사인 뻬르와자철강(Perwaja Steel)이 거의 30억 링깃의 누적손실에, 70억 링깃의 부채를 지고 채무상환불능 상태로 빠져들고 있었다. 인도네시아에서도 1996년 기존의 국영철강회사인 크라카타우가 한국의 포항제철과 손잡고 6.75억 달러를 투자하여 200만 톤 규모의 열연코일 프로젝트를 추진한다고 발표했다.
26 인도네시아와 태국의 시암시멘트, 그리고 일본의 이쇼이와이가 합작한 트랜스 퍼시픽이었다.

거의 100만 대로 예측되었다. 그러나 외환 위기 이후 2000년의 실제 수요는 기껏해야 40만 대에도 이르지 못했다. 이러한 대폭적인 수급 차는 인도네시아에서도 볼 수 있었다.

공산품 수출기지로서의 동아시아

동아시아의 발전 초기에는 섬유 산업을 중심으로 한 노동집약적 제품이 가장 주요한 수출품이었으며 이들은 2001년 현재도 중국·인도네시아 등 노동력이 풍부한 국가의 주요 수출 상품이다. 1996년 현재 아시아(대양주까지 포함)의 전세계 공산품 시장에서 아시아의 점유율은 28.8%이었다. 그러나 그 내역을 보면 사무 및 통신장비 49.9%, 섬유 42.7%, 의류 42.6% 등으로 주로 저부가가치 제품이 중심을 이루고 있다. 특히 의류의 경우 42% 이상이 일본을 제외한 아시아 지역에서 공

세계 시장에서 아시아 및 대양주의 비중

(단위 : %)

	아시아·대양주 비중		일본의 비중
	1990	1996	1996
제조상품	24.5	28.8	10.4
철강	19.6	22.0	10.8
화학	11.4	16.0	6.1
기타 반제품	17.4	20.5	4.9
기계 및 수송기계	26.3	31.6	14.4
자동차	22.4	19.8	15.9
사무 및 통신장비	45.9	49.9	15.0
섬유	35.0	42.7	4.6
의류	44.1	42.6	0.3
기타 소비재	27.1	29.3	7.5

자료 : WTO, Annual Report, 1996, 1997.

급되고 있으며 섬유 제품의 경우도 38% 정도가 아시아에서 공급되고 있는 것이다. 이처럼 아시아 지역은 부가가치가 낮은 제품을 공급하는 세계적 생산지로서의 기능을 했다.

    1990년 실적과 비교해보면 1996년 아시아의 공산품 수출 시장점유율은 더 증가했다. 이 기간에 특별히 증가세가 두드러진 업종은 철강·화학·섬유 등 소재 및 중간재 부문이고 감소한 업종은 자동차·의류 등 소비재 부문이다. 즉 동아시아가 공업화에 따라 수요가 증가하는 소재 부문의 투자를 확대하면서 세계 시장 점유율이 확대되었던 것이다.

IT 산업의 동시 진출

1990년대 이후 동아시아 산업구조는 새로운 동조화를 보이기 시작했다. 이는 바로 IT 부문에 대한 동시 진출이다. 싱가포르와 말레이시아는 다국적기업 주도의 IT 조립기지로, 한국이나 대만은 자체 기술력을 통한 반도체, 액정 화면 등 소위 첨단산업의 비중을 확대해간 것이다. 이 분야는 먼저 일본에서 시작되었으나 한국과 대만이 기술 격차를 줄여가면서 세계 시장에서 동시에 경쟁을 하게 되었다. 그래서 1990년대 말에는 한국·대만·싱가포르는 주요한 정보통신 제품 생산국이 되었고, 이는 말레이시아·태국·필리핀 등도 마찬가지다.

    이와 같이 동아시아 국가들이 성장 산업으로 생각되었던 전자 산업, IT 부문에 진출하면서 전자 산업이 경제에서 차지하는 비중은 급격히 증가했다. 전자 산업의 정의가 다소 모호하지만 한국, 싱가포르, 말레이시아의 IT 제품의 수출은 약 400억 달러에 이르고 있고, 싱가포르와 말레이시아에서 전자 산업의 수출은 총수출의 50% 이상에 이른

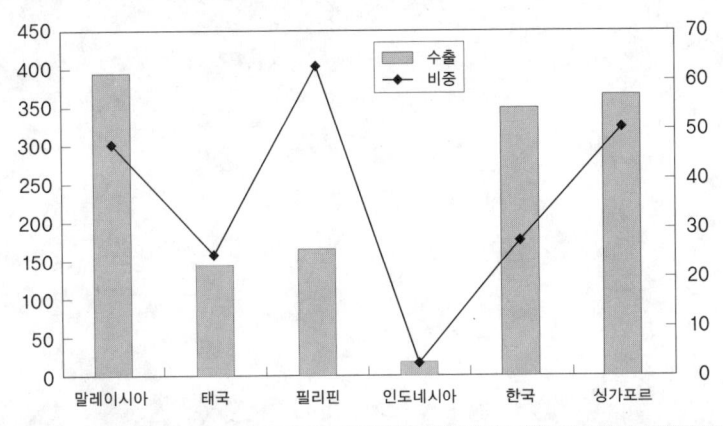

자료 : World Bank, *The East Asia*, 2001. 3.

다. 1인당 소득이 극히 낮은 필리핀의 경우도 비록 규모는 작지만 수출에서 차지하는 IT 제품의 비중은 60%에 이르고 있다.

물론 말레이시아의 가장 중요한 산업인 반도체 산업이 한국의 반도체 산업과는 다른 차원에서 전개되고 있듯이 비록 같은 전자 산업, 같은 IT라 해도 각국의 수준은 서로 다르다. 그러나 전자 제품이 다양한 부품이 서로 연결되어 조립된다는 점에서 국제 전자 산업의 호·불황은 모든 나라에 동시에 영향을 미치게 된다. 1997년 외환 위기 직후에는 미국을 중심으로 IT 제품의 수요가 급증하면서 동아시아 경제는 외환 위기에서 조기에 벗어날 수 있었지만 2000년 하반기부터 미국에서 IT 제품의 수입 수요가 감소하자 동아시아 경제는 다시 한번 추락했다. 2001년 전자 산업의 비중이 큰 싱가포르·대만 등은 마이너스 성장률을 기록했던 것이다.

Part II
누가 아시아를 두려워하랴

■■■ 만약 동아시아의 성장에 수확체감이 작용한다면 아시아 중심의 세계가 될 것이라는 통념은 재고의 여지가 있다. 정치적 재앙만 없다면 동아시아의 성장이 다음 10년과 그 이후에 서방의 성장을 계속 능가할 것이라고 과장하는 것은 잘못이다. 최근의 속도에서는 잘못이라고 할 것까지는 없으나 2010년의 전망을 하면 최근의 추세를 단순히 연장하는 식으로 해서 아시아의 우월성을 전망하는 것은 1960년대 브레즈네프 시기에 소련의 산업우위를 전망한 것과 같이 어리석은 일처럼 보인다. (폴 크루그만, *The Myth of Asia's Miracle*, 1994.)

1. 동아시아 경제의 문제

동아시아 국가간의 경쟁 심화

동아시아 국가들이 수출을 통해 경제 성장을 하고, 선진국에서 발생하고 표준화된 새로운 산업의 수용 속도가 빨라지면서 세계 시장에서 경쟁은 심화되었다. 물론 1980년대까지만 해도 동아시아 국가 간의 경쟁은 제한적이었다. 1970년대에는 국가별로 수출 상품 구성에 차이가 있었다. 일본은 이 시기에 자동차가 주요한 수출 상품으로 등장했지만 1970년대 초반 한국의 대표적인 수출 상품은 여전히 의류, 가발, 신발, 합판 등 지금은 우리가 과연 그러한 상품을 수출했나 하고 놀랄 만한 종류들이었다. 몇몇 뛰어난 기업가들의 역량과 비교우위는 변할 수 있다고 믿었던 정부의 지원으로 1980년대 들어 한국에서는 철강과 조선이 주요한 수출 상품으로 등장했고 이들은 일본과 세계 시장에서 경쟁을 할 수 있었다. 이 시기에는 또한 한국과 대만이 섬유·신발·전자·

철강 등에서 경쟁을 했다. 그러나 이러한 경쟁은 전면적 경쟁이 아니었고 동일 제품이라고 해도 가격이나 품질에서 차이가 있었기 때문에 소비자 선호가 서로 다른 시장에서 전개된 제한된 경쟁이었다.

그러나 1990년대가 되면서 동남아시아와 중국이 경쟁에 합류했다. 한국과 대만의 기술이 일본의 기술을 극복하지는 못했으나 첨단 제품에서도 그럴 듯하게 모방하는 수준에 이르렀다. 일반 제조 상품의 경우 유사한 기술기반 위에서 유사한 제조상품을 수출하는 동아시아 국가들은 특히 미국 시장에서 치열한 경쟁을 했다. 미국은 냉전 체제에서 일본을 비롯한 중국을 제외한 동아시아의 상품을 수입했고 동아시아는 미국 시장의 다양성과 큰 규모를 이용해 저가의 의류, 신발에서 고가의 첨단장비까지 수출했다. 또한 미국과 중국이 국교정상화를 한 이후 중국도 미국 시장을 이용할 수 있었기 때문에 시간이 지나면서 동아시아의 각국은 미국 시장에서 경쟁하지 않을 수 없었다.

동아시아 10국의 1990년 대미 총수출은 1,823억 달러로 같은 해 미국의 총수입 4,953억 달러의 36.8%를 차지하고 있었다. 일본이 최대 수출국이었으며 한국·대만·중국이 모두 150억 달러 이상을 미국에 수출했다. 이들보다는 못하지만 홍콩·싱가포르의 대미 수출액도 거의 100억 달러에 육박했고 말레이시아와 태국의 수출액은 50억 달러를 상회했다. 1995년경 일본의 수출은 1,200억 달러를 넘어섰고 중국의 수출은 500억 달러에 근사해졌다. 다른 국가들의 수출도 계속 증가했다. 2000년 동아시아의 대미 수출은 4,224억 달러에 이르렀고 일본과 중국의 수출은 각각 1,466억 달러 및 1,001억 달러로 1,000억 달러를 돌파했다. 한국과 대만의 수출도 400억 달러를 상회하게 되었다.

미국의 대 동아시아 국가별 수입 추이

(단위: 억 달러, %)

	1990	1993	1995	1997	1999	2000
일본	897	1,073	1,236	1,214	1,314	1,466
중국	152	315	456	626	818	1,001
한국	185	171	242	232	313	403
대만	223	251	290	326	352	405
홍콩	95	96	103	103	105	115
싱가포르	98	128	186	201	182	192
말레이시아	53	106	175	180	214	256
태국	53	85	114	126	143	164
인도네시아	33	54	74	92	95	104
필리핀	34	49	70	104	124	139
동아시아 계	1,823 (36.8)	2,328 (40.1)	2,944 (39.6)	3,203 (36.8)	3,660 (35.7)	4,224 (34.7)
세계 계	4,953	5,805	7,435	8,702	10,248	12,169

자료: 미국 무역 통계.

동아시아 각국의 대미 수출 성과에는 분명한 차이가 있다. 가장 좋은 실적을 기록하고 있는 국가는 중국이다. 중국의 대미 수출 증가율은 1990~95년 기간에 연평균 24.6%로 동아시아 전체의 대미 수출 증가율 10.1%보다 훨씬 높았다. 이 기간에 일본의 연평균 수출 증가율은 6.6%에 불과했다. 1995~2000년 기간에 중국의 수출 증가율은 17.0%, 일본의 수출 증가율은 3.5%에 불과했고 동아시아 전체의 수출 증가율은 7.5%였다. 따라서 중국의 수출 증가율이 2000~2005년 기간 약 10%, 일본이 3% 정도라고 가정하면 2005년 양국의 수출은 동일한 수준에 이르게 된다.[1] 2001년에는 일본의 대미 수출이 13.6%가 감소한 1,266억 달러였고 중국의 수출은 2.2%가 증가한 1,023억 달러로 양국의 차이는 급속히 줄어들었다.

이와 같이 홍콩[2]을 제외한 동아시아 국가의 대미 수출은 지속적으로 증가하고 있으나 동아시아의 미국 시장 점유율이 점차 감소하고 있음을 주의할 필요가 있다. 동아시아 상품의 점유율은 1993년 40.1%로 최고치를 기록한 이후 1995년에는 39.6%로 감소했고, 2000년에는 34.7%로 최고치에 비해 5%포인트 이상 하락했다. 이는 미국이 1990년대 중반에 결성한 북미자유무역지대(NAFTA)의 영향 때문이다. 이 기간에 미국은 NAFTA의 회원국인 멕시코 등으로부터 수입을 상대적으로 더 빨리 확대했던 것이다. 따라서 동아시아 국가 간의 미국 시장에서의 경쟁은 1990년대 중반 이후 치열해졌고 이는 후술하겠지만 교역조건의 악화로 나타나게 되었다.

과잉투자와 고부채

동아시아에서 1990년대는 투자의 시기였다. 1980년대 중반 이후 시작된 경기호황은 기업들의 자금조달 여력을 높여주었고 조립 산업의 발전은 또 소재 산업이나 중간재 산업 등 새로운 산업의 필요성을 증가시켰다. 국제 금융자본은 높은 수익을 제공하는 아시아 시장을 상실하지 않기 위해 앞다투어 아시아 기업인에게 자금을 공급했다.

1980년대 말 한국에서는 "세계는 넓고 할 일은 많다"[3]면서 넓은 세계에서 열린 기회를 찾아야 한다는 기업인의 저서가 베스트셀러가

---

1 단순한 시산이지만 큰 무리는 아니라고 할 수 있다. 중국이 연평균 10%, 일본이 3% 증가할 때 2005년 중국의 수출은 1,612억 달러, 일본의 수출은 1,618억 달러가 된다.
2 홍콩의 수출이 다른 나라에 비해 증가하지 않은 이유는 과거 홍콩을 통해 수출되던 중국의 상품이 직접 수출로 전환되기 때문인 것으로 판단된다.
3 대우그룹 김우중 회장이 쓴 같은 제목의 이 책은 1989년 8월에 출간되자마자 베스트셀러가 되었다.

되어 많은 꿈을 가진 젊은이들을 열광시켰다. 그 책의 저자이기도 한 대우그룹의 창업주는 세계경영이라는 구호를 내걸고 해외 투자를 확대했는데 그의 주요 전략은 국제 시장에서 자금을 조달하여 개발도상국에 집중적으로 투자를 하는 것이었다. 그는 국내의 지식인과 언론을 적절하게 동원하여 그의 이상이 국가의 발전과 맥을 같이하고 한국이 세계를 경영할 수 있다고 믿도록 했다.

그보다는 신중했지만 삼성, 현대, 엘지 등 다른 대기업들도 대우의 영향을 받아 세계 시장 진출에 적극적으로 나서기 시작했다. 상위 기업집단에 속하지 못한 중견기업들도 성장의 시대에 편승하기 위해 적극적으로 나섰다. 성장의 열망을 가진 중견기업이나 2세대 기업인들은 전자·자동차·철강 등 유수의 기업들이 움켜쥐고 있는 기존 산업계의 지배 시스템을 타개하기 위해 투자를 시작했다. 한보철강(철강), 삼미그룹(철강), 쌍용그룹(자동차), 동부그룹(반도체) 등등 시장 상황을 고려하지 않은 신흥·중견기업들의 모험이 있었던 것이다.

다른 국가들의 사정도 다르지 않았다. 대만에서는 다수의 반도체 업체들이 일본과 한국 반도체업체를 따라잡겠다는 열망으로 등장했다. 과거 대만의 재계에서 가장 영향력이 있었던 포모사플라스틱의 왕영경 회장이 제 1그룹의 위상을 지키기 위해 대륙 투자를 희망했으나 정부의 반대로 주춤하고 있는 사이에 컴퓨터업체인 에이서(ACER)를 만든 스탠 시(Stan Shih)가 국제적으로 훨씬 더 유명한 기업인으로 성장했다. 동남아시아에서는 전자 산업보다는 철강·석유화학 등 전통 산업에 대한 투자가 더 많았다.

그러나 1990년대 동아시아의 기업들이 진출한 소재 산업의 경쟁력은 얼마나 효율적이고 생산성이 높은 신규 설비를 갖추고 있느냐,

설비 규모가 규모의 경제를 달성할 수 있느냐에 달려 있었다. 후발 기업인들은 이를 잘 알았고 그래서 공장당 투자 규모는 커졌다. 동시에 세계화의 일환으로 전개된 금융 자유화로 기업들은 국제 금융시장에서 투자자금을 쉽게 조달할 수 있었다. 그 결과 동아시아 기업의 부채 비율은 급속히 증가했다. 특히 외환 위기를 경험한 한국·태국·인도네시아 기업들의 부채 비율이 상대적으로 높았다. 한국 기업의 부채 비율은 1996년 355%로 미국이나 독일에 비해 2~3배 이상이며 태국의 평균 부채 비율도 236%, 인도네시아의 그것도 188%였다.

더욱이 1988년 이후 부채 비율은 급속히 증가했는데, 태국 기업은 1988년 160%에서 1996년 236%로, 한국은 282%에서 355%로 증가했다. 인도네시아의 경우는 1991년 194%에서 1996년에는 188%로 낮아졌으나 이 역시 1994년의 166%에 비하면 높은 것이었다. 부채 비율의 급속한 증가는 이들 국가에서 중화학공업에 대한 투자 역시 급속히 진행되었음을 말해주는 것이다.

부채 구조에도 문제가 있었다. 외환 위기 과정에서 아시아 금융기관들이 단기자금을 조달하여 장기대부를 했다는 문제점이 발견되었지만 실제로 많은 기업들은 많은 단기부채를 보유하고 있었다. 필리핀 기업의 단기부채 비율이 50%를 하회했을 뿐 1996년 아시아 기업들의 단기부채 비율은 대부분 60%선에 이르고 있었다. 중위수를 기준으로 할 때 태국, 말레이시아 등은 65%선 이상이고, 한국 기업의 부채도 59%가 단기부채였다. 이는 미국·독일 기업의 34%, 45%에 비해 훨씬 높은 것으로 외환 위기 이후 단기부채가 많은 동아시아 기업들이 어려움을 겪은 것은 당연한 결과였다.

이 시기 기업들의 채무 규모는 매출 규모보다 많은 경우가 흔했다. 매출 규모가 부채 규모와 같더라도 이자를 상환하기 위해서는 매출이익률이 차입금 평균이자율보다 더 높아야 하지만 동아시아 기업들이 투자한 전통 산업의 매출이익률은 높지 못했다. 기업들의 이자비용 부담 정도를 통해 수익성을 평가할 수 있는 지표인 이자보상배율을 보게 되면 동아시아 기업들의 투자가 얼마나 비효율적이었는가를 볼 수 있다. 이자보상배율은 해당 기업이 본업인 사업활동에서 벌어들인 영업이익이 이자 지급에 비해 어느 정도 되는가를 나타내는 지표이다. 1996년 한국·태국·인도네시아 등 외환 위기에 직접 타격을 입었던 국가의 이자보상배율은 다른 국가의 그것에 비해 낮았다. 1996년 한국의 이자보상배율은 1.07로서 영업이익이 이자를 간신히 충당할 수 있었다.

이후 인도네시아·필리핀의 이자보상배율이 증가하긴 했으나 대부

동아시아 기업의 부채 관련 지표(1996)

	부채 비율		단기부채 비율	
	평균(mean)	중위수(median)	평균(mean)	중위수(median)
인도네시아	1.88	1.83	0.54	0.57
일 본	2.37	1.92	0.58	0.59
한 국	3.55	3.25	0.57	0.59
말레이시아	1.18	0.90	0.64	0.70
필리핀	1.29	0.93	0.48	0.49
싱가포르	1.05	0.81	0.58	0.59
대 만	0.80	0.74	0.59	0.61
태 국	2.36	1.85	0.63	0.67
미 국	1.13	–	–	0.34
독 일	1.47	–	–	0.45

주 : 위의 비율은 전수 조사가 아니라 아시아의 5,550개 기업 샘플을 가지고 조사한 것임.
자료 : Stijn Claessens, Simeon Djankov and Larry Lang, p. 9.

분의 동아시아 국가의 이자보상배율은 떨어졌고 특히 일본·싱가포르·태국·말레이시아의 이자보상배율은 급속히 하락했다. 미국과 독일의 이자보상배율이 각각 7 이상이었다는 점에서 한국·태국·인도네시아의 낮은 이자보상배율은 특히 대조되는데 이들의 이자보상배율은 시간 경과에 따라 아시아 기업의 그것과는 다른 방향으로 개선되었다.

지급이자가 많다는 것은 몇 가지 요인 때문일 것이다. 채무가 많다는 점, 이자율이 상대적으로 높다는 점 등이 그것이다. 그러나 이자율 자체는 그 사회·경제의 전반적인 투자수익률을 나타낼 것이므로 결국 차입금의 과다가 이자보상배율을 결정하는 것이다. 영업이익이 지급이자보다 적다는 것은 투입된 자원보다 생산이 적다는 것이고, 이와 같은 사실은 동아시아의 자본집약적 중화학공업의 투자가 상당 부분 비효율적이었음을 의미한다.

동아시아 국가의 이자보상배율 추이

	1992	1993	1994	1995	1996	1992~96
한 국	1.42	1.41	1.89	1.77	1.07	1.51
일 본	21.57	3.49	3.68	3.46	4.31	7.30
대 만	5.73	4.71	6.30	5.12	4.08	5.19
싱가포르	12.40	14.37	11.70	8.80	8.05	11.06
말레이시아	9.09	9.76	11.73	9.62	6.74	9.39
태 국	4.60	4.12	3.83	2.47	1.92	3.39
인도네시아	0.03	0.52	2.18	3.07	2.44	1.65
필리핀	1.89	2.59	2.93	4.31	3.68	3.08
미 국	4.61	5.57	6.83	7.33	7.62	6.39
독 일	5.30	4.79	5.96	6.29	7.09	5.89

자료: Michael Pomerleano, The East Asia Crisis and Corporate Finances: the Untold Micro Stories, p. 14.

> 아시아 경제, "힘의 이동"

2. 동아시아의 수출주도형 전략
– 합성의 오류

교역조건의 악화와 수출 부진

동아시아가 유사한 수출 상품 구조로 세계 시장에서 경쟁을 하기 때문에 동아시아 기업들의 가격결정력은 취약하다. 경제학에서는 공급자는 많고 수요자는 하나인 시장을 수요독점이라고 한다. 수요독점 상황에서 가격은 수요자 위주로 결정되지 않을 수 없다. 이런 정도의 상황은 아니지만 1990년대 후반 이후 동아시아가 경쟁적 투자를 확대하면서 많은 분야에서 공급과잉 현상이 나타나 동아시아 상품의 가격은 급락했다. 동아시아 전체로는 1970년대 수출가격이 12.4%가 상승했으나 1980년대의 경우 가격 상승률은 1.3%에 불과했다. 1990년대 전반기에는 3.2%로 다소 개선되었으나 후반기인 1996~98년 기간에는 4.8%가 하락했다. 동아시아의 수출가격 변화를 세계 전체의 수출가격 상승률을 비교해보면 1990년대 전반기에는 동아시아 상품의 가격 상승률이 더 높았으나 하반기에는 하락률도 더 컸음을 알 수 있다. 국가

별로는 1990년대 하반기에 한국·말레이시아·필리핀·대만 등 전자공업이 강한 국가들의 수출가격 하락률이 더 컸다. 이는 컴퓨터·반도체·정보통신 제품 등 동아시아가 특화하고 있는 상품의 교역조건 악화 때문이다.

동아시아의 반도체 및 정보통신업의 교역조건 악화 과정은 시사적이다. 1980년대 후반 한국의 삼성전자, 현대전자, LG반도체가 D램 분야에 진출했고 1990년대 초에는 삼성전자가 메모리반도체 분야에서 일본 업체들을 제치고 세계 최대 생산자가 되었다. 1990년대 중반 인터넷 붐과 함께 이들은 엄청난 이윤을 만들어냈다. 이에 대만 업체들이 5개의 D램 공장을 설립했다. 그러나 1996년 초에 이르면 세계의 PC 수요가 안정세로 돌아섰고 메모리반도체의 초과공급과 함께 가격폭락 사태가 벌어졌다. 한국의 16메가 D램의 가격은 1993년 150달러에서 1997년 10달러 이하로 떨어졌다. 1997~98년에는 대부분의 업체가 손실을 기록했다. 일본 업체들은 생산량을 감축하여 1980년대 말 50%의 시장점유율이 20% 이하로 감소했다. 한국이나 대만의 업체들도 투자를 축소하기에 이르렀다.[4]

교역조건 악화 그 자체는 동일한 상품 규모를 수입하기 위해 자국의 상품을 더 많이 수출해야 한다는 것을 의미한다. 경영 효율의 증진, 생산성의 향상으로 수출 상품의 가격을 인하한 결과 교역조건이 악화될 수도 있지만 수출가의 외부적 인하 압력이 심할 경우 수출기업의 채산성은 악화되고 수출은 정체하거나 감소할 수 있다. 실제로 동아시

---

4 이러한 현상은 1998년 이후 다시 반복되고 있다. 1998년 이후 세계 IT시장의 개선으로 D램 업체들은 상당한 이익을 창출할 수 있었으나 다시 2000년 하반기부터 가격 하락으로 과거와 동일한 패턴을 보여주고 있는 것이다.

동아시아 국가의 수출가격 상승률 추이(1971~98)

(단위 : %)

	71~80	81~90	91~95	96~98	1995	1996	1997	1998
동아시아	12.4	1.3	3.2	-4.8	7.0	1.4-	4.1	-11.6
중국	5.9	3.3	4.1	0.2	9.1	10.5	-1.9	-8.1
홍콩	11.5	1.3	2.1	-1.8	2.7	-0.2	-1.7	-3.5
인도네시아	27.5	1.3	1.2	-3.1	6.0	2.0	-5.0	-6.4
한국	10.8	2.5	0.1	-10.2	6.1	-6.0	-8.0	-16.5
말레이시아	15.2	-1.5	4.6	-5.7	7.0	2.3	-8.3	-11.1
필리핀	9.6	1.4	7.2	-8.6	11.0	4.0	-7.8	-22.0
싱가포르	7.8	0.6	3.2	-2.4	6.7	-0.4	6.3	-13.0
대만	11.3	2.6	2.3	-5.5	5.9	-2.5	-2.2	-11.9
태국	12.4	0.5	4.4	-4.6	8.5	3.4	-4.7	-12.3
세계	14.5	1.7	1.4	-4.3	8.9	-1.0	-5.8	-5.9

주 : 동아시아의 경우 각국의 상승률을 단순 평균한 것.
자료 : World Bank, *East Asia: Recovery and Beyond*, 2000, p. 46.

동아시아 국가의 수출 증가율 추이(1994~97)

(단위 : %)

	1994	1995	1996	1997
중국	31.9	23.0	1.52	1.0
한국	16.8	30.3	3.7	5.0
대만	9.4	20.0	3.9	4.9
싱가포르	30.4	22.5	5.8	-0.0
말레이시아	24.5	25.9	6.0	0.3
태국	22.4	24.8	-1.9	3.8
인도네시아	8.8	13.4	9.7	7.3
필리핀	18.5	29.4	17.8	22.8

자료 : ADB.

아에서 교역조건의 악화는 수출 부진을 초래했다. 1990년대 전반기 동아시아의 수출은 대폭 증가했고 외환 위기 직전인 1994~95년에도 일본을 제외한 대부분의 국가에서 두 자리수의 증가를 기록했다. 대만·인도네시아를 제외하면 1994~95년 기간의 평균 수출 증가율은 모두 20%를 상회했다. 그러나 1996년이 되면 수출 증가율이 급속히 둔화되는데 태국의 마이너스 성장을 비롯하여 필리핀을 제외한 대부분의 동아시아 국가의 수출 증가율이 한 자리수로 떨어졌고 중국·한국·대만의 경우 수출 증가율은 5%에도 미치지 못했다. 비록 수출이 증가했다고는 하지만 교역조건의 악화를 고려하면 1996~97년 기간의 동아시아 경제는 중대한 시련에 직면하게 되었던 것이다.

일본 경제의 부진과 영향

일본 주도의 동아시아 경제질서 형성과 세계화는 동아시아 성장에 주요한 역할을 했지만 1990년대 후반에는 일본 경제의 부진이 동아시아의 경제에 부담으로 작용했다. 일본은 안행형 모델의 선두 주자로서 지역화를 통해 동아시아 전체를 자신의 경제구조 시스템 내에서 작동하도록 했으나 내부에서는 혁신 능력이 저하되고 정치·경제 전반에서 피곤이 누적되고 있었다. 동아시아 후발 주자들의 역량이 확대되고 있는데도 일본은 새로운 비교우위 산업을 개발하지 못했고, 한때 혁신의 상징으로 여겨졌던 일본 기업은 구조조정을 하지 않은 채 자동차·조선·전자·철강 등 NICs와 동남아시아, 중국이 집중적으로 투자하고 있는 산업을 여전히 버리지 못하고 있었다. 사정이 이러하자 다른 동아시아 국가들은 방향 정립에 어려움을 겪지 않을 수 없게 된 것이다.

실제로 동아시아는 경제 정책, 자본, 생산양식, 기술 등 소프트 측면에서 일본의 강력한 영향을 받았지만 실물경제에서도 일본은 동아시아 경제의 성과에 큰 영향을 미칠 수 있다. 동아시아 주요 국가들에게 일본의 공산품 수입시장은 비록 현지에 투자한 일본 기업들이 수출의 담당자일지라도 중요하고 인도네시아나 말레이시아 등 자원 수출국에게 일본의 막대한 원료 수입은 중요하다. 일본이 인도네시아 수출의 22%를, 태국의 수출 16%를 흡수하고 있는 상황에서 일본 경기의 부진과 수입 수요의 정체는 이들에게 큰 영향을 미치지 않을 수 없는 것이다.

동아시아와 일본은 금융면에서도 밀접한 관계를 맺고 있다. 인도네시아 · 태국 · 필리핀 등의 외채는 GDP에 비해서 많게는 97%에 이르고 있는 실정이다. 동아시아 국가들은 일본에 ODA를 통한 채무(주로 공공 부문)와 일본 은행으로부터의 채무를 지고 있다. ODA의 경우 대체로 일본 엔화표시의 채무이다. 외채 중 엔화 채무가 많은 동남아시아 국가들은 엔화가치 변동에 따라 외채부담이 변하고 있다. 동시에 동아시아 은행이나 기업들은 일본 은행에 차입금을 갖고 있다. 태국의 외채 37%는 일본 은행에 지고 있으며 인도네시아와 말레이시아의 외채 25% 이상이 일본 은행에 진 것이다. 더욱이 일본 기업의 직접투자는 동아시아 경제의 성장에 중요한 요소이다. 2000년 태국과 싱가포르의 외국인직접투자 유입의 25% 정도가 일본 기업의 투자였다.

경제의 침체, 자산버블의 붕괴 이후 증권시장이 침체하자 일본의 금융기관이 부실해졌다. 이제 동아시아 경제는 일본 은행의 대출금 회수에 직면하게 되었다. 1997년 이미 일본 은행은 한국이나 동남아시아에서 자금을 회수함으로써 외환 위기를 가중시켰던 것이다. 전통적

일본과 동아시아의 경제 연계 지표(2000)

(단위 : %)

	대일 수출 비중	대일 수출의 GDP 비중	대외 채무 /GDP	엔화 채무 비중	외채 중 일본 은행 비중	FDI 중 일본 비중
인도네시아	22	8	97	21	25	13
태국	16	9	66	32	37	25
한국	11	4	28	17	18	16
홍콩	6	7	-	-	32	-
말레이시아	13	13	48	30	27	14
필리핀	14	7	76	27	18	7
싱가포르	7	11	-	-	27	23
중국	16	4	14	16	18	7

자료 : IMF, *World Economic Outlook*, 2001. 10, p. 21.

으로 아시아는 일본의 자금 사용처였으나 1990년대 중반 이후 미국이나 유럽계 은행의 대출이 증가했다. 이는 성장률이 낮은 서구에서 높은 수익성을 낼 수 있는 투자처가 없었기 때문이었다.

아시아에 대한 국제 은행들의 대출은 태국에서 외환 위기가 발발하기 직전인 1997년 6월 말 3,912억 달러로 최대를 이룬 이후 급격히 자금이 빠져나가기 시작했고 6개월 동안에 125억 달러가 빠져나갔다. 그리고 1998년 상반기까지는 다시 500억 달러 이상의 자금이 유출되었다. 1998년 이같은 현상은 더욱 심화되어 국제 은행들의 대 아시아 대출금 잔액은 1997년 말의 3,787억 달러에서 1998년 6월 말 현재 539억 달러가 감소한 3,248억 달러에 불과하게 되었다.

흥미 있는 사실은 일본 은행들이 가장 적극적으로 자금 회수에 나섰다는 사실이다. 1995년 12월 말 아시아 국가에 대한 일본 은행의 대출금은 전체 대출금 3,071억 달러 중 36.9%나 되는 1,133억 달러에 이

일본 금융기관의 대 아시아 대출 변동 추이

(단위 : 백만 달러, %)

	1997. 6	1997. 12	1998. 6
한국	23,732(22.9)	20,278(21.5)	18,934(26.1)
태국	37,749(54.4)	33,180(56.4)	26,120(55.8)
인도네시아	10,489(36.4)	8,551(31.1)	7,905(34.3)
말레이시아	23,153(39.4)	22,018(37.7)	19,030(37.9)
필리핀	2,109(14.9)	2,624(13.3)	2,308(13.0)
중국	18,731(32.3)	19,589(31.0)	17,485(29.5)
아시아 계	123,827(31.8)	114,745(30.1)	98,544(30.3)

자료 : 전과 같음.

르렀다. 일본 은행의 자금 회수와 함께 동아시아 국가의 대외 부채 중 일본 은행의 비중은 1996년 말 32.3%에서 1998년 6월 말 30.3%로 줄었다. 일본 은행들은 특히 태국·한국·인도네시아에서 상당한 금액을 회수했는데 자금 회수가 아시아에 준 타격은 상당히 컸다. 이 시기에 한국이나 동아시아 국가 경제부처의 고위관리들은 일본에 얼마나 하소연을 했어야 했을 것인가?

세계화와 동아시아 경제 위기

동아시아의 경제 위기의 원인은 여러 측면에서 검토될 수 있다. 그러나 실물경제면에서는 동아시아 구조가 가진 본질적인 한계에서 그 원인을 찾을 수 있다. 즉 동아시아는 일본 주도의 세계화를 통해 경제를 발전시켜왔으나 1990년대 중반이 되면 복합적인 구조적 약점이 등장하기 시작했던 것이다. 그 하나는 동남아시아가 1990년대 고도성장의 지속을 예상하고 대대적으로 중화학공업에 투자를 했고 이는 기존의 일본이나 한국이 아직 산업구조조정을 하지 않은 상태에서 세계 시장에서 과도 경쟁을 하게 되었고 교역조건의 악화가 초래되었다는 것이다.

교역조건의 악화는 일본 경제의 둔화의 결과로 나타난 엔화가치의 하락과 동시에 진행되면서 동아시아의 수출 감소의 원인이 되었다. 일본 엔화는 1992년 달러당 124엔에서 1994년 99엔까지 절상되어 다른 동아시아 국가의 경쟁력 제고에 주요 원인이 되었으나 이후 1996년 116엔, 1997년에는 129엔으로 절하되었다.

엔화의 평가절하는 일본과의 긴밀한 경제 관계를 갖고 있음에도 사실상 달러에 자국통화를 연동시켜온 국가들에게 부정적인 영향을 미쳤다. 한국 기업들은 엔의 평가절하로 1995~96년 기간에 일본 기업에 비해 경쟁력을 잃었다. 다른 동아시아 국가의 경쟁력도 급속히 저하되지 않을 수 없었다. 중국과 경쟁하는 태국 같은 나라는 1994년 중국이 공식환율과 시장환율의 단일화라는 형식으로 평가절하를 단행하자 경쟁력이 저하된 상태였는데 엔화 약세로 또 다른 타격을 받지 않을 수 없었다. 동아시아 국가들의 교역조건이 악화된 가운데 수출 부진은 경상수지 적자를 증대시켰다.

이미 지적했듯이 세계화 과정에서 금융 자유화가 과도하게 추진되었고 인도네시아·태국 등의 기업들은 투자를 위해 외채를 도입하였는데 국제 투자가들은 동아시아 기초 경제 여건의 악화에 대해 자금 철수로 대응했던 것이다. 결국 동아시아에서 일본 주도의 세계화는 고도성장을 달성케 하였지만 시간이 지나면서 교역조건의 악화, 수출 부진, 수익성 악화, 기업의 도산을 증대시켰으며 이는 결국 동아시아 전체의 신뢰를 저하시킴으로써 외환 위기의 결정적인 원인이 되었던 것이다.

아시아 경제, "힘의 이동"

3. 동남아시아 경제의 좌절

고도성장과 신흥 기업인의 등장

동아시아 위기의 단초를 제공했던 동남아시아는 1960년대부터 외국인투자 유치를 통해 경제 성장을 해왔다. 특히 1980년대 중반 이후 일본의 엔고로 인해 동남아시아에서는 일본이나 한국·대만 등 동북아 지역의 기업들이 집중적으로 투자를 했다. 동북아 기업은 부품과 중간재를 모기업에서 조달하는 성향이 강했기 때문에 경제 성장에 따라 현지국의 무역수지 적자는 오히려 확대되었다. 동남아시아 정부는 무역수지 적자 해소와 자립 공업화를 위해 수입대체 전략을 추진했는데 태국과 인도네시아에서 기업인들은 이 정책에 호응하여 1990년대부터 중화학공업 부문에 집중적인 투자를 하기 시작했다.

태국에서는 일본 기업이 장악하고 있는 전자와 자동차를 제외한 전자, 철강, 석유화학 등에 국내 기업인들이 속속 진출하기 시작했다.

1990년대 들어 최초의 일관 열연철강공장이 가동하기 시작했고 냉연 철강 프로젝트가 동시에 두 곳에서 추진되고 있었다.[5] 에틸렌 부문에도 많은 기업들이 진출해 1997년 계획 생산 규모는 113만 톤이었고 1998년에 추가로 60만 톤 설비가 완공될 예정이었다. 이는 1996년의 수요 74만 톤 규모에 비해 2배 이상 많은 것이다.

태국의 과도한 중화학 투자는 대기업들 간의 경쟁에서 초래되기도 했다. 철강업의 선발 주자 사하비리야 철강은 1980년대 말 정부로부터 열연과 냉연 부문의 10년 독점권을 얻었으나 사하비리야가 공장을 완성하고 수요가 증가하자 시암시멘트와 TPI그룹은 로비를 통해 1990년대 초반 플랜트를 건설하기 시작했다. 석유화학 부문에서도 시암 시멘트와 TPI가 경쟁적으로 에틸렌 분해센터를 건설했다. 이러한 대기업 간 경쟁은 BOT 사업으로 추진되던 통신 부문에서도 마찬가지였다.

수하르토 체제에서 인도네시아 대기업들은 내수 산업에서 독과점적 지위를 누리고 있었지만 역시 1990년대 초반 연고자본가들에 의해 중화학공업 부문의 투자가 시작되었다. 수하르토의 2남이 주도한 18억 달러 규모의 석유화학 프로젝트 찬드라 아스리(Chandra Asri)가 1995년 인도네시아에서는 최초인 에틸렌 센터를 가동했고, 1996년에는 수하르토의 3남이 국민차 프로젝트를 시작했다. 동남아시아 최대의 기업집단이자 대표적 연고자본 그룹이었던 살림그룹도 전통적인 소비재 산업에서 석유화학 부문으로 투자를 확대하기 시작했다.

또한 기업들은 독점이익을 누릴 수 있는 인프라 투자에도 관심을

---

5 태국의 TPI그룹은 철강 부문의 후발자로서 1997년에 일관제철소 건설을 시작하였다.

인도네시아 기업의 채무 상황(1998년 6월)

(단위 : 억 달러, %)

		금액	구성비
통화별	달러	876	74.2
	루피아	304	25.8
	총계	1,180	100.0
국내외별	해외	671	56.9
	국내	509	43.1
	– 달러	304	–
	– 루피아	205	–
	총계	1,180	100.0

자료 : World Bank.

기울였는데 전력, 통신, 도로 건설 등에 대한 민자유치형 BOT 프로젝트는 특히 인기가 있었다. 전력 부문에서는 국내 기업들이 외국 기업들과 합작을 했고 통신 부문에서는 국내 기업 간에 경쟁을 하였다. BOT로 건설한 도로 사업, 발전소 건설에는 수하르토의 자녀들이 집중적으로 진출했다. 이러한 BOT 사업은 막대한 투자비용이 소요되었고 인도네시아 기업들은 태국 기업보다 투자자금을 해외에 더 많이 의존했다. 그 결과 인도네시아 기업들은 1998년 6월 현재 1,180억 달러의 채무를 안고 있었는데 순외채는 671억 달러, 국내 부채가 509억 달러였다. 그러나 국내 부채의 절반 이상도 금융기관을 통해 조달한 달러표시 채무였다.

말레이시아는 인구가 2,000만 명 수준으로 인도네시아나 태국에 비해 적었다. 1960년대 말부터 외국인투자를 유치하면서 반도체 조립, 전자 등 다국적 전자업체들이 제조업 부문을 지배해왔다. 특히 전자 산업은 말레이시아의 핵심 산업이었고[6] 수요 규모가 작은 다른 공업 부문으로 기업들이 진출하기 어려웠다. 실제로 말레이시아는 1980년대 초 석유자금으로 철강·중공업 등 중화학공업 육성을 시도했으나 성공하지 못했다. 1984년에 시작된 국민차도 1995년에 22만 대 규모의 내수 시장의 60% 이상을 차지하고 있었지만 고관세로 보호한 결과였다.

따라서 말레이시아 내에서 성장하던 기업들이 진출할 수 있는 곳은 부동산 개발이나 인프라 건설 그리고 다국적기업에게는 폐쇄된 서비스업 등이었다. 정부는 화교의 과도한 경제력 집중을 막고 말레이인의 경제력 확대를 위해 부미푸트라 정책을 추진하면서 말레이 인 기업을 육성했다. 기업인 육성의 지름길은 1990년대 초부터 실시한 민영화에서 과거 공기업 부문을 말레이계 기업인들에게 맡기는 것이었다. 30대의 나이에 마하티르 수상의 눈에 띈 이들은 고도성장 과정에서 몇 년 간의 기업경영을 통해 자신감을 갖게 되었다. 그리고 40이 되었을 때 그들은 투자를 확대했다. 다행이라면 말레이시아 정부는 기업의 외화 차입을 엄격하게 관리하여 기업들이 직접 외채를 사용하지 않았고 국내의 자본시장에서 자금을 조달하도록 했다는 점이다.[7] 이는 동아시아 외환 위기를 말레이시아가 큰 상처 없이 통과할 수 있었던 중요한 요소였다.

---

6 말레이시아에서 2000년 1/4분기의 경우 전자 제품의 수출은 공산품 수출의 70% 이상을 차지하고 있으며 이들 대부분은 다국적기업의 수출이다.
7 그 결과 말레이시아의 BOT 사업들은 증시에 상장되었고 1996년의 경우 말레이시아 증시 규모는 한국의 증시 규모보다 더 컸다.

채무 과다 기업의 실패

태국이나 인도네시아 신흥 기업들은 외채를 도입해 투자를 했다. 외채가 프로젝트 파이낸싱으로 생산적 분야에 사용되었기 때문에 문제될 것은 없었다는 견해도 있으나[8] 공급이 과잉이면 투자수익률은 낮을 수밖에 없었다. 또한 정부의 특혜를 받아 추진되던 인도네시아나 말레이시아의 독과점 분야는 비효율적일 수밖에 없었다. 동아시아 기업이 부채에 의존하지 않을 수 없다는 견해도 있다. 예컨대 웨이드와 베네로소(Wade & Veneroso)는 아시아 기업의 고부채는 자본시장이 발달하지 못한 아시아에서 저축률이 높기 때문에 나타나는 당연한 결과이며, 이것이 아시아의 고도성장을 가능하게 한 이유라고 주장한다.[9] 그들은 고부채 경제 상황에서 은행과 기업의 협력 관계는 불가피하다고 본다. 대출금/GDP 비율이나 부채/자본 비율이 높으면 외부의 자금압박적 충격에 기업들의 채무불이행이나 상환 불능 등의 가능성이 높아지게 되고 이를 피하기 위해서 은행과 기업 간의 협력 및 정부의 지원이 필요하게 된다는 것이다. 협력 방법이나 지원은 기업의 잘못된 판단이나 위법행위의 결과를 보호하지는 않지만 '시스템적' 충격에 대해서는 자본 공급을 지속하게 하거나 기업의 현금흐름을 보호하게 된다는 것이다. 따라서 기업이나 은행의 해외 차입 제한, 정부의 해외 차입 조정 등이 필요하다고 본다.

---

[8] 동아시아의 외채와 관련하여 박웅서는 동아시아의 외채가 산업 부문의 프로젝트 파이낸싱이었다는 점에서 큰 문제가 아니었다고 보고 있다. 그는 동아시아 기업의 문제 중의 하나를 기술문제로 본다. 즉 동아시아 기업은 제품기술이 아닌 제조나 생산기술이 우월했고 이들을 수입하는 시장에서는 동아시아가 상호 가격경쟁을 하도록 했다는 것이다. (Ungsuh Kenneth Park, 2000, pp. 74~77.)

[9] Robert Wade & Frank Veneroso, "The Asian Crisis: The High Debt Model vs The Wall Street-Treasury-IMF Complex", Russell Sage Foundation, Working Paper, 1998. 3.

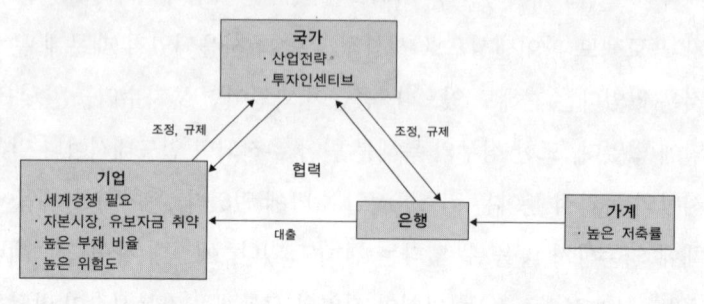

그러나 현실에서 동남아시아의 상황은 반드시 이들의 견해와 일치하지는 않았다. 금융자본을 지배하고 있던 화교자본이 같은 화교자본에 자금을 공급하는 경우가 많았고 심지어는 인도네시아에서와 같이 은행과 기업 간의 관계가 구분되지 않았던 것이다. 더욱이 여기에 정부의 역할은 별로 없었다. 은행의 프로젝트 평가 기능 미비로 인해 동남아시아 기업은 투자 결정에서 정부나 은행의 지원을 받았다. 또한 기업지배구조의 미비로 과도한 투자에 대해 견제할 수 있는 메커니즘이 작동하지 않았고 기업집단 내에서 계열사 간의 상호 보증을 통해 국내·외에서 막대한 자금을 조달했던 것이다.

좁은 시장을 놓고 과도경쟁에 시달리던 동아시아의 신흥 기업들은 1997년부터 본격적인 어려움에 직면했다. 태국의 부동산회사인 솜프라송 랜드(Somprasong Land)가 태국 기업으로서는 처음으로 지급 기한인 2월 4일 8,000만 달러의 유로채(ECD)의 이자 310만 달러를 상환하지 못했다. 수년 동안 진행된 투기적 태국 부동산시장 투자의 최초의 희생자였다.[10] 5월에는 태국의 대표적인 전자업체 알파텍(Alphatec)

이 태국의 한 은행으로부터 만기가 된 3,400만 달러를 상환하지 못했으며, 6월 초 만기가 돌아온 유로채 4,500만 달러의 이자를 지급하지 못했다.

이 때까지 이 기업들이 직면한 채무불이행은 경쟁력 감소에 의한 해외수요의 부족, 교역조건의 악화, 증시와 부동산의 거품붕괴의 결과였다. 그러나 1997년 7월부터 환율이 상승하자 고정환율을 믿고 헤지하지 않았던 기업의 외채 부담이 급증하게 되었다. 외화 차입이 자유로웠던 태국과 인도네시아 기업들은 큰 타격을 받게 되었던 것이다. 태국의 TPI, 알파텍, 시암시멘트, 인도네시아 기업들이 그러한 사례였고, 특히 인도네시아에서는 1998년 환율이 달러당 16,000루피아까지 상승했는데 1997년 중반 이전 2,500루피아에 비하면 외채를 상환할 수 있는 기업은 거의 없다고 해도 무방했다. 1997년 9월이면 한국 기업을 제외하고는 동아시아 최대의 실패 기업이 된 태국의 TPI가 채무상환을 중단했다.

더구나 위기 상황은 내수를 얼어붙게 했고 기업의 부도 증가로 이미 은행 기능이 마비되고 있는 상황에서 금리 상승은 기업들에게 더 큰 문제가 되었다. 1997년 10월경 인도네시아에서는 정부가 IMF의 손을 빌리기 이전에도 콜금리가 60% 이상을 웃돌고 있었다. 환율 상승으로 인도네시아 기업들과 태국 기업들은 엄청난 환차손을 겪어야 했

---

10 태국에서는 1980년대 말부터 일본 기업의 진출과 함께 시작된 부동산 경기가 1994년이면 정점에 이르고 있었다. 1994년 한해 동안 신규로 공급된 주택은 방콕의 경우 25만 가구가 넘었는데 이는 1992~96년에 태국 정부의 7차 경제사회개발계획에서 추정한 수요 382,240가구에 비하면 엄청났다. 실제로 이 기간에 방콕에 건설된 주택수는 수요의 2배에 이르렀다. 결국 이 기간에 건설된 가구의 40%가 빈집으로 남기에 이르렀다. 이 시기의 부동산시장 상황에 대해서는 Bangkok Post, "Year-end '96 Economic Review," Property 편을 참조.

는데, 예컨대 인도네시아 살림그룹의 1997년 환차손은 4조 1,775억 루피아, 가자 뚱갈그룹은 1조 3천억 루피아가 넘었다. 태국의 TPI나 시암시멘트그룹도 각각 막대한 환차손을 입었는데, 태국 최대의 기업인 시암시멘트가 매출 1,153억 바트에 적자가 522억 바트였고 외화 차입으로 투자를 진행중이던 TPI는 매출 306억 바트에 적자가 692억 바트였다.

이런 상태에서 기업들은 과잉설비를 안고 초과채무 상태로 빠져들어갔다. 위기 이전에도 높은 부채 비율 때문에 문제가 되었던 동남아시아 기업의 부채 비율은 위기 이후 더욱 증가했다. 한 연구에 의하면 위기 이후 부채 비율이 증가한 기업의 비율은 인도네시아에서 91.5%, 태국 80.6%, 말레이시아 64.1% 등이었다. 실제로 1997년 말 시점에서 기업 부문 부채 비율은 인도네시아가 310%, 태국 250% 등이었다.[11]

부진한 구조조정

1998년 동남아시아 경제는 제2차 세계대전 이후 최악의 상황이었다. 태국과 인도네시아에서는 막 형성되기 시작하던 도시의 중산층이 붕괴하기 시작했다. 간신히 대학을 졸업하고 은행에 취직하여 밝은 미래를 꿈꾸던 젊은이들은 하루아침에 자신이 서 있던 기반이 아무 것도 아니었음을 뼈저리게 느끼기 시작했다. 실제로 인도네시아와 태국의 고용구조의 전근대성을 볼 때 가장 타격을 입었던 층은 오히려 외형적

---

11 이 수치는 앞에서 제시한 1996년 기업의 부채 비율의 수치와는 자료원이 다르다. 그러나 동일한 세계은행의 연구 결과이기 때문에 큰 불일치는 없을 것이다. 이 자료는 다음의 문헌을 참고하라.
(World Bank, 2000, p. 70의 Table 4.2.)

으로 그럴 듯하게 보였던 그런 분야의 종사자들이었다. 농업 부문은 오히려 고용 흡수처가 되었다.

1998년에 인도네시아의 성장률은 -13.1%에 이르렀고 태국도 경제 규모가 10% 이상 축소되었다. 상대적으로 외환유동성에 문제가 없었고 다국적기업 중심의 경제구조에서 기업들의 차입금도 없었던 말레이시아에서도 동아시아 전체에 몰려온 위기의 여파에 영향을 받아 -7.4%의 마이너스 성장을 기록했다. 기업의 투자마인드는 완전히 사라져 태국의 투자는 1998년 전년 대비 51% 정도 감소했다. 이는 인도네시아와 말레이시아에서도 같은 현상이었다. 특히 인도네시아는 경제 위기가 사회 위기로 전화되면서 기업의 경제 전반에 영향을 받았다. 투자는 2001년까지도 지속적으로 감소했는데 이는 마치 성장하는 어린아이에게 양분이 공급되지 않는 것처럼 인도네시아의 성장잠재력을 소진시키는 결과를 빚었다.

외환 위기 이후 동남아시아의 경제성장률 추이

(단위 : %)

	1996	1997	1998	1999	2000	2001
태국	5.9	-1.4	-10.5	4.4	4.6	1.8
	(5.2)	(-21.9)	(-50.9)	(8.7)	(10.9)	(0.4)
인도네시아	7.8	4.7	-13.1	0.8	4.9	3.3
	(4.9)	(6.3)	(-39.0)	(-23.2)	(-1.2)	(-0.7)
말레이시아	10.0	7.3	-7.4	6.1	8.3	0.4
	(4.7)	(12.2)	(-43.5)	(-3.9)	(27.8)	(-9.9)
한국	6.8	5.0	-6.7	10.9	9.3	3.0
	(8.7)	(-7.5)	(-38.4)	(29.5)	(11.2)	(-1.9)

주 : ( ) 안은 투자 증가율.
자료 : ADB.

1998년 이후 동남아시아 경제의 가장 큰 문제는 시스템이 작동하지 않는 것이었다. 기업의 투자가 감소한 것은 기업인들이 미래에 대한 전망을 확신하지 못한 데도 한 원인이 있었으나 더욱 중요한 것은 기업이 부채를 많이 지고 있는 상황에서 추가적으로 자금을 조달할 길이 막혀버렸다는 것이었다. 외국의 대출자나 국내의 금융기관들은 기업의 부도와 파산을 우려하여 만기가 돌아오는 자금에 대해서는 상환연장을 하지 않거나 추가 대출을 하지 않았다. 결국 경제시스템에 자금이 유통되는 것이 가장 시급한 과제이었고 이는 기업의 추가적인 도산을 막기 위해서도 필요한 것이었다.

   결국 이 위기를 탈피하기 위한 가장 좋은 방법은 구조조정이었다. 2000년이 오기 전 동아시아에서 구조조정만큼 많이 사용된 단어는 없었을 것이며 구조조정의 정확한 의미가 무엇인지 알지 못한 채 노동자들에게 구조조정은 고용 감축으로 이해되었으며 투자자들은 구조조정을 한다는 보도를 보고 주식을 사고는 했다. 동남아시아에서 구조조정은 기업구조조정과 금융구조조정으로 구분되었는데 기업이 정확히 민간에 속하는 반면 금융의 경우 정부의 개입 여지가 많다는 점에서 정부는 금융구조조정에 우선순위를 둘 수밖에 없었다.

   동남아시아에서 금융구조조정 정책은 대강은 동일했다. 초반에는 위기의 확산과 금융붕괴를 막기 위해 유동성을 지원하고, 예금보장제를 도입했으며 부실 금융기관을 폐쇄하거나 자본재구축을 시도했고 금융기관의 부실채권 인수를 위해서는 중앙집중식의 자산관리공사를 설립하여 전담시켰다. 태국의 경우 처음에는 금융기관의 자체 해결을 장려했으나 2001년에 국가자산관리공사를 신설했는데 공적자금은 정부가 국채를 발행(인도네시아, 태국)하거나 담당기관의 채권 발행(태국,

말레이시아)을 통해 조성했다. 태국의 공적자금 투입 규모는 2001년 말 305억 달러 정도로 추산되어 2000년 GDP 대비 25% 수준에 이르게 되었다. 그러나 태국자산관리공사(TAMC)가 금융기관의 부실채권을 2003년까지 추가로 인수할 계획이므로 공적자금 투입 규모는 더욱 증가할 전망이다. 인도네시아의 공적자금 투입은 보유 부실자산(327억 달러)을 제외할 때 665억 달러로 2000년 기준의 GDP 대비 43.2%에 이르고 있는 실정이다. 1998년 금융 위기 당시의 유동성지원 217억 달러, 국영은행 및 자본재구축은행에 대한 자본 투입 338억 달러인데 인도네시아은행구조조정기구(IBRA)의 자본재구축은행 무수익자산(NPL) 인수분을 포함하면 총액은 더욱 증가할 것으로 판단된다. 말레이시아는 상대적으로 가장 적은 비용을 투입했다. 구조조정이 일단락된 말레이시아는 이보다 적은 44억 달러의 투입에 GDP 대비 약 4.9%이다.

공적자금 투입은 태국과 인도네시아의 정부(중앙정부) 채무의 급격한 증가와 재정 부담으로 작용하게 되었다. 태국의 경우 광의의 정부 부채 규모는 외환 위기 이전인 1996년 14.7%에서 2001년 58% 수준으로 급증했는데 이 기간에 정부의 직접부채는 GDP의 약 4%에서 25% 수준으로 증가했으며 2/3가 공적자금 투입 등 금융구조조정 비용 때문에 발생한 것이다. 태국은 위기 이전에 건전재정을 유지해온 대표적인 나라였다. 인도네시아의 정부 부채 규모도 1996년 GDP의 약 25% 수준에서 2001년 약 90% 수준으로 증가했다. 인도네시아는 1980년대 중반 일시적 경제 위기를 겪은 이후 고도성장을 했으나 재정구조 자체가 허약한 상황이었다. 정부 부채 증가의 약 절반이 금융구조조정 비용 때문이었는데 인도네시아의 재정의 지속 가능성은 중요한 문제로 부상하게 된 것이다.

공적자금 투입을 통해 정부가 금융구조조정을 한 결과 또 하나의 부정적 결과를 낳았는데 그것은 정부가 금융기관을 다시 지배하게 되었다는 것이다. 동남아시아에서 금융 위기의 한 원인으로 금융기관의 무절제한 대출 행태, 즉 정부가 결국은 구제할 것이라는 믿음을 가지고 도덕적 해이를 했다는 주장은 어느 정도 타당성을 갖고 있다. 동남아시아에서 은행은 정부의 입김에 의해서라기보다는 대주주의 입김에 의해서 대출을 했는데 외환 위기 이전 태국의 민간상업은행 15개 중 13개는 화교가 직·간접으로 소유하고 있었고 인도네시아에서 230여 개 은행 중 상당 부분은 화교 기업인들이 사금고 형태로 갖고 있던 은행들이었다. 이들의 연고적 대출이 은행 부실의 주요한 원인이었던 것이다.

동남아시아 국가의 공적자금 투입(2001)

(단위 : 억 달러, %)

	태국[1]	인도네시아[2]	말레이시아[3]
유동성지원	113	217	–
자본재구축	137	448	20
부실자산 인수	55	327[4]	24
계	305	665	44
GDP(2000년)	1,219	1,540	897
공적자금/GDP	25.0	43.2	4.9

주 1 : 유동성지원은 1조 370억 바트(1999년 초) 중 출자 전환 및 상환되지 않은 잔금 4,760억 바트를 미달러로 환산, 자본재구축 비용 137억 달러는 세계은행 집계, 부실자산 인수는 2001년 TAMC가 인수한 실제가치의 달러가액.
주 2 : 유동성지원은 1998년 6월 현재의 170조 루피아를 달러로 환산, 자본재구축 비용은 세계은행의 2000년 말 현재.
주 3 : 자본재구축은 다나모달의 76억, 부실자산 인수는 다나하르타가 자체 인수한 90억 링깃.
주 4 : 인도네시아의 부실자산의 장부가격.
자료 : IMF, Financial Sector Crisis and Restructuring: Lessons from Asia(1999. 9.)
World Bank, *East Asia Update*(2001. 3.)
IBRA, TAMC, Danaharta, FIDF 자료를 이용 계산.

금융구조조정 결과 태국에서는 화교가문이 지배하고 있던 금융 산업이 정부의 자본재구축으로 4개 은행이 국유화되었으며 인도네시아에서도 정부가 금융 산업을 장악하게 되었고 말레이시아도 금융구조조정을 통해 40여 개의 은행을 10여 개로 통합하면서 정부가 개입하게 되었다. 또한 동남아시아 3국은 금융기관의 부실자산 인수를 계기로 가장 중요한 채권자로 부상하게 되었다. 특히 인도네시아의 IBRA는 327억 달러 규모의 부실자산을 관리하여 3국 중 가장 큰 채권자 역할을 하고 있고 태국의 TAMC도 현재 인수한 부실자산을 매각하지 않고 구조조정을 할 계획이므로 당분간은 가장 중요한 채권자가 될 전망이다.

공적자금의 투입에도 불구하고 동남아시아의 경제는 2001년 말

각국의 NPL 보유와 AMC의 권한(2001년 말 현재)

	태국	인도네시아	말레이시아
AMC의 이름	태국자산관리공사 (TAMC)	은행구조조정기구 (IBRA)	다나하르타 (Danaharta)
NPL 보유	160억 달러 (6,984억 바트)	327억 달러 (310.7조 루피아)	126억 달러 (477억 링깃)
NPL 매입 비율(%)	50	87.7	39.3(2001. 11.)
NPL 처분 비율(%)	없음	6.7	99.9
특별권한	-TAMC 주도의 　사업구조조정은 　사법절차 우회 -담보물 처리 권한	-채무자의 자산 압류	-사업 구조조정을 위한 　특별관리인의 임명 -담보물 처리
자산 처분 및 관리	-채무 및 사업구조조정 -아웃소싱 -담보물 처리	-채무 및 사업구조조정 -중규모 대출 아웃소싱 -소규모 대출 경매	-민간경매 -입찰 -증권화 -특별관리 　(사업구조조정)

현재 아직 완전히 회복되지 않았으며 금융 산업도 정상화되지 않았다. 민간신용 증가율이 아직 낮고 금융기관의 건전성도 낮으며 부실자산은 아직 처리되지 않았다. 말레이시아를 제외하면 경제가 정상으로 회복되지 않았으며 금융시장의 안정(금리, 주가, 외국인투자)에서도 아직 미흡하다. 공적자금의 회수면에서 태국과 인도네시아는 기대에 미흡했다. 태국은 유동성지원과 관련한 손실을 이미 재정에 반영했으며, TAMC가 인수한 부실자산도 즉각적 매각을 통한 회수보다 채무재조정, 사업구조 조정을 통한 장기적 회수로 방향을 전환하고 있다. 2002년 중반 FIDF는 자본재구축 비용의 회수율의 최대 기대치를 30% 정도로 평가하고 있었고 인도네시아의 자산매각이나 채무회수도 극히 낮은 상태이며 국가의 주요 기업들이 저가에 해외에 매각되고 있다.

공적자금 투입은 각국의 재정에 부정적인 영향을 미쳤다. 태국의 경우 외환 위기 이후 정부 채무 증가의 약 2/3이 금융구조조정 비용에 기인하며 인도네시아에서도 금융구조조정으로 발생한 정부 채무가 GDP의 45% 수준이다. 2001년 말 현재 태국은 공공채무관리법(Public Debt Management Act), 인도네시아는 국가채무관리법(Sovereign Debt Securities Law)을 각각 의회에 제출해놓고 있었다.

디지털 디바이드

동남아시아 경제의 가장 큰 문제점 중의 하나는 기술의 급속한 발전 과정에서 선진국과 기술 격차를 줄이기 어렵다는 점이다. 다국적기업의 투자를 통해 경제 성장을 했기 때문에 국내에서 기술을 흡수하거나 확산시킬 수 있는 시스템을 갖추는 것이 중요하다. 그러나 이 점에서 동남아시아 기업은, 심지어는 싱가포르까지도 성공하지 못했다. 비록 일본 기업을 비롯한 몇몇 다국적기업들이 동남아시아에서 R&D 센터를 건설한다 해도 이는 현지 시장에 적합한 상품을 만들어내기 위한 것일 뿐 원천기술 및 상품 개발을 위한 근본적인 R&D 활동을 하는 것은 아니었다. 더구나 현지의 지원 산업이 발달하지 못했기 때문에 다국적기업의 생산활동이 국내 분야로 연결되어 생산을 유발하는 산업 연관 효과도 작다.

동남아시아 국가가 얼마나 R&D에 취약하고 기술기반이 낮은가는 몇 가지 지표로도 금방 확인할 수 있다. 2000년 미국에 특허등록 건수를 국가별로 보면 일본이 32,924건으로 1위를 차지했고 7위인 한국은 3,472건이었다. 그러나 싱가포르는 242건에 불과했고 말레이시아는 47건, 태국 30건, 필리핀 12건 등이었다.[12] 또 다른 자료는 각국의 특허 신청자에 관한 것이다. 1998년 인도네시아에서는 32,910건의 특허가 신청되었는데 모두 외국인의 신청이었고 인도네시아 인에 의한 신청은 한 건도 없었다. 말레이시아에는 외국인 6,272건, 내국인의 신청 건수는 179건, 태국은 외국인 4,594건에 내국인 477건 등이었다. 이 때 한국인에 의한 출원 건수는 50,714건이었다.

연구개발비 지출의 GDP에 대한 비율은 한국이 1990년대 후반 GDP의 약 2.8%에 이르렀으나 싱가포르는 1% 남짓, 말레이시아·필리핀·태국 등은 약 0.2% 수준이었다. R&D 분야에 종사하는 과학자와 엔지니어의 수는 인구 1백만인 당 한국이 2,193명인 데 비해 말레이시아 93명, 태국 103명이며, 많다는 싱가포르도 2,318명에 불과했

---

12 Shahid Yusuf, "Remodelling East Asian Development", *ASEAN Economic Bulletin*, Vol.19, No.1, April 2002, p. 9.

동남아시아의 과학기술 관련 지표

	R&D 분야의[1] 과학자 및 엔지니어 (1987~97)	R&D 지출 비율 (1997)	특허 출원(1998)	
			내국인	외국인
인도네시아	182	–	0	32,910
말레이시아	93	0.07	179	6,272
필리핀	157	0.24	163	3,280
싱가포르	2,318	0.22	311	44,637
태국	103	1.13	477	4,594
베트남	–	–	30	35,748
캄보디아	–	–	–	–
라오스	–	–	–	–
미얀마	–	–	–	–
한국	2,193	2.82	50,714	71,036

주 1 : 인구 1백만 명 당.
자료 : Dimitrios Konstadakopulos, "The Challenge of Technological Development for ASEAN", *ASEAN Economic Bulletin*, Vol.19, No.1, April 2002, p. 105.

다. 동남아시아에서 이와 같은 과학기술 관련 잠재력 빈곤은 동남아시아의 민간 부문 중 R&D가 필요한 제조업의 경우 다국적기업이 대부분 활동하고 있다는 점, 고등교육의 빈곤 등에 기인한다.

과학기술 분야의 취약 외에 동남아시아가 갖고 있는 문제는 정보혁명의 시대에 충분히 대응할 체제를 갖추지 못했다는 점이다. 동남아시아는 IT 제품의 주요 생산지이자 수출국이면서도 사회적 자본으로서 IT 관련 투자는 빈약하다. 도시국가로서 100인당 51대 정도의 PC가 보급되어 있는 싱가포르를 제외하면 동남아시아의 PC 보급률은 2001년 현재 인도네시아가 1.1대, 필리핀이 2.2대, 태국 2.7대 그리고 말레이시아 12.6대를 보유하고 있는 데 불과하다. 같은 해 한국의 PC

보급이 인구 100인당 25.1대인 것을 비교해보면 동남아시아 국가들이 크게 뒤져 있다는 사실을 알 수 있다.

정보혁명의 꽃이라고 할 수 있는 인터넷 보급도 마찬가지이다. 2001년 한국 인구의 절반에 가까운 47%가 인터넷을 통해 쇼핑을 하고, 한국의 학생들이 인터넷의 바다를 넘나들면서 새로운 정보를 찾아 숙제를 하고 게임을 즐길 때 태국의 경우 고작 1.9%의 인구만이 인터넷 세상을 맛보고 있는 것이다. 인도네시아·필리핀 등 다른 국가의 사정도 마찬가지이고 다소 낫다는 말레이시아에서도 인터넷 이용자는 인구의 15.5%에 불과하다.

인터넷 이용의 질적인 측면에서도 차이가 있다. 한국의 인터넷이 주로 초고속(DSL)망으로 이루어져 있는 데 비해 싱가포르의 DSL 가입자 수는 2000년 말 현재 불과 3.7만 명 정도이고 다른 나라의 경우 DSL은 거의 도입되어 있지 않은 것이다. 동남아시아의 학생들은 인터넷을 쓰는 학생들조차도 방학숙제를 하기 위해 역사적 유물 사진 하나를 다운받으려면 몇 분 동안 컴퓨터 앞에서 기다려야 하는 실정이다.

동남아시아의 PC 및 인터넷 보급 상황(2001)

	PC 보급		인터넷 보급	
	보급 대수(만 대)	100인당	사용자수(만 명)	100인당
싱가포르	210	50.8	226(2002)	55.1
말레이시아	300	12.6	370(2000)	15.5
태국	170	2.7	120(2000)	1.9
인도네시아	230	1.1	440(2002)	2.1
필리핀	170	2.2	200(2000)	2.5
한국	1,200	25.1	2,223(2001)	47.0

자료 : ADB, *Key Indicators of Developing Asian and Pacific Countries 200*.

기업활동에서도 IT혁명은 확산되지 못하고 있다. 동남아시아의 기업들은 기업활동에서도 인터넷의 이용은 거의 활성화되어 있지 않다. 2001년 말 현재 인도네시아의 최대 그룹이었던 살림그룹은 아직 그룹 공식 홈페이지를 갖고 있지 않고 다른 그룹들도 마찬가지이다.

전반적으로 태국 기업들은 인도네시아 기업들에 비해 기업의 정보 공개를 위해 인터넷을 더 많이 활용하고 있다. 화교 기업이 아니면서 기업의 투명성이 가장 높은 시암시멘트의 홈페이지는 대표적으로 잘 구성되어 있고 충실한 정보를 제공한다. 태국에서 화교자본의 지주 역할을 했던 방콕은행은 외환 위기 이전부터 우수한 홈페이지를 운영하고 있었다. 그러나 이는 기업의 정보 공개와는 관계 없는 것이었다. 예컨대 가장 투명성이 높다는 CP그룹의 경우도 그룹 차원의 홈페이지에서 정보를 얻는 것은 어려운 상황이었다. 말레이시아는 인도네시아나 태국에 비해서는 정보통신이 강한 국가로서 인터넷을 통한 정보 공개는 보편적으로 이루어질 수 있는 상황이지만 역시 홍륭그룹을 제외하면 빈약했다.

아시아 경제, "힘의 이동"

4. 신흥공업국은 어디로

새로운 문제의 시작

동남아시아에서 시작된 외환 위기가 동아시아 전체의 경제를 암흑 속으로 몰아넣었을 때도 대만·싱가포르·홍콩 등은 위기에 대해 상당한 방어력을 보여주었다. 1997년 10월과 11월, 홍콩의 증권시장은 대폭락을 했으나 풍부한 외환보유고를 기반으로 경제가 붕괴하지는 않았다. 대만의 경우나 싱가포르의 경우도 환율은 상승했지만 외환보유고를 기반으로 경제는 지속적으로 안정을 유지했다.

그러나 이들이 동아시아 위기를 상처 없이 벗어난 것은 아니었다. 신흥공업국의 대표국가나 다름없었고 유일하게 OECD 회원국이었던 한국은 IMF 구제 사상 유례가 없는 500억 달러 이상의 지원 대상으로 전락하면서 세계의 이목을 집중시켰으며 홍콩의 경우 주가 하락과 부동산가격의 하락으로 경제는 1998년에 마이너스 성장률을 기록하지 않을 수 없었다. 대만이나 싱가포르의 경우도 주가 하락과 통화가치 하락을 경험했다. 실제로 홍콩·대만·싱가포르 등의 주가나 통화가치는 2002년 7월 초 현재에도 위기 이전인 1997년 6월 말 수준을 회복하지 못하고 있다. 즉 대만의 경우 주가는 1997년 6월 말 이전에 비해 40.3%가 하락한 상태이고 홍콩의 경우도 28% 이상 하락했다. 통화가치는 IMF의 지원을 받았던 한국이 25% 이상 가치가 하락했고 달러페그제를 사용하고 있는 홍콩의 경우 페그제를 유지하고 있으나 싱가포르·대만의 통화는 가치가 떨어졌다.

실물경제에서 신흥공업국은 단순히 동남아시아 위기의 영향 때문이 아니라 새로운 문제의 시작을 보여주고 있다. 2001년 한국을 제외한 3국의 성장률은 마이너스거나 0.1%(홍콩)에 불과했다. 싱가포르의 마이너스 성장은 1985년 싱가포르가 급격한 산업구조 고도화를 경험

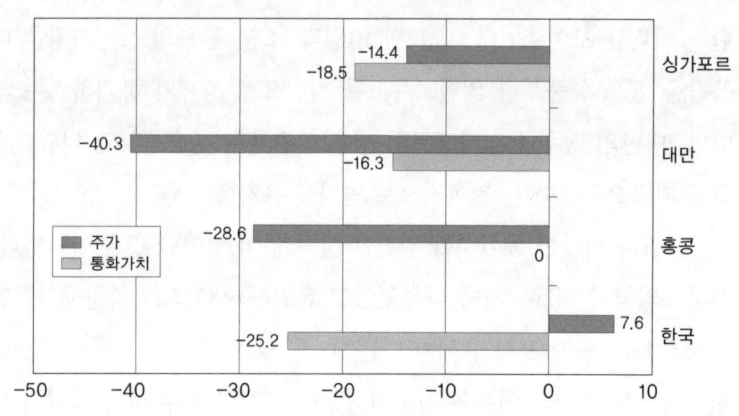

신흥공업국의 외환 위기 이후의 통화가치 및 주가 상승률

주 : 1997년 6월 말 대비 2002. 7. 9.
자료 : ADB의 일일지표.

하면서 경험한 마이너스 실적에 이어 두 번째이다. 싱가포르 경제는 1998년 동남아시아의 외환 위기 과정에서도 외환 위기를 피할 수 있었다. 한때 완전고용을 자랑하던 대만의 경우 실업률이 5%를 상회하고 있다.

홍콩 경제의 부진은 기업의 수익성에서도 나타난다. 홍콩의 최대 기업으로 컨테이너항, 통신, 부동산 등에 활동하고 있는 이가싱의 허치슨그룹의 수익은 1999년에 1,200억 홍콩달러에 이르렀지만 2000년에는 71%가 감소했고 다시 2001년에는 65%가 감소하여 121억 홍콩달러에 불과하게 되었다.

경제성장률의 부진도 문제지만 경제 활력의 저하는 더 큰 문제라고 할 수 있다. 디플레이션 현상은 신흥공업국 어디서든 볼 수 있다. 한때 천문학적 가격을 자랑하던 홍콩의 아파트가격은 크게 내렸다. 1999년 홍콩의 소비자물가는 4%가 하락했고 2000년에도 3.8%가 떨어졌다. 그리고 2001년에도 1.6%가 하락했다. 싱가포르의 소비자물가는 1999년 0.4%, 2000년 1.3%, 그리고 2001년 1%의 안정을 보여주었다. 대만에서도 1999년 0.2%, 2000년 1%, 그리고 2001년에는 0%였다. 이와 같은 디플레이션 현상은 기업의 경제활동에 부정적인 영향을 크게 미치게 된다. 기업의 매출 감소는 기업의 다운사이징을 유도하고 결국 고용이 감소한다. 2002년 2/4분기 홍콩의 실업률은 역사상 가장 높은 7.7%를 기록했다. 2002년 상반기에 부도를 낸 홍콩의 기업 수는 10,173개에 이르렀는데[13] 이는 2001년 한 해 동안 부도를 낸 기업의 수보다 더 많은 것이었다.

---

13 The Asian Wall Street Jurnal, 2002. 7. 17.

아시아 신흥공업국의 성장률 추이

(단위 : %)

	1995	1996	1997	1998	1999	2000	2001
한국	8.9	6.7	5.0	-6.7	10.9	8.8	3.0
대만	6.4	6.1	6.7	4.6	5.4	6.0	-1.9
홍콩	3.9	4.5	5.0	-5.3	3.0	10.5	0.1
싱가포르	8.0	7.6	8.5	0.1	5.9	9.9	-2.0

자료 : ADB.

산업구조상의 문제도 있다. 이는 대만보다 싱가포르에서 특히 심각한 문제로 작용한다. 싱가포르가 말레이시아로부터 독립한 것은 1965년이었다. 자원이 없었던 싱가포르에게는 생존의 문제가 중요했다. 싱가포르 정부가 할 수 있는 일은 노동집약적 공업을 육성하는 것이었고 이를 위해 1967년 제조업 투자에 인센티브를 제공하는 경제확대인센티브법(Economic Expansion Incentive Act)을 제정하여 외국인직접투자를 유치했다. 그리고 이 해에 미국의 반도체업체인 텍사스 인스트루먼트가 싱가포르에 진출하기로 결정했다. 당시 한국과 대만이 공산주의와 대결하고 있었다는 점에서 미국 기업들은 싱가포르를 우호적으로 보고 있었다.

1970년대 초반에는 당시 싱가포르 GNP의 약 15%, 4만 명의 노동력을 고용하던 영국군이 철수를 결정하면서 실업 해소를 위해서도 외국인투자의 유치가 더욱 절실해졌고 싱가포르는 외국인 투자자들을 위해 인센티브 확대, 임금 안정, 노사 안정 등의 조치를 취해갔다. 이후 싱가포르는 국제적인 전자부품 제조기지로 발돋움했을 뿐만 아니라 금융·서비스·무역 부문에서 다국적기업에게도 기업하기 좋은 나라로 인정되었다.

그 결과 싱가포르는 다국적기업의 천국이 되었는데 이를 가장 잘 나타내주는 것은 매출액 기준 싱가포르 기업 순위이다. 2000년 싱가포르 최대의 기업은 석유무역을 하는 캘텍스트래딩(Caltex Trading)이었다. 20대 기업 중에서 싱가포르 인 기업으로서 1위는 58억 달러의 매출로 전체 7위를 차지한 싱가포르항공(Singapore Airlines)이었고 2위인 해운회사 넵튠오리엔트(Neptune Orient Lines)는 매출 47억 달러로 전체 11위를 차지했다. 20대 기업 중에서 6개 사가 싱가포르 업체였는데 항공, 해운, 전력, 통신, 인프라 건설 등을 영위하는 정부계 기업이었다. 제조업체로서 최대 기업은 1980년대 초반 싱가포르에 진출한 미국계 기업 플렉스트로닉스(Flextronics)로 매출액이 121억 달러이었고, 그 다음은 역시 미국의 컴퓨터업체인 휴렛팩커드(Hewlett-Packard)로서 매출액은 79억 달러이었다. 그 다음은 또 다른 미국 반도체업체인 에스티마이크로일렉트로닉스(STMicroelectronics)이었다. 싱가포르에서는 전자 산업이 핵심 산업으로서 전자 산업 경기에 따라 경제 성과가 달라진다.

높은 대외 의존도와 잉여경제의 문제

한국, 대만, 홍콩, 싱가포르 등 신흥공업국들은 모두 높은 해외 의존도를 보이고 있다. 이 때문에 신흥공업국의 경제 성과는 해외수출 성과에 크게 영향을 받는다. 2001년 대만과 싱가포르가 마이너스 성장을 하고 홍콩 경제가 정체되었던 것은 모두 수출 부진 때문이었다. 2001년 한국과 대만의 수출은 12.3% 및 17.3%가 감소했고 홍콩과 싱가포르의 수출도 10% 가까이 감소했다. 2000년에는 대미 수출의 증가에

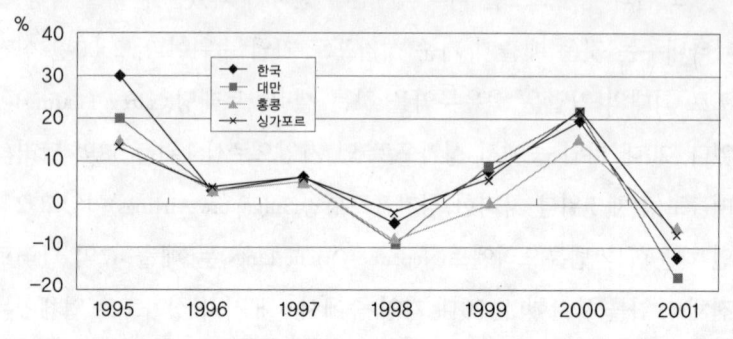

자료 : ADB.

따라 홍콩의 수출은 16.1%, 한국, 대만, 싱가포르의 수출도 모두 20% 정도 증가했다. 1년 사이에 수출의 진폭이 많게는 40%포인트(대만), 가장 적은 홍콩도 22%포인트 정도에 이르니 이들이 받는 충격이 크지 않을 수 없었다.

이들은 동시에 모두 경상수지의 흑자를 기록하고 있다. 경상수지는 한 국민경제가 상품이나 서비스 무역에서 얼마나 많은 흑자를 기록하는가에 달려 있고 경상수지 흑자가 쌓이면 외환보유고가 증가한다. 그래서 2001년 말 현재 대만 1,222억 달러, 홍콩 1,112억 달러, 싱가포르 750억 달러 등 모두 막대한 외환보유고를 갖고 있다. 이 외환보유고는 1990년 말 다른 동아시아, 심지어는 한국까지 외환 위기의 혼란으로 빠져 들어갈 때 이 나라를 지켜준 기초가 되었던 것은 사실이다.

경상수지는 국민소득계정으로 보면 한 국민경제의 국내저축과 투자의 차이이다. 일반적으로 경제가 이륙 단계를 지나 성숙 단계에 이르게 되면 저축률이나 투자율이 저하된다. 신흥공업국의 경우도 마찬가지이다. 비록 관찰 기간이 짧아 이 현상을 분명히 찾아내기는 곤란하지만 홍콩과 싱가포르에서는 투자율이 감소하고 있고 대만의 투자율도 2001년에는 20% 이하로 떨어졌다.

그러나 우리가 여기서 관심을 가져야 할 사항은 경상수지 흑자와 저축-투자 갭의 관계이다. 대만의 저축-투자 갭은 2000년 GDP의 2.0%에서 2001년에는 5.4%로 증가했다. 홍콩의 경우는 아직도 높은 25~26%대의 투자율을 보이고 있으나, 저축률이 일정한 수준으로 유지되고 있는 상황에서 투자율이 급격히 하락하여 2000년의 저축-투자 갭은 6%, 2001년에도 5.4%에 이르게 되었다. 싱가포르의 경우 저축-투자 갭은 2001년 20%가 넘었다. 싱가포르의 투자율은 1990년대 전반기 약 40%를 유지했고 외환 위기 이후 감소했지만 여전히 30%를 상회하고 있다.

왜 이와 같이 높은 경상수지 흑자(저축-투자 갭)가 나는 것일까? 단순히 설명하면 높은 저축률과 낮은 투자율 때문이다. 저축률이 높아지거나 투자율이 낮아질 때 이 갭은 확대된다. 그러나 이것으로는 우리는 별 다른 정보를 얻을 수 없다. 따라서 좀더 그 의미를 파악해볼 필요가 있다. 투자율이 낮다는 것은 먼저 투자기회가 줄어들었기 때문이다. 국민경제 전체로 투자는 수익률이 높은 부문으로부터 시작된다고 보면, 과거에 비해 투자율이 감소했다는 것은 투자기회가 상대적으로 줄어들었다는 것이다.

투자율이 일정할 때 저축률이 지나치게 높아 경상수지 흑자가 발생한다면 이는 국민들이 적절한 수준까지 소비를 하지 않는다는 것을 말한다. 이 점에서 싱가포르는 흥미로운 사례이다. 대부분의 국가에서 소비는 GDP의 60%선에 이르고 있으나 싱가포르의 민간소비율은

신흥공업국의 저축·투자율 및 외환보유고 추이

(단위 : %, 억 달러)

	1996	1997	1998	1999	2000	2001
대만						
저축률(S)	25.9	24.8	24.6	25.6	25.3	24.5
투자율(I)	22.5	22.8	23.5	22.9	23.3	19.1
S-I	3.4	2.0	1.1	2.7	2.0	5.4
외환보유	880	835	903	1,062	1,067	1,222
홍콩						
저축률(S)	30.7	31.1	30.1	30.4	32.3	31.1
투자율(I)	31.2	33.6	30.3	25.8	26.3	25.8
S-I	-0.5	-2.5	-0.2	4.6	6.0	5.3
외환보유	638	928	896	963	1,075	1,112
싱가포르						
저축률(S)	49.4	50.5	50.8	48.8	49.3	45.8
투자율(I)	37.0	38.6	33.3	31.9	31.6	24.3
S-I	12.4	11.9	17.5	16.9	17.7	21.5
외환보유	770	714	750	772	800	750

자료 : ABN-Amro Asian Anchor, 3Q02.

40% 정도로 투자율과 거의 비슷하거나 약간 더 많은 수준이었다. 싱가포르 국민들이 허리띠를 졸라매고 저축을 하는 것이다. 싱가포르인들은 자신의 소득의 20% 정도를 중앙연금기금(CPF)으로 저축하고 있다. 고용주 또한 종업원을 위해 비슷한 금액을 적립한다. 싱가포르 정부는 이 자금을 사용해 인프라를 건설했고 경제 성장을 달성했다. 그러나 투자기회가 줄어드는 상황에서도 싱가포르 인은 여전히 허리띠를 졸라매고 있다.

저축-투자 갭의 확대로 외환보유고가 쌓이면 국가 전체로는 흑자라고 할 수 있다. 그러나 이러한 잉여는 좋은 것이 아니다. 돈은 금고에 가득 차 있는데 쓸 곳이 없다는 것으로 이는 경제·사회적 활력의 저하를 낳는다. 물론 이들은 막대한 외환보유고를 효과적으로 이용하기 위해 노력한다. 대만 기업은 해외 투자를 위해 외환보유고를 이용한다. 정부는 냉엄한 국제정치에서 살아남고 몇몇의 친구라도 만들기 위해 경제적 이유와는 관계 없이 아프리카 빈곤국가들에게 원조를 하는데 이 돈을 이용하기도 한다. 홍콩은 통화위원회 환율제도를 유지하기 위해 기본적으로 일정량의 외환을 보유하고 있어야 한다. 더욱이 국제금융센터로서 기능 유지를 위해서는 풍부한 자금이 있어야 하고 외환보유고는 이런 기능을 할 수도 있다. 싱가포르에서 외환보유고는 주로 정부 차원의 해외 투자에 많이 이용된다. 정부는 싱가포르가 살아남기 위해 해외에 자산을 보유하고 있어야 한다고 믿는다. 그래서 여기저기 좋은 물건이 나오면 사들이기에 바쁘다. 그러나 2000년 초 국제금융계에서는 싱가포르 프레미엄이란 말이 나돌았다. 싱가포르 정부가 해외자산을 제값보다 더 주고 산다는 뜻이 들어 있었다.

정치 사회적인 활력 저하

홍콩의 중국 반환은 많은 사람들의 운명을 갈라놓는 일이었다. 이미 1990년대 초반부터 홍콩 주민들은 영국이나 캐나다, 호주로 이주해갔다. 이들의 이민은 영화 주제가 되기도 했고 노래 주제가 되기도 했다. 영국에서 환영받지 못한 홍콩의 중국인들은 캐나다를 중요한 이민국으로 삼았고 이가싱을 비롯한 홍콩의 기업인들도 다른 외국에 비해 캐나다에 더 많은 투자를 했다.

    홍콩의 미래에 대한 홍콩인과 세계의 불안을 해소하기 위해 등소평은 1국 2체제를 유지하겠다고 공언했지만 많은 사람들이 이를 액면 그대로 받아들이지 못했을 것이다. 비록 개입을 하지 않겠다고 공언을 해도 중국의 강력한 정치가 절제를 할 수 있겠느냐는 것 때문이었다. 시간이 지나고 중국의 약속은 어느 정도 지켜진 것으로 보였다. 그러나 문제는 내부에 있었다. 2체제 시스템은 결국 언젠가는 중국에 정치적으로 통합됨을 의미했고 그래서 홍콩의 독자적인 정치 시스템을 만들어내지는 못했다. 홍콩의 1대 행정장관인 둥젠화(董建華)는 1기 재임 기간의 경기 침체와 국민들로부터의 낮은 지지율에도 불구하고 홍콩의 각계각층의 대표로 구성된 한 위원회에서 재선임되어 2기 행정장관에 취임했다. 그가 다시 한 번 행정장관으로 선출된 이유는 소위 각계각층의 대표들이 결국은 자신들의 이익에 민감하게 반응하는 이익집단의 성격을 갖고 있었기 때문이고, 이들은 중국이 다시 둥젠화를 원하고 있다는 점을 잘 알았기 때문이었다. 이에 대해 과거의 홍콩에 책임이 있는 영국이 홍콩의 인권과 민주화에 무관심하다고 통박하는 주장이 제기되기도 했다.[14] 또 중국의 불개입 원칙이 5년이라는 허니문 기간을 지낸 이후에도 계속될 것인지는 불확실하다는 견해도 있다.

    홍콩의 우울한 미래는 중국 상하이와의 경쟁 관계에서 더 분명하게 드러난다. 과거에는 비교적 자유로운 경제환경과 국제금융의 중심지로서, 동남아시아 화교 기업이나 중국 기업에 관심을 가졌으나 아직 중국에 깊이 발을 담는 것이 두려운 서방의 자본들이 일시적인 체류장소나 지휘부로서 홍콩을 활용했다. 그러나 중국의 투명성이 더 높아지고 강택민, 주룽기 등 소위 '상해방'으로 알려진 인사들이 상하이를

---

14 1990년대 후반 홍콩의 South China Morning Post의 편집인을 지낸 조나단 펜시(Jonathan Fency)는 The Asian Wall Street Journal, 2002년 6월 26일자에 "홍콩에 대한 영국의 배반(Britain's Betrayal of Hong Kong)"을 발표했다.

개발해감으로써 홍콩의 위상은 약화되고 있다. 더욱 중요한 것은 대만과 중국의 관계가 더욱 개선된다면 홍콩의 역할과 위상은 더욱 축소하지 않을 수 없다는 것이다. 중국 당국이 홍콩의 역할을 한 팀에 있는 두 명의 스트라이커 중 하나로 공개적으로 인정한다[15]고 해도 상하이 부상, 홍콩의 위상 저하를 막을 수 없다는 인식을 없애긴 어렵다.

대만의 상황도 마찬가지이다. 1949년 중국 본토에서 건너온 장개석의 국민당 정부는 시간이 지나면서 영광의 시절이 가고 있음을 인식하고 있었으나 경제는 고도성장을 했다. 대만인은 3명이 모이면 사업을 한다는 말이 있을 정도로 돈벌이에 관심이 많았다. 대만 건국 초기에 정부는 상대적으로 강력한 토지개혁을 실시했고 농업 자본의 산업자본화를 달성했다. 노동집약적 경공업은 비약적으로 발전했고 1980년대 후반부터는 전자 산업의 부품업이 발전하기 시작했다. 그러나 국내에서 인건비가 상승하게 되고 대만의 공업이 중소기업형 부품업에 비교우위를 가짐으로써 기본적으로 해외 시장을 대상으로 하지 않을 수 없었다.

또한 중국이 정치적으로 부상하고 대만의 민진당 정부가 대만 독립을 하나의 암묵적인 목표로 설정함으로써 정치적 불안도 강해졌다. 그러나 국민들은 정치가 개인들의 삶에 영향을 미치지 않는다는 사실을 인식하기 시작했고 중국으로 몰려갔다. 국내에서는 투자 기회가 상대적으로 줄고 활력은 떨어져갔다. 국내에서 이슈가 없어지는 국가가 되고 있는 실정이다.

---

15 과거 상하이 시장을 지낸 주광디(Xu Kuangdi)는 상하이와 홍콩을 한 팀에 있는 두 명의 스트라이커라고 말하고는 했다. The Economist, 2002. 3. 30~4. 5일호, p. 19.

싱가포르도 정치·사회적인 활력이 저하되기는 마찬가지다. 싱가포르에서 인민행동당은 국회 전체의석을 차지하고 있고 실질적인 독재체제를 유지하고 있다. 실질적인 야당이 거의 존재하지 않는 가운데 지난 2001년 11월의 총선에서는 야당이 후보조차도 구할 수 없었고 인민행동당은 거의 전 의석을 석권했다. 또한 엘리트들로 충원되는 정부는 국민의 일상생활에 깊이 개입하고 있다. 우수한 국민을 만들기 위해 정부가 나서서 대졸자들의 미팅을 주선하기도 했고 교육 수준에 따라 2세 생산을 장려하거나 억제하기도 한다. 심지어 남녀간 성생활에까지 개입하여 특정 형태의 섹스는 허용되지 않는다고 정해놓고 있다. 언론은 통제되어 일사불란한 국가 운영과 가부장적인 질서를 주장하는 정치 엘리트들의 홍보지 역할을 한다. 이런 정치·사회 분위기 속에서 국민들은 순치되어 있다.

싱가포르가 열악한 환경 속에서 단기간에 정치적 안정과 공업화 그리고 복지사회를 이룩한 것은 제 3세계 국가 중에서는 이변이자 기적이라고 할 수 있었다. 그러나 성장과 분배라는 두 마리의 토끼를 잡는 과정에서 민주적 가치는 희생되었다. 이제 이들은 새로운 문제를 야기하고 있는 것이다. 이민을 꿈꾸는 싱가포르 인들이 늘어나고 사회의 활력은 살아나지 않고 있으며 정보화 사회에서 가장 유리한 환경을 갖고 있음에도 경제성장률은 급락한 것이다.

물론 민주적 가치의 희생에 대해서 싱가포르 엘리트들의 논리는 확고하다. 이광요는 문화는 운명이라고 주장하고 싱가포르가 속한 아시아의 고도성장은 서구식 시스템만 유효한 것이 아니고 아시아식 시스템인 유교적 전통, 선공후사 등의 가치가 경제 발전을 이끌 수 있다고 주장한다. 이광요가 특히 강조하는 아시아적 가치라는 것이 실제로 어느 정도 타당성이 있는가에 대해서는 분명하지 않다. 개인을 다소 희생하고 전체를 발전시킬 수 있는 체제가 과연 계속 유지될 수 있을 것인지 그 누구도 정확한 답을 할 수 없는 것이다.

그러나 분명한 것은 싱가포르가 그렇게 지식 사회 · 정보화 사회를 주창하고 발전하기 위해서 노력하지만 통제된 사회, 개인의 창의력이 억압된 사회에서 지식기반 경제는 가능하지 않다는 사실이다. 이러한 사회 분위기는 정부의 투자를 일정 부분 비효율적으로 만들고 있다. 정부는 수년 동안 투자하여 싱가포르의 전 가정과 사무실을 연결한다는 광대역 초고속인터넷망 싱가포르 원(Singapore One) 프로젝트를 추진했지만 싱가포르의 광대역 인터넷 사용 비율은 한국에 비해 더 떨어지고 있다. 흥미로운 사실은 초고속인터넷을 쓰지 않는 이유 중의 하나가 개인에 대한 정부의 감시가 있지 않을까 하는 우려에서 나온다는 것이다. 정부는 창의력을 육성하기 위한 다양한 방법들을 제시하고 있으나 그 효과는 미미하다.

5. 넘버원 일본?

패전국에서 경제대국으로

제2차 세계대전이 끝난 일본의 상황은 우리에게 단순하게 원자폭탄의 후폭풍인 버섯 모양으로 남아 있는 것 같기도 하지만 일본의 사정은 폐허와 같았다. 전후 일본 경제 규모는 예컨대 GDP는 급격히 하락해 1947년의 GDP는 1938년의 절반에도 이르지 못했고 1948년의 수출은 1938년 수준의 1/5 수준을 간신히 넘었을 뿐이다. 더욱이 패전국 일본은 연합국에 전쟁배상금을 지불해야 했고, 주권은 거의 상실한 상태였다. 실제로 일본이 포츠담선언을 수락하고 연합국에 무조건 항복한 후 맥아더 원수가 대일 점령행정을 통할하는 최고사령관에 임명되어 8월 30일 본토에 상륙한 이래 1952년 4월 28일 샌프란시스코강화조약이 발효된 약 6년 반 동안 일본은 점령통치하에 있었다.

논란의 여지는 있겠지만 점령군총사령부(GHQ)의 점령 정책은 전후 일본 경제의 기틀을 마련한 것이었다. GHQ는 1945년 10월 1일 일본 정부에게 민주화를 위한 5대 제도개혁을 지시했는데 이들은 부인참정권의 부여, 노동단결권의 확립, 교육제도의 자유주의화, 전제정치의 폐지, 경제민주화의 추진 등이었다.[16] 경제민주화에서 점령군 사령부는 재벌 해체와 집중 배제, 농지 개혁, 노동 개혁 등 3개 분야의 개혁을 추진했다. 경제 개혁은 시간이 지나면서 미소 대립의 냉전시대를 맞아 완화되었지만 산업조직의 효율성, 토지생산성, 노사 관계의 안정을 제고함으로써 일본의 국내 소비시장 확대, 농민 소득 상승으로 전후 발전에 기여했다.

실제로 일본은 식민지가 사라진 전후에 제한된 국내 시장에 지주와 일부 재벌이 특권적인 지배력을 행사했던 측면이 있었는데 개혁으로 이를 개선하여 경제효율을 제고시킬 수 있었다. 또한 맥아더 사령부는 전후의 국내치안을 안정화시키는 역할을 했다. 예컨대 1947년 2월에 사령부는 노동단체의 총파업을 봉쇄하는 등 전후에 일어났거나 일어났을 국내의 불안정성을 안정화시켰던 것이다. 그렇지만 1951년에도 일본의 생산은 전전 이전을 회복하지 못했다. 즉 일본의 GDP를 1938년을 100으로 본다면 1951년에도 이 수준에 이르지 못했다. 수출의 경우도 1947년에는 1938년의 5% 수준에 그쳤고 급속히 증가했지만 1951년에도 47% 수준에 불과했다.

국제 냉전체제의 대두는 일본 경제에 큰 도움이 되었다. 트루먼 대통령은 1947년 3월 의회연설에서 공식적으로 냉전 개시를 선언했

---

16 전후 일본의 개혁에 대해서는 다음 문헌을 참조하라. 貿易硏究部 日本室 譯, 「戰後日本의 經濟改革」, 産業硏究院, 1989.

다. 이어 미국은 일본 경제의 지나친 약화가 자유진영에 도움이 되지 않는다고 판단하고 1948년이면 대일 배상청구권을 포기하여 일본의 부담을 경감시켜주었다. 미국은 일본 경제 재건에 적극적으로 노력을 기울였다. 이를 위해 미국은 은행가인 조셉 도지(Joseph Dodge)를 파견하여 일본의 경제 회복을 위한 구조조정을 추진했다. 또 다른 냉전의 한 얼굴이었던 한국전쟁은 일본 경제의 회복에 절대적인 계기가 되었다. 한국전쟁으로 국제적인 공산품 가격이 상승했고 일본의 수출도 증가했다. 한국동란을 계기로 시작된 일본의 호황은 1960년대가 끝날 때까지 계속되었는데 세계 경제가 호황을 보인 1950~1974년까지 일본의 호황은 가장 강력했으며 특히 1955~61년 기간은 결정적이었다.[17]

전후 일본의 경제 성장은 실로 경이적인 것이었다. 1950~55년 기간의 성장률은 12.1%에 이르렀고 1955~60년 기간의 성장률은 9.7%였다. 1960년대에도 고도성장세는 지속되었는데 1960년대 전반기의 일본의 성장률은 연평균 12.5%에 이르렀고 후반에도 11%이었다. 이와 같은 고도성장은 OECD 국가로는 감히 상상할 수 없는 수준이었다.[18] 그 결과 1인당 소득도 증가했다. 1950~73년 기간 일본의 1인당 소득은 연평균 8.0%가 증가했는데 이 기간 미국의 2.4%, 영국 2.5%에 비하면 훨씬 높은 것이었고 전후 같은 기적을 만들어낸 국가로 인

---

17 필립 암스트롱, 앤드류 글린, 존 해리슨 저, 金秀行 역, 「1945년 이후의 자본주의」, 동아출판사, 1993, p. 199.
18 시기별 경제성장률은 시간이 지나고 통계체제를 개편할 때 소급해서 수정되는 것이 일반적이다. 따라서 성장률 수치는 어느 시기에 정리된 자료인가에 따라 상이할 수 있다. 여기서 일본의 1950년대의 성장률은 OECD가 만든 The Growth of Output, 1960~80을 이용해 작성한 「戰後 國際經濟 30年史」, 國際經濟硏究院, 1977, p. 23을 참고했으며, 1960년대 성장률은 일본의 자료를 이용했다.

정되었던 독일의 경우도 5.0%의 성장에 그쳤다.[19] 전후 세계 경제사에서 일본은 진정한 기적을 만들어낸 국가였고 아시아 국가들에게는 경외의 대상이었다.

통산성의 주도로 산업 강국으로 부상

일본 경제의 성장에는 또한 통산산업성(MITI)이 주도한 산업 정책이 크게 기여했다고 평가된다. 일본의 행정개혁으로 2001년에는 이름조차 경제산업성(METI)로 바뀌었지만 산업 육성을 위해 통산성이 주도한 금융 및 재정 정책들은 1970년대 이후 경제학교과서에서 산업 정책이란 이름으로 불리어지게 되었고 동아시아 국가들이 앞다투어 모방한 것이었다.

통산성은 1950년대 본격적인 산업 육성을 시작했다. 가장 먼저 정부는 조선건조 계획을 세워 필요한 자금을 정부은행을 통해 공급했다. 일본은 이미 19세기 개항 이래 해군력 증강에 높은 관심을 가졌고 조선기술은 뿌리가 깊었다. 따라서 일본 정부가 조선 공업을 우선 육성하기로 한 것은 자연스러운 것이었다. 1960년 선박은 총수출의 7.1%를 차지하여 면직물(8.7%)에 이은 제 2위의 수출 상품이 되었고 1970년에도 3위(5.9%)의 수출 상품이었다. 1970년대 중반 한국의 정주영 회장이 울산에서 유조선을 진수시킨 한참 후에도 일본의 조선소는 세계 선박의 절반 이상을 진수시켰다. 소위 조선 공업 육성을 위한 계획조선은 1970년대 이후 한국에서도 즐겨 이용되었다.

---
19 Nicholas Crafts, *Globalization and in The Twentieth Century*, IMF WP/00/44, p. 14.

철강 산업은 일본에서 전후에 눈부시게 발전한 또 다른 성장 산업이었다. 산업계와 통산성은 1950년대에 공동으로 두 회에 걸쳐 철강 산업 합리화를 위한 5개년 계획을 추진했다. 이 때 철강업체들은 정부의 저리자금을 공급받았고 조세감면의 대상이 되었다. 국내에서 조선·자동차 등 철강재가 필요한 산업이 고도성장하면서 철강수요는 증가했고 수출도 증가했다. 1977년 일본 철강업계는 생산 능력이 200만 톤이 넘는 용광로를 25기나 보유했는데 유럽 경제위원회(EEC)의 경우 7기, 미국의 경우는 하나도 없었다.[20]

철강 산업의 발전은 일본의 자동차 산업의 발전으로 연결되었다. 1950년대 낡은 트럭을 생산하던 일본의 자동차업체들은 한국전쟁으로 파산위기를 넘겼다. 2000년 시점에서 과연 그랬을까 싶기도 하지만 1950년대 일본의 중앙은행은 자동차를 수입해야 한다고 보았다. 그들은 비교우위원리를 생각했음에 틀림없다. 이에 대해 통산성은 자동차 산업을 국내 산업으로 육성해야 한다고 믿었다. 결국 자동차 수입은 강력히 규제되었고 다른 중요 산업과 같이 일본개발은행의 대출과 각종 조세감면으로 자동차업체들은 혜택을 보았다. 1950년대부터 1960년대 중반까지 부품공급체계의 합리화를 위한 계열화가 촉진되어 자동차 산업의 경쟁력은 더욱 높아졌다. 일본은 1970년대 초반에 수출 200만 대를 돌파하고 독일을 능가하는 세계 최대의 자동차 수출국이 되었다.

전자 산업 역시 일본이 만개시킨 산업이었다. 전자 산업의 기초는

---

20 필립 암스트롱, 앤드류 글린, 존 해리슨 저, 金秀行 역, 「1945년 이후의 자본주의」, 동아출판사, 1993, p. 227.

대개 미국이나 유럽에서 시작되었지만 일본 기업인들은 이를 응용하고 개선하여 인간의 삶에 밀착된 제품으로 만들어내는 데 천재적인 재주를 보여주었다. 트랜지스터 라디오에서, TV, VCR로 발전한 일본의 전자 산업은 이미 구미의 전자업체가 모두 포기한 제품까지도 국내외에서 자국기업간의 치열한 경쟁을 통해 효율과 생산성을 높여 21세기가 된 현재까지도 계속 영위하고 있는 것이다.

반도체 산업 역시 일본이 혁신을 만들어낸 산업이었다. 일본의 IC 산업 전략은 고집적반도체 부문의 차세대 제품을 처음으로 만들어내는 것이었다. 일본의 이 전략은 64KD램, 256KD램, 1MD램 분야에서는 성공을 하였다.

제2차 세계대전 이후 일본의 산업은 세계 산업 발전을 선도해왔다. 일본의 산업이 얼마나 빨리 그리고 질적으로 고도화되었는가는 일본의 수출구조를 통해서 볼 수 있다. 1950년 일본의 수출에서 면직물이 차지하는 비중은 25.3%에 이르렀고 이외에도 생사(4.8%), 면사(2.1%), 섬유직물(1.2%)까지 합하면 섬유 산업은 일본의 제조업의 전부라 해도 과언이 아니었다. 그러나 1960년의 주요 수출품이던 면직물(8.7%), 의류(5.4%) 등이 선박(7.1%), 라디오수신기(3.6%), 자동차(2.6%) 등으로 바뀌었다.[21]

1970년에 면직물은 이미 10대 수출상품 밖으로 밀려났고 음향기기(6.1%)가 제1수출상품으로 등장했으며 범용강판(6.0%), 선박(5.9%), 자동차(5.6%) 등이 그 뒤를 이었다. 1980년에 자동차는 총수출의

---

21 품목별 수출 비중은 日本貿易振興會(Jetro)의 2002년판 『貿易投資白書』, 記者發表資料(2002. 8. 13)를 이용함.

17.9%를 차지하여 1위 수출상품이었는데 음향기기 5.4%보다 비중이 압도적으로 높은 것이었다. 2001년까지도 자동차는 비록 비중은 감소했지만 일본 공업의 대명사가 되고 있다.

    일본이 단기에 노동집약적인 제품에서 자본 및 기술집약적·고부가가치 제품 중심으로 수출구조를 고도화하면서 1965년에는 무역수지가 흑자로 돌아섰다. 1967년과 68년 무역수지가 적자로 전환되었으나 1969년부터 다시 흑자로 돌아섰고 이후 막대한 흑자기조는 1973~75년의 오일쇼크로 인한 적자를 예외로 친다면 일본 경제의 중요한 특징으로 자리잡게 되었다. 무역수지 흑자로 경상수지도 두번의 오일쇼크기(1973~75년, 1979~80년)를 제외하면 매년 대규모의 흑자를 기록하게 되었다. 이러한 흑자는 2차 오일쇼크의 여진이 가신 1983년부터 더욱 증가해 1996년까지 4년간 경상수지 흑자 규모가 1,900억 달러를 넘어섰다. 일본의 경상수지 흑자는 미국과 개도국의 경상수지

세계의 경상수지 불균형 추이

(단위 : 억 달러)

	1961~70	1971~74	1975~78	1979~82	1983~86
선진국					
일본	48.7	76.4	304.7	-8.7	1,908.0
미국	327.9	17.7	-76.4	-9.0	-4,086.4
독일	71.5	175.8	212.1	-180.6	718.3
계(3국)	448.1	269.9	440.7	-268.3	-1,460.1
개도국					
석유수출국	-	782.3	903.6	2,008.3	-482.1
비산유국	-	-607.4	-1,214.0	-2,938.8	-950.6
계	-	174.9	-310.4	-930.5	-1,432.8

자료 : 崔相鐵, 「最近 日本의 資本輸出形態」, 産業硏究院, 1990, p. 4.

적자의 중요한 원인이 되었다.

이러한 국제적인 불균형은 선진국들을 놀라게 하였고 1985년 이들은 일본의 엔화절상을 주요 내용으로 하는 플라자합의를 만들어냈다. 그러나 1985년 1달러에 238.5엔이었던 엔화 환율이 1986년 달러당 168.5엔으로 절상되었음에도 불구하고 일본의 경쟁력은 감소하지 않았다. 1985년 일본의 무역수지 흑자는 467억 달러이었으나 1986년의 흑자는 두 배 가까이 증가한 832억 달러에 이르렀던 것이다. 세계는 이러한 기괴한 경제대국을 보면서 놀라움을 금치 못했다.

1990년대의 일본 – 잃어버린 10년

2002년 2월 일본을 방문한 미국의 조지 부시 대통령은 "나는 이 사람의 리더십 능력을 신뢰한다. 나는 그의 전략을 믿으며, 그 전략을 이행하고자 하는 그의 열망을 신뢰한다"고 말하면서 고이즈미 총리를 '위대한 개혁가'라고 한껏 추어올렸다.[22] 그러나 이는 일본이 세계 경제에 부정적인 영향을 미칠 수 있는 경제적 재앙을 피하기 위해 필요한 조치를 신속히 취하지 않는 데 대한 부시 대통령의 깊은 우려를 우회적으로 표현한 것에 불과했다. 지난 1980년대 일본의 기세에 눌려 자존심의 상처를 입었던 미국은 1990년대 후반 전후 최장의 호경기를 보여주면서 다시 한번 세계 경제를 선도하고 있었는데 부시 대통령은 이제 일본을 걱정하고 있었던 것이다. 부시 대통령의 방일을 앞두고 영국의 〈이코노미스트〉는 표지기사로 일본을 다루었다. 표지 전면에 일본의 슬픔을 상징하는 가부끼좌의 배우가 한 줄기 눈물을 흘리는 모습

---
22 The Asian Wall Street Journal, 2002. 2. 19.

의 사진을 실었다. 그리고 일본을 무수익 국가(The Non-performing country)라고 썼다.[23] 일본의 2001년 12월 실업율은 5.6%에 이르렀고 이는 전후 최고의 수준이었다. 세계는 제2차 세계대전 이후 부상하던 일본의 시기가 1990년대에 끝났음을 보았던 것이다.

일본 사람들은 지난 1990년대를 '잃어버린 10년'으로 표현하고는 한다. 1980년대 일본은 세계 경제가 연평균 3.3%의 성장을 할 때 4.1%의 높은 성장률을 기록했다. 1980년대 미국의 성장률은 3%에 미치지 못했다. 사실 1980년대는 일본의 전성기였다. 일본은 막대한 ODA 자금을 들고 개발도상국으로 나갔으며 첨단 가전기기는 세계의 소비자들을 열광시켰다. 일본의 기업인들은 맨해튼의 건물을 매입했고 소더비 경매장에서 골동품을 구입하였다. 시너지를 내기 위해 영화사도 매입했다. 그러나 1990년대 일본은 장기침체에 빠졌다. 미국의 1990년대 성장률은 3.3%이었으나 일본은 1%에 불과했다. 1990년대 후반에도 일본은 1998년 마이너스 성장을 기록했고 2001년에도 역시 마이너스 성장을 기록했다. 그러므로 미국의 부시 대통령이 일본 경제의 미래를 우려하는 것은 당연한 것이기도 했다.

일본의 잃어버린 10년은 일본의 니케이 지수에서 가장 분명하게 나타난다. 일본의 니케이 지수는 1989년 40,000선을 맴돌았으나 2001년 말 현재는 간신히 10,000선을 지키고 있다. 한때 일본 주식시장의 시가총액은 세계 주식시장 시가총액의 40% 이상에 이르렀으나 2002년 초에는 10% 미만으로 떨어졌다. 주가뿐만 아니라 부동산가격도 하락했다. 1980년대 중반 일본 기업들은 자산 증식이나 이윤 창출의 수

---
23 *The Economist*, 2002. 2. 16~22.

단으로서 주식 외에도 토지를 보유했다. 경기침체와 함께 지가는 급격히 하락했는데 2001년 말 일본의 지가는 1990년의 초고가 대비 20～30%에 불과하게 되었던 것이다. 지가 하락은 당장 은행의 경영에 영향을 미쳤다. 은행들이 담보물권으로 확보했던 토지가격이 담보설정액 이하로 떨어진 것이다. 그러므로 경영이 어려운 기업들이 대출을 상환할 인센티브를 갖지 못하게 된 것은 당연한 일이었다.

그 결과 일본 은행의 부실은 다시 경제활동에 부정적인 영향을 미쳤다. 1991년 이후 2002년 초까지 일본에서는 19개의 은행이 도산을 했고, 신용금고가 14개, 그리고 신용조합이 93개 도산했다. 부실채권은 계속 증가해 2001년 9월 현재 일본 은행의 부실채권은 35조 엔 이상에 이르렀다. 일본 금융기관들은 부실채권 처리를 위해 상당한 노력을 기울였고 실제로 1992년 이후 2001년 9월까지 74조 엔 이상의 부실채권을 처리했는데도 불구하고 경기침체의 지속, 기업의 수익성 악화와 도산 증가로 부실채권은 증가하고 있는 것이다. 정부는 금융기관 건전화를 위해 2002년 4월 현재 70조 엔의 공적자금을 조성했으며 39조 엔을 투입한 것으로 나타나고 있다.

일본 경제의 또 다른 문제는 엄청난 재정적자의 누적으로 인한 정부 채무의 급증과 디플레이션이다. 1990년대 후반 일본의 재정적자는 1998년의 경우 GDP의 8% 수준에 이르렀고 이후에도 7% 수준을 유지하고 있다. 디플레이션의 해악은 특히 심각하다. 물가의 하락으로 기업의 매출은 감소하고 있고 이윤은 저하되었다. 기업의 파산이 증가했고 그 결과 실업은 더욱 증가하고 개인소비의 비활성화라는 악순환이 전개되고 있는 실정이다.

일본은 경기회복을 위해 다양한 방법을 시도했으나 성공하지 못

일본의 주요 경제지표 추이

(단위 : %)

		1997	1998	1999	2000	2001
	성장률	1.8	-1.0	0.7	2.2	-0.4
	실업률	3.4	4.1	4.7	4.7	5.0
	소비자물가 상승률	1.7	0.7	-0.3	-0.8	-0.7
재정수지	적자율	-3.9	-8.9	-7.9	-7.5	-6.3
	정부채무 대 GDP	96.9	110.2	120.3	129.7	140.8
무역수지	흑자(10억 엔)	9,982	13,991	12,280	10,715	6,612
	증가율	48.1	40.2	-12.2	-12.7	-38.3

주 : 2001년은 추정치(성장률, 물가 상승률, 재정수지) 및 속보치(무역수지).
자료 : IMF 및 日本財貿省.

했다. 일본은 그 동안 국채 발행을 통해 경기진작을 추진했으나 정부 채무의 증가로 재정확대를 통한 경기부양은 거의 한계에 이르고 있다. 이미 일본의 정부 채무가 GDP의 140%(2001년)에 이를 정도가 되었고 비록 금리가 낮아 정부 채무에 대한 이자비용이 정부에 큰 영향을 미치지 않는다고 해도 재정의 지속 가능성 문제에는 계속 의문의 여지가 남아 있는 것이다. 실제로 디플레이션은 일본의 명목 GDP를 떨어뜨리고 있으며 추가적인 지출이 없더라도 정부 채무 규모가 줄지 않는 한 정부 채무의 대 GDP 비율은 증가하지 않을 수 없을 것이다.

동아시아에서 일본의 영향력 감소

실제로 제2차 세계대전 이후 일본 경제는 놀라운 성장세를 보여주었고 자본·기술·정책 등으로 동아시아 경제에 엄청난 영향을 미쳤다. 일본은 1960년대부터 대 동아시아 투자를 시작했고 동시에 원조 정책을 통해 일본의 경제 정책, 특히 산업 정책을 널리 전파했다. 장인정신으로 뭉친 일본의 기업, 즉 마쓰시타와 혼다 등의 창업주들은 아시아 기업인의 표상이었다. 도요타자동차의 생산 시스템은 세계의 경영학 교과서의 한 페이지를 장식했다. 필자의 대학시절 은사 중 한 분이었던 이형순 선생은 마쓰시타 고노스케의 경영 관련 짧은 책자를 소개하면서 당신의 한 학기 수업을 듣는 것보다 이 책을 읽는 것이 더 낫다고 했다. 실제로 제2차 세계대전 이후 일본의 기업가정신은 효율적이었고 집중적이어서 놀라운 성과를 보여주었던 것이다. 이들은 원천기술은 없었으나 기술의 모방과 적용을 통해 새로운 상품을 개발했다. 소니의 워크맨은 한때 세계의 젊은이들을 열광시켰고 일본의 게임은 한국의 청소년들을 사로잡았다.

그러나 1990년대 들어 동아시아에서 일본은 더 이상 과거의 일본이 아니었다. 아시아 기업들이 벤치마킹하기 위해 빌다시피 해야 간신히 방문할 수 있었던 일본의 대기업들은 1990년대 후반에 천문학적인 적자에 시달려야 했다. 일본의 변하지 않는 거대하고 비능률적인 관료주의, 기업의 연공서열 및 평생고용제의 후유증으로 남은 후줄근하고 빛을 잃은 듯한 5~60대의 샐러리맨들은 잘나가는 미국의 웃음거리가 되고 말았다.

서방세계만 일본을 우습게 본 것이 아니었다. 오랫동안 일본에 주눅들어 살던 동아시아에서도 일본의 영향력은 감소하기 시작했다. 한국이나 대만의 경우 아직 상당한 기술적 원천을 일본에 의지하고 있었지만 일부 분야에서는 일본 기업과 대등하게 경쟁을 할 수 있었다. 1995년 한국의 삼성전자는 매출이 훨씬 많은 일본의 종합상사, 전자업체 들을 제치고 순이익 규모에서 당당하게 아시아 기업 중 1위를 차지하여 일본 콤플렉스에서 벗어났다.

동남아시아의 경우도 사정은 마찬가지였다. 일본의 자본과 기술에 의해 동남아시아의 경제구조는 일본에 종속되고 있었지만 그 정도가 점차 옅어지게 되었다. 실제로 동남아시아 각국의 대일 무역수지는 원유와 LNG 등 자원을 수출하는 인도네시아를 제외하면 모두 큰 적자를 보이고 있지만 적자의 상대적 규모가 1990년대 들어 계속 감소해 왔다. 동남아시아의 총수출 대비 대 일본 무역수지 적자 규모의 비율을 보면 대일 의존도가 가장 심했던 태국은 1990년 26.8%에 이르렀으나 2001년에는 5.3%로 축소되었다. 이러한 현상은 말레이시아·필리핀·싱가포르 등 나머지 적자국에서도 동일하게 나타나 동남아시아의 입장에서 대일 적자가 과거와 같이 중대한 경제적 결함으로 부각되지 않고 있다. 이제 동남아시아는 당당하게 "누가 일본을 두려워하랴"라고 외치게 된 것이다.

일본 기업의 대 동남아시아 투자도 1990년대 초·중반에 비해 절대 규모가 급격히 축소되었다. 2000년 아세안에 대한 일본 기업의 투

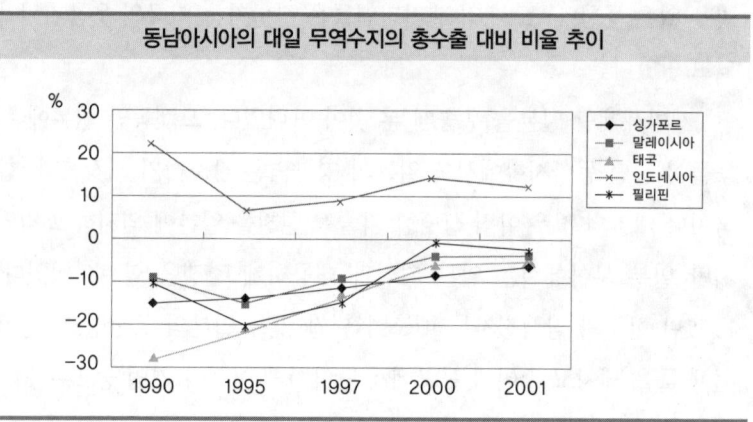

동남아시아의 대일 무역수지의 총수출 대비 비율 추이

주 : (대일 무역수지/각국의 총수출) 비중은 대 일본 무역의 종속성을 나타낼 수 있음.

자는 179건에 2,751억 엔이다. 1997년 613건, 9,608억 엔이었던 것에 비하면 29.2%(건수), 28.6%(금액)에 불과할 정도로 급속히 감소했다. 일본의 총 해외 투자가 1995~2000년 기간 8.3% 증가(금액)했으나 대 동남아시아 투자는 -48.3%로 대폭 감소했다. 일본의 대 동남아시아 직접투자는 태국을 제외한 모든 국가에서 감소했다. 1998년 이후 일본 기업들이 국내의 불황을 피해 해외 투자를 확대하고 있으나 대 동남아시아 투자는 여전히 감소했다. 2000년의 경우에도 대 태국 투자만 1999년 대비 약간 증가했을 뿐 다른 국가에 대한 투자는 모두 감소했고 싱가포르·말레이시아·인도네시아·베트남에 대한 투자는 절반 이하로 감소했다.

일본의 대 동남아시아 직접투자 추이

(단위 : 건, 억 엔)

	1995	1996	1997	1998	1999	2000
싱가포르	1,143 (94)	1,256 (102)	2,238 (96)	815 (58)	1,073 (49)	468 (23)
말레이시아	555 (57)	644 (69)	971 (82)	658 (32)	586 (44)	256 (23)
태국	1,196 (147)	1,581 (196)	2,291 (154)	1,755 (72)	910 (72)	1,029 (61)
인도네시아	1,548 (168)	2,720 (160)	3,085 (170)	1,378 (62)	1,024 (57)	457 (25)
필리핀	692 (100)	630 (75)	642 (64)	485 (45)	688 (31)	506 (41)
베트남	192 (54)	359 (65)	381 (45)	65 (12)	110 (17)	24 (5)
아세안 계	5,326 (620)	7,190 (667)	9,608 (613)	5,159 (282)	4,404 (273)	2,751 (179)
세계 계	49,568 (2,863)	54,094 (2,501)	66,229 (2,489)	52,169 (1,597)	74,390 (1,713)	53,690 (1,684)

주 : 일본의 회계연도 기준이며 ( ) 안은 투자 건수.
자료 : 일본 재무성.

일본은 경기침체로 동남아시아에 대한 과거의 수혜자적 입장에서 후퇴했고 이는 동남아시아의 불만을 초래하고 있다. 1995년의 이후 선진국 공조에 의한 엔화 약세는 동남아시아에 대한 일본 금융기관의 대출 및 기업들의 투자를 정체시키면서 외환 위기의 한 원인으로 작용했고 엔화 약세는 일본 기업의 대 동남아시아 투자를 약화시키는 원인이 되었다. 외환 위기 이후에도 일본과 동남아시아가 추진하던 아시아 통화기금(AMF) 창설 계획을 미국의 압력으로 일본이 철회한 데 대해 동남아시아 리더들은 불만이다. 2001년 말부터의 엔화 약세도 동남아시아는 '근린궁핍화 정책'으로 인식했다.

고령화 사회의 문제

일본 경제의 중장기적 문제 중에 가장 심각한 것은 급격히 진행되는 고령화이다. 일본 경제에서 차지하는 제조업의 중요성을 감안할 때 생산인력의 감소와 고령화는 경쟁력을 저하시킬 것이 자명하다. 또한 고령화 자체는 정부지출을 증대시키는 가장 큰 요인으로 이미 GDP의 130%에 이르는 일본 정부의 채무 문제는 개선되기 어렵다. 인구의 감소는 동시에 소비수요를 줄이는 역할을 하게 될 것이다. UN은 일본의 인구가 2000년 1억 2,671만 명에서 2025년이면 1억 2,115만 명으로 560만 명 정도가 이 기간에 감소할 것으로 전망하고 있다.[24] 인구 감소야 유럽 선진국에서도 동일하게 예상되는 문제이지만 이 기간에 아시아의 다른 나라 인구는 증가한다는 사실은 주목할 만하다. 즉 2050년

---

[24] UN, 「Replacement Migration: Is it A Solution to Declining and Ageing Populations?」, 2000. 3. 21.

이면 인구 감소가 예상되는 한국의 경우도 2025년까지는 인구가 증가할 것으로 보고 있다.

인구의 절대 규모 감소 외에 인구의 질적 구성도 변하고 있다. 일본의 인구는 이 기간 중에 급속히 고령화될 것이다. 이미 2000년에도 일본의 인구 구성비를 보면 65세 이상의 인구가 17.1%에서 2025년이면 26.7%로 증가할 것이다. 생산가능 연령대인 15~64세 인구 구성비는 이 기간에 68.1%에서 59.8%로 감소한다. 실제 생산가능 인구의 절대 규모는 2000년 8,633만 명에서 7,242만 명으로 감소할 전망이다.

그 결과 생산가능 인구가 부양해야 할 몫은 더욱 증가하게 된다. 인구사회학적 지표로서 15~64세 인구의 65세 이상 인구 대비 비율을 부양 비율로 표시하는데 이 비율의 경우 1950년대 일본에서는 12가 넘었다. 이것이 일본이 전후에 제조업 중심의 공업 발전과 성장을 할 수 있었던 요소 중 하나다. 그러나 이 비율은 2000년 현재 3.99로 감소했다. 또 2025년이면 2.24로 감소할 전망이다. UN이 추계한 바에 따르면 이는 다른 선진국에서보다도 더 낮은 것이고 한국의 4.43에 비해 절반에 불과한 실정이다. 2025년의 3.99가 의미하는 바는 생산연령대 인구 1명이 0.25명의 노인을 부양해야 한다는 의미이다.

고령인구의 증가와 생산연령인구의 높아진 부양의무는 근로의욕을 저하시킨다. 더구나 정부 채무의 증가를 고려할 때 일본의 소비위축 현상은 지속적으로 나타날 것이며 생필품을 해외에서 조달하지 않을 수 없는 상황이 될 것이다. 일본의 소비자들이 소비를 더욱 축소하고 저가의 제품만을 소비할 때 일본 경제에서 디플레이션 현상이 해소될 가능성은 별로 없는 것이다.

인구 문제를 고려하면 일본은 제조업 특히 중화학공업에 바탕을

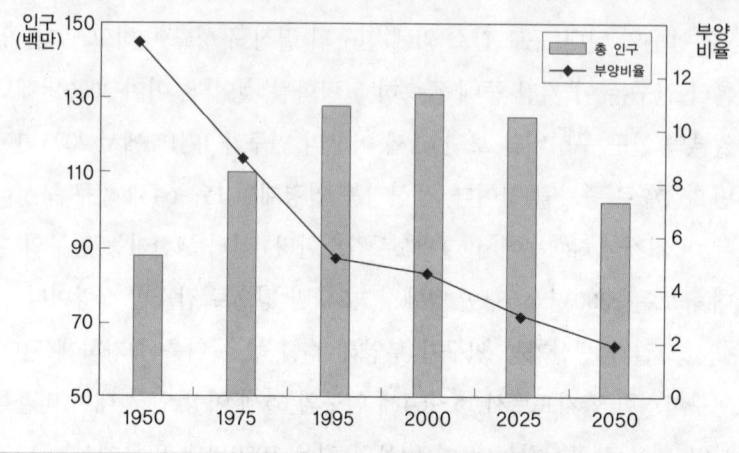

자료 : UN.

둔 제조업에 경쟁력을 지속적으로 유지하기는 어렵다. 중국의 진출과 저임금 국가들의 부상은 조선·철강·가정용 전자 등에서 일본 기업의 입지는 더욱 어려워질 것이다. 일본은 IT, 바이오텍, 서비스 산업으로 산업구조를 전환해가야 한다.

전도 불안한 일본 경제

하버드 대학의 에즈라 보겔(Ezra Vogel) 교수가 『일본 넘버원 *Japan as Number Ome: Lessons for America*』을 출판한 것은 1979년이었다. 이 때는 중국이 간신히 눈을 들어 바깥 세계를 보기 시작했던 시기였다. 1980년대 초 일본의 기업들은 미국의 자산을 매입하기 시작했다. 일본은 록펠러센터를 사들이고 영화사를 매입했다. 일본의 소니 워크맨은 미국 젊은이들의 필수 휴대품이 되었다. 필자의 한 미국 친구는 대학졸업 후 장학금을 받아 1년간 세계를 여행했는데 그의 유일한 여행 친구가 소니 워크맨이었다.

『일본 넘버원』 이후 20여 년이 지나지 않아 일본은 만신창이가 된 상태로 중증의 환자가 되었다. 경제는 침체하고 사회는 활력을 잃어가고 있다. 더욱이 어떤 전략을 가지고 미래를 개척해갈 것인지에 대해 답할 사람은 아무도 없게 되었다. 고이즈미 수상이 개혁이라는 기치를 내걸었을 때 국민들의 90% 이상이 그를 지지했으나 시간이 지나면서 정치와 행정 시스템이 근본적인 개혁을 추진하기 어렵다는 판단이 확산되었다.

이와 같은 상황에 놓이게 된 것은 일본이 방향을 잃었기 때문이다. 과거 일본의 자본주의 시스템은 국가동원 체제에서 출발한 1940년대식 패러다임이었으며, 여기에는 생산자 우선, 자유시장경쟁의 거부라는 두 개의 핵심 요소가 있었다. 일본이 서구를 추격할 때는 이런 패러다임이 유효했지만, 일단 일본이 기술적으로 선두에 서게 되면서 더 이상의 모델이 없게 된 것이다. 일본 경제의 근본 문제는 혁신 능력의 소진이다. 혁신 능력이 소진된 상황에서 일본이 금융부실 문제를 해결하고 경기진작 정책을 사용한다고 하여 일본 경제가 회복될 수 있을지는 불확실하다.

일본 기업도 동일한 상황에 처해 있다. 대기업에는 평생고용 관행에 익숙해 있던 회사인간들이 새로운 환경에 적응하지 못한 채 우왕좌왕하고 있다. 일부 대기업이 구조조정으로 고용을 줄이고 있으나 아직이는 일본의 고용주나 직원에게 모두 생소한 일이다. 또한 일본 기업들에게는 한국이나 대만 기업의 도전에 효과적으로 대응할 방법이 없다는 문제가 있다. 비효율이 누적되고 새로운 전략적 상품이 나타나지 않은 상태에서 디플레이션 현상은 거대한 공룡기업들의 수익성을 떨어뜨리고 있다.

실제로 일본 기업은 공룡과 같다. 2000년 매출실적을 기준으로 아시아 기업의 순위를 매기면 1위는 미쓰비시상사이며 19위인 중국전력을 제외하면 20위까지는 모두 일본 기업이 차지하고 있다. 미쓰비시상사의 매출은 1,299억 달러였으며 2위인 도요타자동차의 매출은 1,246억 달러였다. 18위인 이동통신업체 NTT도코모의 매출은 435억 달러로 13억 인구에게 전력을 공급하며 매출 19위를 기록한 중국전력의 425억 달러보다 10억 달러 이상의 매출을 기록했다. 매출 1위인 미쓰비시상사는 8.5억 달러의 순이익으로 전체의 47위에 불과했다. 매출 2위인 도요타자동차가 44억 달러의 이익에 전체 5위, 매출 6위인 NTT가 약 50억 달러의 순익에 3위를 기록했을 뿐 매출 상위 10위권에 든 종합상사들의 순익 기준의 순위는 매출 7위인 마루베니가 이익 235위 등으로 보잘것없다.

순익 1위의 기업은 매출 292억 달러에 순위 28위인 중국석유(Petrochina)이며 순익 규모는 67억 달러였다. 한국의 삼성전자는 385억 달러의 매출에 53억 달러의 이익을 거두었다. 삼성전자의 순익 규모는 1990년대 중반만 해도 삼성전자가 그렇게도 본받고 싶어했던 마쓰시타전기의 순익 3.9억 달러, 히타치의 9.7억 달러, 도시바 8.9억 달러, NEC 19억 달러 등에 비교할 수 없을 정도로 많은 수준이다. 이와 같은 기업의 낮은 수익성과 디플레이션으로 인한 매출 하락 압력은 일본 경제의 중요한 문제이고 이들의 경쟁력을 어떻게 올리고 이윤 창출 능력을 배양하느냐가 일본 경제의 장기회복에 관건이 되는 것이다. 그러나 일본에서의 제조업은 2010년경이 되면 핵심제조업을 제외하고는 경쟁력이 어느 정도 유지할 수 있을지 아무도 확신하지 못한다.

일본 기업의 경쟁력이 약화되고 국내의 생산 여건이 악화되면서 수출의 대종을 이루는 전자·자동차업체들의 해외진출은 더욱 증가하고 있다. 이들의 해외생산이 증가한다는 것은 국내 산업의 공동화를 의미하고 이와 함께 수입도 증가한다. 1999년부터 일본 경제의 부진에도 불구하고 수입은 지속적으로 증가하여 1999년에 35.3조 엔에서 2000년에는 40.9조 엔 그리고 2001년에는 42.4조 엔으로 증가했다. 경기변동과 관계 없이 일본 국민이 수입 상품에 익숙해져 있다는 의미이다. 이렇게 되면 시간이 지나면서 한때 일본의 최대 골칫거리의 하나이기도 했던 무역수지 흑자도 줄어들 것이다. 1998년 14조 엔이었던 일본의 무역흑자는 2000년에는 10.7조 엔으로 감소했고 2001년에는 6.6조 엔으로 대폭 감소했다.

국내에서 성장이 둔화되는 가운데 전후 베이비붐 시대(1947~50년)에 태어났던 사람들의 정년은 곧 돌아오게 된다. 2006년경이면 베이비붐 세대의 정년이 시작될 것이다. 이들의 고령화는 사회보장 비용의 급증을 의미한다. 이제 2001년 GDP의 130% 이상에 이르는 정부 채무는 다시 한 번 문제를 일으킬 것이다. 사회보장 비용이 증가하는 시점에서 국채의 상환발행이 줄줄이 이어질 것이 분명하다. 2008년에는 1998년 이후 경기대책을 위해 발행한 국채의 만기가 돌아오면서 재정상황은 더욱 핍박해질 것이다.

베이비붐 세대의 정년은 또 다른 의미가 있다. 일본이 외국인 이민을 수용하지 않는다면 노동력이 절대적으로 부족하게 되고 산업공동화와 수입 증가로 이 시기가 되면 무역흑자가 소멸될 수 있다. 그러나 일본에서 이러한 무역흑자 축소를 보완할 산업이 쉽게 발견되지 않는다. 비교우위라는 것이 영원히 계속되지 않는다면 서비스 부문 등 새로운 비교우위를 개발해야 하지만 제조업 신화를 믿어온 일본이, 그리고 변화와 개혁에는 힘이 부쳐 보이는 일본이 이를 성공적으로 성취할 수 있을지는 의문이다.

아시아 경제, "힘의 이동"

6. 팔려가는 동아시아 기업

외국인투자 제도 변화

외환 위기 이후 아시아는 외국인직접투자 제도를 대폭적으로 변경했다. 달러를 구하기 위해 여기저기 손을 벌려야 했던 동아시아 국가는 가장 먼저 외국인직접투자 유치를 위해 노력을 시작했다. 동아시아 위기로 서방의 포트폴리오 투자자금이 급격히 유출되고 있는 순간에 돈을 빌리는 일은 IMF나 세계은행의 구제금융 아니면 쌍무간 차관인데 이것으로는 충분하지 않았다. 당장 이들에 대해서는 이자를 주어야 했다.

그러나 직접투자자금은 이자를 주지 않아도 될 뿐만 아니라 상대적으로 포트폴리오 투자에 비해 투자 유치국에 유리한 측면이 있었다. 먼저 외국인직접투자는 생산활동에 투입되기 때문에 경제 위기가 난다 하여 즉시 철수하지 못하게 된다. 더구나 외국인직접투자는 경영

성과에 따라 배당금을 가져가는 것이기 때문에 경기가 최악의 상황에 서라면 돈을 빼갈 가능성이 없어진다. 뿐만 아니라 외국인직접투자 기업은 외환 위기 과정에서 내수 부족에 직면하면 살기 위해서라도 해외 시장을 개척해야 한다. 이들이 벌어들인 외화는 외환유동성 문제를 겪는 위기국에게는 큰 도움이 된다.

21세기에 들어선 지금은 거의 의미가 없어졌지만 일찍이 1970년대 일본의 고지마 교수가 자랑스럽게 이야기한 것처럼 일본과 미국 기업의 투자는 서로 다른 유형을 보였다. 예컨대 미국 기업들은 전통적으로 동남아시아에서 자본집약적 산업, 기술격차가 큰 산업에 투자를, 그것도 동남아시아 현지 시장을 지향하는 투자를 했고, 일본 기업은 국내에서 경쟁력이 저하되지만 동남아시아의 요소부존도에 적합해 동남아시아의 비교우위를 창출해서 결국은 수출을 창출하는 투자를 했던 것이다.

그러나 경제 위기가 발생한 1997년의 경우를 보면 사정은 달랐다. 미국의 다국적기업들은 인도네시아에서는 매출의 17.3%만 수출을 했고 한국에서도 15.8%만 수출했다. 이는 전통적으로 우리가 믿고 있던 미국 기업의 현지 시장 판매라는 통념에 맞는 것 같았다. 그러나 태국·말레이시아에서는 모두 매출 60% 이상이 수출이었기 때문에 다른 결론을 유도하고 있다. 또한 1998년에는 매출액 중 수출 비율이 모두 증가했는데 인도네시아에서는 32.2%, 말레이시아에서는 68.6%에서 85.4%로, 태국에서는 60.9%에서 72.8%로 증가했던 것이다.[25] 그

---

25 Lipsey, Robert E., "Foreign Investment in Three Financial Crises", NBER Working Papers 8084. NBER 2001.

결과 말레이시아에서 활동하고 있는 미국 기업의 수출은 1997년 말레이시아 총수출의 10.7%에서 1998년에는 14.8%로 증가했다. 외환유동성 핍박에 시달렸던 동남아시아 국가들에게 미국 기업들의 이러한 수출은 외화 확보에 상당한 도움이 되었을 것이다. 미국 기업에 비해 더 수출지향적이라고 생각되는 일본 기업의 경우도 동일하게 수출 증대에 노력을 기울였음에 틀림없다.

동아시아 국가들에게 가장 시급한 과제는 외국인직접투자 유치제도를 투자가에게 유리하게 변경하는 것이었다. 더구나 미국이나 서방의 투자가들은 아시아 시장에서 나오는 기업들을 매입하기 위해 줄을 서고 있었다. 동아시아 국가, 특히 IMF의 지원을 받은 국가들은 IMF와 협의 아래 투자제도를 다국적기업 위주로 변경했다. 한국은 상장기업의 외국인 소유 비율을 모두 100%까지로 완전 개방했다. 금융기관에 대한 외국인 지분 한도를 15%에서 100%로 늘렸으며 외국인투자가들은 유통업에도 자유롭게 진출할 수 있게 되었다. 태국의 경우 금융기관의 재무구조 건전화를 위해 외국인투자 유치가 필요했고 금융 산업에 대해서 한시적으로 100%의 외국인 지분을 허용했다. 태국은 과거 외국인투자에 제한적이었던 업종의 수를 대폭 축소시켰다. 인도네시아도 이러한 투자 제한 정책을 대폭 완화했다.

투자제도의 변경에서 가장 중요한 것은 제조업 부문의 외국인 지분 제한 폐지와 금융 산업에 대한 외국인투자 개방이다. 동남아시아 각국은 자국 기업인의 육성, 수출 확대, 기술이전 촉진, 다국적기업으로부터 산업주권을 유지하기 위해 나름대로 외국인의 지분을 규제했다. 그러나 이러한 외국인 출자 지분 제한은 외환 위기라는 위급 상황에서 폐지되지 않을 수 없었던 것이다. 금융 산업의 경우도 말레이시

위기 이후 외국인직접투자 개방

실시 시기	내용
태국	
1997. 11	- BOI의 기존 장려책에서 태국 파트너 동의하에 외자 과반 출자 가능
	- 금융기관의 외자 출자 비율 한도(25%) 10년간 철폐
	- BOI 인가 미취득 기업에도 장려 업종의 경우 토지 소유 인센티브 부여
1998. 5	- BOI 인가 신규 장려안건에 1999년 말까지 기한부로 외자 출자 비율 규제 철폐
1998. 12	- 기진출한 외자계 소매업에 있어 BOI의 인가를 받아 외자 100%까지 가능 (2000년 말까지 BOI에 신청 필요)
1999. 10	- 개정외국인기업규제법 성립, 신규 업종의 삭감(63업종에서 43업종으로)
말레이시아	
1998. 8	- 제조업 외자 출자 규제를 일부 업종에서 제외
	- 2000년 말까지 한정 철폐(과거에는 수출 비율에 따라 외자 출자 비율 규정)
인도네시아	
1997. 9	- 외국인투자가의 주식 구입 규제(49%) 철폐(은행, 보험업 제외)
1998. 7	- 외자 규제 업종의 네가티브리스트를 축소, 도소매업의 100% 외자 진출 허용
1998. 10	- 외자의 국내 은행에 출자 비율 제한을 철폐
1999. 6	- 외자에 의한 지주회사 설립 인가
필리핀	
1998. 10	- 건설업에 외자 출자 비율 제한 철폐(기존 40%)
	- 원양어업선의 운영, 정리 중인 회사의 소유, 콘도미니엄에 40% 외자 허용
	- 투자회사에 대해 외자 출자 비율 제한을 40%에서 60%까지 인상

자료: 日本貿易振興會, 『ジェトロ 投資白書』, 2000年版, p. 41.

아를 제외하면 외자가 마음대로 금융기관을 매입할 수 있게 되었고 오히려 한국·태국·인도네시아는 국제 시장에서 자국의 금융기관 매각을 위해 할인 판매하지 않을 수 없었다. 그리고 그 할인 판매에는 서구의 건전한 금융기관 외에도 투기자본의 기웃거림도 당연히 있었다.

금융기관의 매각

금융 위기를 겪고 정부가 은행을 구제한 이후 아시아 정부는 외국인투자를 유치하여 은행의 지분을 매각하기로 했다. 신고전파 경제학으로 무장한 IMF나 세계은행의 경제학자들은 금융기관의 정부 지배에 대해서 비판했다. 주식시장의 침체, 동아시아 각국이 모두 은행의 매각을 위해 국제 금융시장에서 새 주인을 찾고 있다는 사실을 알고 있으면서도 이들은 은행의 지분을 매각하도록 권유했다. 국제신용평가기관들도 중요한 평가 항목으로서 정부의 은행 지분 소유를 거론하고는 했다. 이러한 상황에서 동아시아 정부는 소위 외국인투자가들의 신뢰를 얻기 위해서 은행의 매각을 서둘렀다. 국제 시장에 나온 동아시아의 은행들에 큰 관심을 보인 것은 주로 미국의 투자자들이었으나 이들은 이름 높은 금융기업들이라기보다는 오히려 단기이윤에 민감한 기금들이었다.

한국에서는 국민은행·외환은행이 외국인투자가들을 유치했고, 공적자금이 투자된 제일은행을 뉴브리지캐피털이 매입했다. 제일은행은 한국에서 외환 위기가 발생하기 전부터 가장 대표적인 부실은행이었고 인력 감축을 가장 먼저 한 은행이었다. 정부가 막대한 자금을 투입하고도 결국은 투기성이 강한 외국의 투자가들에게 일정 분의 손실 보전까지 약속하면서 매각했던 것이다. 서울은행 또한 매각 대상이었고 매입 희망자들이 더러 나타나기도 했으나 매각을 시도한 지 수년이 지난 2002년 중반에도 아직 정부는 매각을 하지 못했다.

외환 위기 이후 태국에서는 몇 개의 소규모 은행이 외국자본에게 매각되었다. 아시아은행(Bank of Asia)이 네덜란드 계의 다국적은행 ABN-Amro(75%)에 매각되었고 타이다누(Thai Danu)은행은 싱가포르의 정부계 은행인 DBS(50.3%)에 매각되었다. 그리고 나콘톤(Nakornthon)은행이 스탠다드차터드(Standard Chartered)은행(75%)에 매

태국 주요 화교계 은행의 자산 매각

은행	지배 가문	외국인 지분(%) 97년 3월	외국인 지분(%) 99년 말	비고
Bangkok Bank	Sophonpanich Family	25.0	48.78	증자를 통한 조달, Singapore Investment Corporation의 지분 현저
Thai Farmers Bank	Lamsam Family	25	48.98	Singapore Investment Corporation 3%
Bank of Ayudhay	Ratanarak Family	24.9	40	지분 유지를 위해 Ratanrak 집안은 다른 자산 매각
Bank of Asia	Tejapaibul Family	6.1	75	ABN-Amro 인수
Thai Danu Bank	-	9.4	51	싱가포르 DBS은행 인수
Nakornthon Bank Family	Wang Lee	5.6	75	스탠다드차터드은행 인수

자료 : 박번순, 『외환위기 이후 동남아 화인기업의 경영전략 변화』, 2001, KIEP.

각되었다. 이 중에서 나콘톤은행의 경우는 가족경영의 특성을 보여준 태국 화교계 은행의 전형적인 사례를 보여주었다. 이 은행은 화교가문인 왕리 문중(Wanglee Family)이 소유한 태국 제 2위의 장구한 역사를 가진 은행이었다. 외환 위기 직후에는 자산기반을 강화하기 위해 문중에서 자금을 염출하여 증자를 하기도 했지만 위기가 심화되면서 자력으로 은행을 계속 끌고 갈 수 없게 되었고 스탠다드차터드은행과 오랫동안 매각 협상을 했다. 협상 과정에서 스탠다드차터드은행이나 나콘톤은행은 정부의 지원을 요구했으나 정부는 이를 수용하지 않고 국유화했다. 국유화 직후 정부는 나콘톤은행의 매각 작업을 추진했고 결국 스탠다드차터드가 인수했다.

한편 경영권 행사가 가능한 지분을 외국에 매각한 것은 아니지만 대형 은행들도 증자를 하면서 외국인 지분을 확대하기도 했다. 예컨대 방콕은행은 외환 위기 이전인 1997년 3월 현재 외국인 지분이 25.0%

에 불과했으나 외환 위기 직후 정부가 10년 한시적으로 은행의 외국인 지분 소유 제한을 철폐하자 1999년 말에는 거의 50%에 가까운 지분이 외국인에게 갔다. 설사 외국인 지분 제한을 철폐하지 않았더라도 은행의 자산건전성 강화를 위해 각 은행들이 증자를 하는 과정에서 태국 내에서 투자자를 구하는 것은 어려웠던 것이다. 이는 태국농민은행도 마찬가지였다. 외국인 중에서는 싱가포르 정부계 투자회사인 싱가포르투자공사(Singapore Investment Corportion)의 지분이 높다.

인도네시아 정부도 공적자금을 투입한 은행의 매각을 추진했다. 수년 동안의 노력 끝에 최초로 과거 살림그룹이 소유했던 BCA은행을 2002년 3월에 미국에 기반을 둔 무명의 투자기금인 파랄론(Farallon Capital)과 인도네시아의 3위의 담배업체인 자룸(Djrum)의 소유자인 하르토노(Hartono) 가문이 구성한 투자회사 파린도 인베스트먼트(Farindo Investments) 컨소시엄에 매각했다. 파린도는 BCA은행의 지분 51%를 주당 1,775루피아, 총 54조 루피아에 매입했는데 파린도의 실질적 소유자인 파랄론은 은행 경험이 없고, 경쟁자가 쟁쟁한 스탠다드차터드 은행이었다는 점에서 많은 사람들을 놀라게 했다.

BCA은행의 매각은 몇 가지 점에서 세계 금융시장의 관심을 끌었다. 첫째는 BCA은행 자체가 엄청난 잠재력을 갖고 있는 은행이라는 점이다. 비록 2000 회계연도 기준으로 BCA은행의 자산 규모는 100억 달러에 불과해 외환 위기 이전인 1996 회계연도에 비해 규모가 감소했지만, 이는 인도네시아와 환율이 급격히 상승한 데 기인한 것이어서 루피아화 기준으로는 자산이 증가했다고 볼 수 있다. 또한 인도네시아 최대의 영업망을 갖추고 있는 은행으로서 인도네시아 경제가 언젠가는 회복된다고 본다면 BCA은행의 잠재력은 결코 무시할 수 없는 것이었다. 실제로 BCA은행의 순이익은 2000년 1억 8,800만 달러로 1996년의 7,100만 달러보다 증가했다.

둘째는 막대한 재정적자에 시달리고 있는 인도네시아가 BCA은행 매각대금을 정부 수입으로 이용해야 한다는 점이었다. 경제 위기 이후 인도네시아의 세수는 급격히 줄어든 대신 정부 지출 수요는 급증했다. 더구나 정부 채무에 대한 원리금 상환 부담도 가중되어 세입으로 재정 수요의 충당이 거의 불가능하게 되었다. 따라서 정부와 IMF는 BCA은행의 매각대금을 정부의 주요한 수입으로 기대하고 있었기 때문에 BCA은행의 매각은 중요했던 것이다.

셋째는 BCA은행의 매각 과정 자체가 인도네시아의 투명성 검증의 사례로 인정될 수 있다는 점이었다. BCA은행의 매각에는 다양한 이해 관계자가 있었다. BCA은행의 원소유주였던 살림그룹은 BCA은행의 회수에 관심을 보였고 국민들은 국부 유출에 대해 우려했다. 은행의 종업원들은 고용 문제에 관심이 있었다. 이와 같은 복잡한 상황에서 인도네시아 정부가 BCA은행을 얼마나 투명하게 매각할 수 있는가 하는 점은 인도네시아의 신인도를 제고시키는 중요한 계기로 작용할 것으로 기대되었다.

BCA은행은 수하르토 전대통령의 특혜를 받아 성장한 살림그룹의 스드노 살림이 소유한 은행이었다. BCA은행은 전국에 800여 개의 지점망을 갖추고 외환 위기 이전 약 200여 개의 은행 중 자산이나 순이익 등에서 압도적으로 1위를 자랑했다. 그러나 1998년 5월 수하르토 대통령이 퇴진하자 BCA은행의 예금주들은 수하르토의 몰락과 함께 살림그룹도 몰락할 것이라는 예상 때문에 예금을 인출하기 시작했다. 일주일 만에 전체 42%가 빠져나갔고 결국 중앙은행자금으로 예금 지급을 하지 않을 수 없는 상황에 이르렀다. 중앙은행의 예금대 지급 규모가 30조 루피아 이상에 이르자 정부는 BCA은행을 국유화했다.

정부는 이후 BCA은행을 증권시장에 상장했고 다시 정부 지분 51%를 매각하게 되었다. 정부가 민영화를 추진하자 BCA은행의 잠재력을 인정한 많은 매입 희망자가 등장했다. 2002년 1월 정부는 당초 매입 신청을 한 9개 중에서 4개를 선정했고 3월에 최종 경쟁자로 남은 희망자는 파랄론 캐피탈 컨소시엄과 스탠다드차터드 컨소시엄이었다. 파랄론은 5억 2,200만 달러, 그리고 스탠다드차터드은행은 5억 2,500만 달러를 매입가로 제시하여 금액상의 차이는 별로 없었다. 스탠다드차터드는 은행 경험을 가지고 있었기 때문에 이를 경쟁우위로 삼기 위해 노력했다. 이에 비해 파랄론은 비록 비은행계이지만 뉴브리지 캐피탈이 한국에서 제일은행을 인수하여 경영을 잘하고 있다는 점을 강조했고 결국 BCA은행을 인수하게 되었다.

전통 산업까지 진출하는 서구 자본

동아시아 제조업체들도 해외로 매각되었다. 한국에서는 삼성그룹이 구조조정의 일환으로 수익성이 낮은 일부 기업을 매각했고, 대상은 수익성이 좋은 라이신 부문을 해외에 매각했다. 한국 경제에 많은 문제를 안겨주었던 대우그룹의 자동차는 우여곡절 끝에 GM으로 넘어갔다. 2002년 중반 현재도 반도체업체인 하이닉스 같은 경우 채권단은 매각의지를 보이고 있으나 팔지 못하고 있는 실정이다.

태국에서는 합작투자 기업이 부실화될 때 외국측 파트너가 태국인 지분을 매입한 사례가 많았다. 특히 태국에 진출한 일본 기업들의 경우는 현지 자회사(일본 기업과 태국 기업의 합작사)의 구제를 위해 증자를 한다든지 합작파트너가 여유가 없을 경우 합작파트너의 지분을 인수하기도 했다. 화교 기업은 아니지만 태국의 제1기업집단인 시암시멘트의 경우 자동차 부품 생산을 위해 일본의 도요타자동차와 몇 건의 합작투자를 했으나 외환 위기 이후 이 업체들의 지분을 도요타자동차에 매각했다. 이는 일반 화교 기업도 마찬가지였다. 1998년과 1999년 사이에 일본 기업들이 태국에서 지분을 확대한 경우는 수없이 많이 찾아볼 수 있다. 혼다자동차가 현지 회사의 지분을 49%에서 97%로 올렸으며(1998년 9월), 스즈끼, 미쓰비시 등 다른 자동차회사들도 마찬가지였다.[26] 태국 기업들이 합작파트너인 일본 기업에게 지분을 매각하는 경우 사정이 호전되면 되사겠다는 조건을 다는 경우도 많았지만 그것은 일종의 아쉬움을 달래는 정도에 불과했다.

태국 화교 기업의 자산 매각 중 가장 적극적인 사례는 CP그룹이다. CP그룹은 위기 이후 자금난에 봉착하자 국내외 사업을 자금 조성 및 구조조정 차원에서 매각했다. 중국 투자사업 중 가장 성공적인 사례로 인정되었던 상하이의 상하이엑초르모터싸이클(Shanghai Ek Chor Motorcycle, 易初摩托車)의 지분 50%를 합작파트너에게 1,280만 달러에 매각했다.[27] CP그룹은 국내에서 정보통신업과 함께 미래의 유망 분야로 여겼던 유통 부문까지도 매각을 서둘렀다.

인도네시아에서도 좋은 기업이 해외로 매각되었다. 가장 대표적인 사례는 위기 이전에 살림그룹이 소유하고 있던 기업들이었다. 살림그룹은 외환 위기 당시 정부의 자금지원을 받았고 법을 위반하면서 은

---

26 今井宏, 「日本の東アジア向け直接投者の新展開」, 「環太平洋ビジネス情報 RIM」, 2001 Vol. 2, No. 2, p. 74.
27 *Far Eatern Economic Review*, 1998. 5. 28.

외환 위기 이후 살림그룹 자회사의 상황(2002년 중반)

기업	사업 내용	변화
BCA은행	소매금융	– 국유화 이후 정부가 미국의 Farallon Holding에게 51% 매각 – 살림 지분은 약 7%
Indofood	식품	– 살림이 First Pacific을 통해 48% 소유 – 직접소유에서 위기 이후 First Pacific에 매각한 형태
Indocement	시멘트	– 독일 하이델베르크시멘트가 62% 소유
Salim Palm Plantation	팜 오일	– 말레이시아 Guthrie에게 100% 매각
Indomobile	자동차	– Trimeegah 컨소시엄에 72% 매각

자료 : 각 언론보도에서 취합.

행 대주주의 내부자 대출을 한 결과 그룹 지분의 상당 부분을 정부에 대납했다. 정부는 살림그룹이 상환한 자산을 매각하기 시작했는데 가장 대표적인 사례는 아스트라 인터내셔널이라고 할 수 있었다. 아스트라는 인도네시아 최대의 자동차회사였으며 가장 명망 있는 기업이었으나 위기 이전에 살림그룹이 대지분을 소유하고 있었고 정부가 이를 인수하여 해외에 매각한 것이다. 아스트라를 매입한 기업은 싱가포르에 있는 자동차 유통업체였는데 다윗이 골리앗을 가져간 사례였다.

아스트라가 외환 위기 직전에 살림그룹의 소유였다면 살림그룹의 창업주 화교 기업인인 림소량이 직접 건설한 기업들도 매각되었다. 세계 최대의 즉석면(라면)업체이자 종합식품회사로 인도네시아 최대의 블루칩이었던 인도푸드는 구조조정 차원에서 살림그룹의 홍콩 사업체이었던 퍼스트 퍼시픽이 매입해갔다. 살림그룹 내부에서 이동한 것이지만 해외 투자가가 매입한 것이었다. 인도네시아 최대의 시멘트업체였던 인도시멘트, 2위의 자동차업체였던 인도모빌도 매각되었다.

외국 자본은 전통 산업에도 손을 내밀었다. 동남아시아의 산업은

동남아시아의 시멘트 산업의 외국인투자

기업	국가	외국 투자가	생산 능력(백만 톤)
Siam Cement	태국	없음	23.0
Siam City Cement	태국	Holcim(스위스)	12.3
Semen Gresik	인도네시아	Cemex(멕시코)	18.0
Indocement	인도네시아	Heidelberger(독일)	15.7
Semen Cibinong	인도네시아	Holcim(스위스)	9.7
Asia Cement	태국	Ciment Francais(프랑스)	8.0

자료 : Asian Wall Street Journal, 2002. 4. 16.

전자 · 자동차 등 근대적 산업의 경우 대부분 서구나 일본 기업의 현지 투자회사였다. 따라서 동남아시아 기업은 시멘트 · 철강 · 석유화학 등 상대적으로 소재형 산업에 집중하고 있었는데 이들도 외환 위기 이후 상당 부분 외국으로 팔려 나갔다. 시암시티시멘트는 스위스의 Holcim이 인수한 이후 태국 내의 다른 시멘트업체이며 채무 문제로 고통을 겪고 있는 TPI Polene을 매입하기 위해 노력하고 있기 때문에 만약 인수한다면 생산 능력은 2,130만 톤으로 증가할 것이다. 물론 인도네시아의 Semen Gresik의 경우 정부가 51%를 매각하고자 하나 국민들의 반대여론으로 2002년 4월 현재 진행이 순조롭지는 않았다.

동아시아 자동차 산업에 진출하는 서구 기업

1980년대 이후 동아시아가 고도성장하면서 서구 기업도 동아시아의 현지 시장을 주목하기 시작했다. 물론 이미 1960년대부터 미국 기업들은 동남아시아 시장에 판매하기 위해 동아시아에 투자를 했고 이들이 내수 시장을 목적으로 투자를 함으로써 아시아의 비교우위구조를 개발시키지 못하고 무역을 창출하지 못한다고 비판받은 바도 있다. 그러나 실제로 동아시아의 내수 시장은 1970년대 이후 일본 기업의 독무대나 다름이 없었다. 자동차·화학 등 내수 시장을 목표로 동아시아에 진출한 서구 기업들은 게이레츠로 대표되는 일본의 생산네트워크에 의해 동아시아에서 경쟁력을 확보하기 어려웠다. 구미 자동차업체들은 동아시아에 진출했지만 일본 자동차업체의 시장을 잠식하지 못했던 것이다. 따라서 구미 기업이 진출한 가장 대표적인 분야는 전자 혹은 반도체 조립 분야였다. 구미 전자업체들은 싱가포르와 말레이시아·필리핀을 중심으로 IT 제품의 생산을 시작했는데 이들은 현지 시장을 지향한 것이 아니라 가공조립을 통해 세계 시장을 활용하기 위한 것이었다.

    그러나 1997년 이후 동남아시아의 외환 위기와 일본 경제의 침체는 구미계 기업에게 새로운 기회를 주었다. 예컨대 동아시아에서 일본 자동차업체들의 경쟁력에 밀리면서 뚜렷한 성과를 내지 못했던 구미계의 자동차회사들은 1990년대 후반부터는 본격적으로 진출하기 시작했다. 포드자동차가 일본 기업의 불황을 이용해 1996년 마쓰다에 출자하고 1998년에는 마쓰다의 입지를 활용하여 태국에, 그리고 2000년에는 말레이시아에 진출했다. GM도 다수의 일본 회사에 출자하고 인도네시아와 중국에 진출했다. 더욱이 한국의 대우자동차를 매입하기 위해 협상을 마무리지었다. 다임러크라이슬러도 일본의 미쓰비시, 한국의 현대자동차의 지분을 획득하였고 다른 아시아 국가에 활동을 강화할 예정이다.

    규모가 크지 않은 프랑스의 르노자동차는 덩치가 더 큰 일본의 닛산자동차의 주인이 되었고 카를로스 곤이라는 서양식 경영기법으로 무장한 인물을 내세워 강력한 구조조정을 시도해서 성공한 것으로 평가받았으며 전통적 직업윤리, 평생직장, 회사인간, 위계질서로 대변되는 일본 경영계에 큰 충격을 안겨주기도 했다. 르노는 이에 그치지 않고 외환 위기 과정에서 한국에 가장 큰 문제점의 하나로 부상했던 삼성자동차를 매입하여 곧 정상화시키면서 삼성자동차의 SM5 시리즈를 중형차시장에서 가장 인기 있는 차종의 하나로 탈바꿈시켰다.

비록 자동차 산업에 한정되어 살펴보았지만 구미 기업의 동아시아 진출은 두 가지 측면에서 의의를 갖고 있었다. 그 하나는 동아시아의 고도성장이 시장 규모를 확대했기 때문에 서구 기업의 진출을 유인

2000년 전후의 구미 자동차의 대 아시아 진출

기업명	시기	내용	진출국	동향
포드자동차	1996	출자	일본	마쓰다 지분 33.4%로 증대, 아시아 시장 본격 참여
	1998	생산	태국	마쓰다와 합작회사에서 수출용 레저용 차량 생산
	2000	조립판매	말레이시아	포드차를 조립판매하는 포드말레이시아사가 2000년에 도요타, 닛산에 이어 3위 시장점유율 차지(전년비 93% 증가, 1996년 7위)
		기술이전	중국	長安汽車集團과 합작기업 설립에 합의
GM	98/99	출자	일본	이스쯔, 스즈끼, 후지중공업과 자본 제휴
	2000	판매	인도네시아	오펠의 판매선인 제네랄모타파나인도네시아에 51%를 증자하여 완전 자회사화
		생산	태국	GM사의 아시아 최초 승용차 조립공장 조업 개시
	2001	출자	중국	上海汽車와 함께 五菱汽車에 출자
		판매	필리핀	후지중공업의 포레스타 판매, 판매거점 이용
		출자	한국	대우자동차 매입협상
다임러크라이슬러	2000	출자	일본, 한국	미쓰비시자동차에 34%, 현대자동차에 10% 출자
		판매	말레이시아	프로톤과 자본제휴로 三菱自工에 출자 강화하여 진출 계획
	2001	생산	태국	비용 절감을 위해 현지 부품조달 비율 제고 계획
		진출	중국	북경에 동사의 아시아총괄거점 역할을 할 현지법인 설립
르노	1999	출자	일본	닛산자동차, 닛산디젤에 출자, 닛산 재건 착수
	2000	출자	한국	삼성자동차 매수

자료: 日本經濟産業省, 「通商白書 2001」

했다는 것이다. 비록 1990년대 말에 동아시아가 위기 상황을 맞았으나 잠재력은 살아 있고 서구 기업은 위기를 이용해서 동아시아에서 자산을 인수하고 있는 것이다. 다른 하나는 그 동안 일본의 생산네트워크에 종속되어 있었던 동아시아가 변하고 있다는 것이다. 비록 동남아시아에 구미계 전자업체들이 활동하고 있었으나 어디까지나 일본의 투자에 비하면 미미한 수준이었다. 그러나 일본 경제의 장기침체와 동아시아 위기로 인해 동아시아의 생산네트워크는 급속히 해체되고 있는 것이고 서구 기업은 이 기회를 활용하여 진출하고 있는 셈이다.

Part III
고도성장하는 중국

■■■ 수공업 기술은 중국인의 가장 중요한 자질처럼 보이지만 사실 그들의 재능은 이류에 불과하다. 일본과 중국 두 나라가 공통으로 만들고 있는 제품에서는 일본인의 기술이 중국인보다 훨씬 뛰어나다. 수적인 면에서도 중국인은 유럽인 숙련공의 기민성과 맞설 수 없다. 사실 그들의 중요 장점은 모방인 것 같다. 따라서 그들은 독창성이 전혀 없는 모방자들을 끊임없이 따라다니는 천재성의 빈곤으로 고생하고 있다. (1743년 중국을 방문한 영국의 해군 제독 George Anson의 기록, 조너선 스펜스, 『칸의 제국』, p. 78.)

■■■ 1995년 우리나라 GDP는 1980년 당시의 4배가 되었습니다. 1997년에는 또 1인당 GDP가 1980년보다 3배 증가라는 목표를 달성했습니다. 2000년 국내총생산은 처음으로 1조 달러를 돌파했습니다. 농공업 생산량은 세계의 선두를 차지하여 상품부족의 시대는 기본적으로 끝났습니다. 식량의 종합 생산 능력은 새로운 단계로 올라 식량재고는 역사상 최고의 수준을 넘어섰습니다. (이빈 주한 중국대사, 삼성경제연구소의 주제연설(2002년 4월 24일)에서)

아시아 경제, "힘의 이동"

1. 중국 경제의 구조 고도화

동아시아 위기 속에서도 고도성장

경제사가들은 역사적으로 중국을 세계 최대의 가장 앞선 국가라고 본다. 1820년부터 내전과 기근으로 경제가 쇠퇴하기 시작했지만 1820년의 중국의 GDP는 세계 GDP의 33% 정도를 차지했고 2000년 이상 중국은 세계의 최고 국가였다. 중국의 1인당 소득은 12세기까지는 서방 세계의 1인당 GDP보다 높았고 18세기까지는 세계 평균보다 더 높았던 것이다. 중국은 인쇄·화약·조선 등에서 혁신을 창조했다.[1] 16세기 대항해의 시기에 중국은 포르투갈이나 네덜란드보다 더 대규모의 기술적인 선단을 거느리고 있었다.

---

1 Carl J. Dahlman & Jean-Eric Aubert, *China and the Knowledge Economy: Seizing the 21st Century*, World Bank, 2001, pp. 1~2.

그러나 중국은 제도적·경제적 시스템의 낙후로 그 뛰어난 지식을 체계적으로 활용하는 데 실패했고 나아가 문호를 폐쇄하여 세계와의 교류를 중단했다. 이제 중국은 중국 외부에서 진전된 발전의 과실조차 충분히 이용하지 못했던 것이다. 중국은 19세기를 참담하게 보냈고 20세기에는 내전과 공산화를 거치면서 과거 세계 경제의 중심으로 세계 경제의 1/3을 차지했던 경제 규모는 1950년경 세계의 5% 정도로 줄어들었다.

그러던 중국이 1978년 말부터 개혁·개방 정책을 시행하면서 경제 발전을 시작했다. 1980년대 초부터 심천특구를 필두로 설립된 경제특구로 해외 화교의 자본을 끌어들이기 시작했다. 처음에는 홍콩의 섬유업자들이 건너갔지만 곧 대만 기업들이 따라갔고 동남아시아의 화교자본도 기회를 놓치지 않았다. 중국 경제는 1989년 천안문 사태가 발생하기 전까지 고도성장과 개방을 동시에 계속했다. 정치 발전과 경제 성장의 발전 차이로 천안문 사태가 발생하여 서방에서는 중국에 대한 우려가 높아졌으나 중국의 개방은 지속되었다.

경제 개방의 효과는 1990년대 중반 이후 본격적으로 나타났다. 많은 아시아 국가들이 1997년 이후 외환 위기와 마이너스 성장을 경험했으나 중국은 1997~2000년 기간에 7.9%의 높은 성장률을 달성했다. 2000년 한 해만 볼 때 중국은 8%의 성장을 기록했고[2] 구매력 평가 기준으로 중국의 GDP는 미국에 이어 2위를 기록하고 있다. 수출은 2,492억 달러로 1999년 대비 27.9%가 증가했다. 수입이 35.8%가 증가

---

[2] 물론 8%가 다른 동아시아의 성장률에 비해 월등한 것은 아니었다. 한국과 동남아시아 각국은 외환위기 시기의 침체에서 기술적 반등을 하면서 2000년에 높은 성장률을 기록했기 때문이다. 실제로 2000년에는 한국·싱가포르·말레이시아 등이 8% 이상의 성장률을 기록했다.

중국의 주요 경제지표

	단위	1997	1998	1999	2000
GDP 규모	10억 달러	898	946	989	1,062
실질성장률	%	8.8	7.8	7.1	8.0
1인당 GDP	달러	730	762	789	840
외환보유고	억 달러	1,399	1,450	1,547	1,670
수출	〃	1,828	1,837	1,949	2,492
수입	〃	1,424	1,402	1,657	2,251
무역수지	〃	404	435	292	241

자료 : 중국 통계연감(2001).

해 비록 무역수지 흑자는 1999년 292억 달러에서 241억 달러로 감소했지만 이는 내수 성장을 반영하고 있어 경제가 대내외 균형 쪽으로 이동하고 있음을 의미하는 것이다.

2001년에 들어서도 다른 동아시아 국가들의 경기가 급속히 하강했는데도 불구하고 중국은 7.3%의 높은 성장률을 기록했다. 일부 서방이나 일본에서는 중국의 통계에 대한 신뢰에 의문을 제기하기도 하지만 중국 경제가 엄청난 역동성을 보여주고 있는 것만은 사실이다. 북경의 번화한 중심가, 상해 포동 지역의 고층건물은 아직 계획 체제의 냄새를 물씬 풍기지만 그 거대한 스케일은 여행객을 압도하고 있다. 북경이나 상하이의 쇼핑상가에는 신흥 부유층의 발길이 끊이지 않고, 자신은 중국의 경제 발전에 기여하지 못했지만 부유한 부모를 둔 신세대들은 중국의 과거 빈곤에 대해서는 아무런 관심이 없다는 듯 명품을 찾고 있고 서양식의 펍에서 밤이면 노래를 하고 있는 것이다.

중국은 또한 경제 성장과 함께 동아시아 나아가 세계에서 정치적 위상 제고를 위한 전략을 신중히 구사해왔다. 1997년 8월 태국이 IMF 구제금융을 지원 받았을 때 중국은 2선 지원국가로 참여하여 10억 달러를 지원하기로 했다. 이 때 미국이나 서방 어느 나라도 태국의 위기에 국가 차원에서 지원에 나서지 않았다. 이후 아시아 각국은 연쇄적으로 통화를 절하했으며 이를 통해 수출경쟁력을 간신히 유지하고 있었다. 중국도 경쟁력 유지를 위해 평가절하의 필요성이 제기되었으나 중국은 위안화가치를 유지시켰다. 중국이 위안화가치를 절하시키지 않은 것은 동아시아 경제 안정에 간접적으로 기여했던 것이다. 2001년에도 중국은 베트남·미얀마 등에 원조를 지원하고 있고 WTO 가입과 북경 올림픽 유치를 성공시킴으로써 국제적인 위상은 급격히 올라가고 있다.

전환되는 중국 경제구조

1970년대 이후 중국은 짧은 시간에 급격한 변화를 거쳤다. 1인당 소득은 개방 직후인 1980년 168달러에서 2000년에는 727달러로 4.5배가 증가했다. 도시화율도 이 기간에 20%에서 31%로 증가했다. 중국의 인구를 12억 명이라고 가정한다면 이 기간에 1억 명 이상이 신규로 도시 인구에 합류한 셈이다. 경제 발전은 동태적으로 저생산성 부문에서 고생산성 부문으로 자원의 이동에 의해서 나타난다. 1980년 농업의 비중은 30%이었으나 20년 후에는 그 절반인 16%로 줄었고 서비스업의 비중은 21%에서 33%로 증가했다.

농업 비중의 감소와 광공업·서비스 산업의 비중 증가는 고용에서도 그대로 나타났다. 농업 고용 인구는 개방 직전인 1978년 70% 이상에 이르렀으며 1980년에도 고용 인원의 69%가 농업 부문에 종사하

중국 경제의 전환

		1980	2000
1인당 소득		168	727
도시인구 비율(%)		20	31
산업구조(%)	농업	30	16
	광공업	49	51
	서비스	21	33
고용구조(%)	농업	69	50
	광공업	18	23
	서비스	13	27
무역의존도(무역/GDP)		12	42

주 : 1인당 소득은 1995년 불변 미달러 기준이며 2000년 실적은 1998년 치임.
자료 : OECD, China in the World Economy: The Domestic Policy Challenges(Synthesis report), 2002, p. 8.

고 있었다. 그러나 2000년에는 50%로 감소했다. 연안 지역을 중심으로 농촌 지역이 공업에 기반을 둔 도시로 발전하기도 했고 보따리 싸들고 기회를 찾아 중국 당국의 감시를 뚫고 북경이나 상하이 등으로 옮겨와 근대 부문에 투입된 인구 때문이기도 하다.

고용은 또 농업에서 서비스 산업으로 이전했다. 서비스 산업의 인구는 1980년 21%에서 2000년 33%로 증가했지만 아직도 세계의 다른 국가들과 비교해보면 상대적으로 낮은 수준을 보이고 있다. 중국 경제의 또 다른 전환은 개방과 관련된 것이다. 중국은 1978년 이후 세계 경제에 통합되어가면서 거대한 무역국으로 성장했다. GDP에 대한 무역의존도는 1980년 12%에서 2000년 42%로 증가했다. 중국이 WTO에 가입하면서 무역 규모가 더욱 증가할 것이므로 대외 의존도는 더욱 증가할 것이다.

급증하는 중국의 무역

1980년 중국의 수출은 182억 달러로 세계 총수출 2조 350억 달러의 0.89%에 불과했다. 이 시기에 미국의 수출은 2,226억 달러였으며 중국의 수출은 미국의 수출의 8.2%에 불과했고 아시아 최대의 수출국이었던 일본의 수출 1,304억 달러에 비해서도 14% 수준에 불과했다. 그러나 20년 후인 2000년의 중국의 수출은 2,492억 달러로 세계 총수출의 3.92%를 차지했을 뿐만 아니라 미국의 31.9%, 일본의 52% 수준에 이르렀다. 또한 1980년대 초 비슷한 수출 실적을 보였던 한국과 홍콩에 비해서도 더 많게 되었다.

중국의 수출은 1980~2000년 기간에 연평균 14.0%가 증가했으며 기간별로는 1980년대에 13%, 1990년대 전반기에는 19.1% 그리고 후반기에는 10.9%의 성장률을 기록했다. 1990년대 전·후반기의 수출 증가율에 상당한 격차가 있지만 수출은 계속 급성장할 것으로 보인다. 만약 중국이 1990년대 후반기의 성장률을 계속 유지할 수 있다면 2005년 중국의 수출은 4,180억 달러에 이르고 이 때가 되면 프랑스(약 3,100억 달러), 영국(약 3,240억 달러), 캐나다(약 4,000억 달러)를 능가하는 세계 4위의 수출대국으로 부상할 전망이다.[3] 프랑스, 영국, 캐나다가 모두 1995~2000년 기간의 수출 신장률이 2005년까지 계속된다고 가정할 때 각국의 수출 전망치이다.

중국의 수출 상품 구조도 고도화되었다. 중국의 공산품이 세계 시장에서 차지하는 비중은 1990년 1.9%에 불과했으나 1995년에는 3.4%

---

3 프랑스, 영국, 캐나다가 모두 1995~2000년 기간의 수출 신장률이 2005년까지 계속된다고 가정할 때 각국의 수출 전망치이다.

세계 주요 무역국의 수출 추이(1980~2000)					
					(단위 : 억 달러)
	1980	1990	1995	1998	2000
중국	182	621	1,488	1,836	2,492
미국	2,226	3,936	5,847	6,825	7,824
독일	1,929	4,211	5,230	5,428	5,516
일본	1,304	2,876	4,431	3,879	4,793
프랑스	1,160	2,166	2,868	3,054	2,981
영국	1,101	1,852	2,420	2,729	2,801
캐나다	677	1,276	1,922	2,143	2,772
이탈리아	781	1,703	2,340	2,455	2,346
세계 계	20,350	34,420	50,790	54,460	63,580

자료 : WTO.

로 증가했고 2000년에는 4.7%로 증가했다. 2000년 중국의 수출이 세계 시장에서 차지한 3.9%보다 공산품 수출 비중이 더 높은 것이다. 공산품 중에서 아직 노동집약적 제품의 세계 시장 점유율이 자본이나 기술집약적 제품의 그것보다는 높다. 2000년 중국산 의류의 세계 수출 시장 점유율은 18% 이상인데 기계기기의 경우 3.2%에 불과하다.

그러나 중국의 공산품 수출에서 기술집약적 제품의 증가율은 노동집약적 제품의 수출 증가율보다 훨씬 높다. 2001년의 경우 무역분류(HS) 2단위 기준으로 중국의 최대 수출 상품은 전기기기, 장비 및 그 부품(HS 85)인데 수출 규모는 총수출의 19.2%인 513억 달러에 달했다. 85단위 상품군의 수출은 1998년 266억 달러, 비중 14.7%에서 급속히 증가한 것이다. 2위 상품군인 원동기, 보일러, 기계 및 그 부품(HS 84)의 경우도 1998년 166억 달러 9.2%에서 2001년 336억 달러, 12.6%로 증가했다. 이에 비해 전통적으로 주요 수출품이었던 섬유 및 의류(HS 62)는 1998년 152억 달러 8.4%에서 2001년에는 190억 달러 7.1%로 비중이 감소했고 니트류(HS 61)도 6.0%에서 5%로 감소했다. 섬유 전체의 수출은 전기기기, 장비 및 그 부품의 수출액에 미치지 못하고 있다.

더구나 중요한 사실은 2001년 수출 증가율이 7%였으나 62단위와 61단위 상품은 각각 0.5% 및 0.3%의 증가에 그친 반면 85단위와 84단위 상품은 11.4% 및 25.4%가 증가했다는 점이다. 중국이 전통적으로 노동집약적 경공업 제품의 수출국으로서가 아니라 전자 산업을 중심으로 첨단산업의 수출을 급속히 확대하고 있는 명실상부한 공업국가로 변신하고 있는 것이다.

중국의 지역별 교역

중국 제 1의 시장은 미국이다. 2000년 대미 수출액은 총수출액 2,492억 달러의 20.9%인 521억 달러, 대미 수입은 총수입 2,251억 달러의 10.0%인 224억 달러에 이르러 중국은 약 300억 달러의 무역흑자를 기록하고 있다. 일본은 중국의 제 2의 수출시장이지만 동시에 최대의 수입국이기도 하다. 중국 통계 기준으로는 중국은 일본에 무역수지 균형을 이루고 있는 것으로 나타나고 있지만 일본 통계에 의하면 상당한 규모의 대 중국 적자를 기록하고 있다. 실제로 중국—일본 간의 무역은 중국에 유리하게 전개되고 있다. 아시아 외에도 미국 · 독일 · 네덜란드 · 영국 · 이탈리아 등 구미 국가들도 주요한 시장 역할을 하고 있다.

그러나 미국이 집계한 통계에 의한 중국의 수출(미국의 대 중국 수입)은 중국의 통계와 큰 괴리가 있다. 미국 통계는 미국이 2000년 중국으로부터 1,001억 달러의 상품을 수입한 것으로 평가하여 중국이 파악하고 있는 대미 수출에 비해 거의 2배 수준이다. 이는 홍콩으로 수

중국의 상위 10대 수출국 및 수출 실적 추이

(단위: 억 달러, %)

	1998	1999	2000	2001
미국	376	420 (11.9)	521 (24.1)	543 (4.2)
홍콩	371	369 (−0.6)	445 (20.6)	465 (4.4)
일본	295	324 (9.8)	416 (28.4)	451 (8.3)
한국	62	78 (25.4)	113 (44.4)	125 (11.1)
독일	73	78 (6.7)	93 (19.2)	98 (5.2)
네덜란드	51	54 (6.1)	67 (23.4)	73 (9.1)
영국	46	49 (6.5)	63 (29.3)	68 (7.5)
싱가포르	38	45 (17.0)	58 (27.8)	58 (0.7)
대만	38	40 (4.5)	50 (27.5)	50 (−0.7)
이탈리아	26	29 (14.9)	38 (29.7)	40 (5.3)
총계	1,805	1,952 (8.1)	2,492 (27.7)	2,667 (7.0)

주: ( ) 안은 증가율.
자료: 중국 통계.

출된 중국 상품 중의 상당 부분이 미국으로 수출되고 있기 때문인 것으로 보인다.[4] 중국의 대 미국 수출 규모는 동아시아에서 일본의 1,466억 달러에 이어 2위이지만 지난 1990년대 전체로 볼 때는 가장 급속한 성장률을 보였다. 즉 1990년 중국의 대미 시장점유율은 3.1%에 불과했고 이 시기의 일본의 점유율은 그 6배 정도인 18.1%에 이르렀다. 중국의 시장점유율은 한국, 대만에 비해서도 낮았고 NICs 3국(한국·대만·홍콩)의 10.1%, 그리고 아세안 5개국의 5.4%에도 미치지 못했다.

1995년까지는 중국과 아세안 5개국이 시장점유율을 확대하는 과정이었고 일본과 NICs 3국의 시장점유율은 대신 축소되어 각각 16.6% 및 8.5%가 되었다. 그러나 그 이후에는 아세안의 시장점유율도 축소되고 있는데 여러 이유가 있겠지만 이는 중국의 수출 증가와 상당한 관련이 있을 것이다. 2001년 중국의 시장점유율은 9.0%까지 상승했고 이는 일본의 11.1%에 비해서는 아직 낮지만 NICs 3국의 6.9%, 아세안 5개국의 6.4%에 비해 훨씬 큰 것이다.

한편 중국의 수입은 수출보다 상대적으로 더 아시아 지역에 집중되어 있다. 중국 통계를 기준으로 하면 중국은 일본으로부터 2001년 총수입의 17.6%인 428억 달러를 수입했다. 2위 수입국은 대만이었으며 273억 달러 11.2%를 수입했다. 미국으로부터의 수입은 10.8%인 262억 달러이었는데 일본과 대만으로부터의 증가율 3.1% 및 7.2%에 비해 훨씬 높은 17.2%를 기록했다. 한국으로부터는 234억 달러의 상품을 수입했는데 총수입의 9.6%이었다. 이처럼 중국은 일본·한국·대만 등으로부터 많은 상품을 수입하고 있는 반면에 수출시장으로는 미국·홍콩·일본을 주로 이용하고 있는 것이다.

중국측 통계를 보더라도 중국은 미국·일본에 대해 흑자를 기록하고 있으나 그 규모는 미국과 일본이 자체적으로 집계하는 규모에 비해서는 턱없이 작다. 수출 창구 역할을 하는 홍콩에 대해서는 370억

---

4 중국의 2000년 대 홍콩 수출이 445억 달러이기 때문에 이것이 모두 미국으로 간다고 해도 중국의 대미국 수출분 521억 달러를 합쳐도 1,000억 달러에 미치지 못한다. 또한 미국 통계에서 홍콩으로부터의 수입은 115억 달러 정도에 이르고 있다. 여기에는 수출입 발생 시차, 그리고 관세의 개입 등 여러 이유가 있을 것으로 보이지만 중국 세관 당국의 통계 행정 능력 부족도 다소 개입된 것으로 생각된다.

중국의 상위 10대 수입국 및 수입 실적 추이

(단위 : 억 달러, %)

	1998	1999	2000	2001
일본	283	338(19.3)	415(22.9)	428(3.1)
대만	167	195(17.0)	255(30.5)	273(7.2)
미국	170	195(14.7)	224(14.8)	262(17.2)
한국	150	172(14.7)	232(34.7)	234(0.8)
독일	70	83(19.1)	104(24.9)	137(31.5)
홍콩	67	69(3.4)	94(36.8)	94(-0.1)
러시아	36	42(16.4)	58(36.6)	80(37.9)
말레이시아	27	36(34.8)	55(51.9)	62(13.2)
호주	27	36(34.0)	50(39.2)	54(8.1)
싱가포르	42	41(-3.9)	51(24.6)	51(1.6)
총계	1,404	1,658(18.1)	2,251(35.8)	2,436(8.2)

주 : ( ) 안은 증가율.
자료 : 중국 통계.

달러 정도의 흑자를 기록하고 있는 것으로 나타나는데 이 중의 상당 부분은 미국이나 일본에 대한 흑자일 것이다. 한국과 대만에 대해서는 각각 108억 달러 및 267억 달러의 적자를 기록하고 있다. 이는 중국이 대만과 한국으로부터 중간재, 부품을 수입하여 가공 조립한 후 수출을 하고 있기 때문이다. 중국 수출 상품의 동아시아 부품 수입 유발 효과는 중국의 성장이 동아시아 경제에 크게 기여하는 효과이기도 하다.

아시아 경제, "힘의 이동"

2. 경제 성장의 원동력 외국인직접투자

화교 기업의 투자에서 다국적기업의 투자로

중국의 성장이 개혁과 개방에서 비롯되었다면 그 중간 단계에는 외국인직접투자가 있다. 중국에 처음 진출한 외국 기업은 동남아시아의 화교 기업이었다. 등소평에 의해 시작된 개혁과 개방은 가난을 피해 고향을 떠난 1세대 화교들이나 부모들로부터 중화민국의 위대함을 교육받은 2세 기업인들에게도 향수를 자극하기에 충분했다. 태국의 가장 대표적인 화교 기업인인 CP그룹의 다닌 체바라논의 경우는 특히 그러했다. 다닌 회장의 부친은 4형제의 이름을, 가운데 글자를 집자하면 정대중국(正大中國)이 되도록 지었는데 다닌 회장은 고국에 대한 부모세대의 애틋한 심사를 그대로 이어받았다. 그는 1970년대 말 중국이 문을 열자 가장 먼저 광동성으로 달려갔다. CP그룹은 이후 중국 전역에 사료 공장을 설립했고 이어 오토바이, 맥주 공장을 설립했다.

1990년대 중반까지 CP그룹은 중국 내 외국인기업 최대의 투자자가 되었다.

다닌 회장과 같은 사람은 또 있었다. 말레이시아에서 태어난 로버트 콱그룹의 창업주 로버트 콱은 동남아시아 화교 기업인 중에서도 지적인 사람 중의 한 명으로 인정되고 있는데 그는 오래 전부터 홍콩을 거점으로 삼고 중국을 호시탐탐 노리고 있었다. 그는 자신이 실질적으로 소유하고 있는 홍콩의 유력지 〈South China Morning Post〉를 통해서 친중국적 보도를 주도하기도 했다. 그는 때가 무르익었다고 생각되자 직접 북경으로 가서 북경의 정치인들과 교유하면서 무역센터를 건설하는 등 동아시아에서 가장 유명한 호텔 체인인 상그릴라호텔을 경영한 실력을 유감 없이 발휘하였다.

1980년대 중국에 대한 외국인투자는 동남아시아 화교 기업이나 홍콩·대만의 자본이었다. 이들은 죽의 장막 중국에 대한 서방 기업들에 비해 더 나은 정보 수집과 교류를 비교우위로 삼았다. 그러나 중국 사회를 이해하고 관심을 가지고 있다고 하여 투자가 반드시 성공한다는 보장은 없었다. 예컨대 싱가포르는 이광요 전 수상이 진두지휘하여 국가 차원에서 상하이 주변의 소주에 대규모 지역개발사업을 추진했다. 이 소주타운 개발공사는 이광요의 지원을 받았는데도 크게 성공하지 못해 싱가포르 자본은 철수하지 않을 수 없었다. 싱가포르의 소주타운 개발과 철수는 중국에 대한 투자가 여의치 않다는 사실을 보여주는 일면이었다.

한편 1980년대 동남아시아 기업의 투자는 서구 다국적기업에 향도적 성격을 갖기도 했다. 즉 서구의 다국적기업들은 중국에 대한 관심을 가졌으나 정보의 부족과 사회주의 체제가 가질 수 있는 불확실성

중국 GDP와 투자에서 차지하는 외국인직접투자의 비율

	FDI(A)	GDP(B)	A/B(%)	국내 투자(C)	A/C(%)
1983	916	300,375	0.31	101,483	0.90
1985	1,661	305,254	0.54	115,300	1.44
1990	3,487	387,723	0.90	134,705	2.59
1995	37,521	700,278	5.36	285,928	13.12
1996	41,725	816.490	5.11	323,148	12.91
1997	45,257	898,244	5.04	343,285	13.18
1998	45,463	958,990	4.74	356,964	12.74
1999	40,319	989,621	4.07	368,446	10.94

자료 : OECD(2002), p. 14.

때문에 일부 예외적인 경우를 제외하면 홍콩에서 기회를 도모하거나 화교 기업들과 공동으로 진출했던 것이다. CP그룹은 서구의 기업들과 합작으로 중국에 진출한 대표적인 기업이었다.

그러나 1980년대의 동남아시아 화교 기업을 중심으로 한 투자는 중국이 외국인투자를 유치하면서 최초로 들어간 투자라는 의미는 있으나, 규모는 1990년대 중반 이후 홍수처럼 밀려들어가던 투자에 비하면 얼마 되지 않았다. 1990년의 외국인직접투자는 중국 GDP의 1%에 미치지 못했고 국내 투자 전체의 약 3%가 외국인직접투자에 의한 것이었다. 1995년이 되면 FDI는 375억 달러로 증가해 GDP의 5% 이상이 되었고 전체 투자의 13%가 되어 일본이나 한국과 같이 오랫동안 자본주의 체제를 유지해온 국가들에 비해서도 외국인직접투자의 중요성은 훨씬 더 높았다.

1990년대 중반 외국인투자의 규모나 경제에서 차지하는 비중이 급격히 증가한 것은 전통적으로 부동산이나 유통 혹은 경공업에 종사하고 있는 동남아시아 화교자본이나 홍콩·대만의 투자만으로는 가능하지 않은 것이었다. 이 시기에 서방 자본은 중국 투자의 대종을 이루게 되었다. 물론 이 중에는 홍콩에서 오는 투자도 있었으나 홍콩에서 오는 투자의 상당 부분은 다국적기업이 홍콩을 정류장으로 이용하는 투자였다. 1990년대 중반부터는 정보통신·자동차·화학·반도체 등 자본집약적인 투자가 집중적으로 들어오기 시작했던 것이다.

외국인투자는 직접투자에 한정되지 않았다. 중국은 경제 성장에 필요한 자본 조달을 위해 심천과 상하이에 증권시장을 개설했는데, 중국의 많은 평범한 사람들이 일확천금을 기대하고 증시를 찾았지만 국제 금융시장에서도 사정은 마찬가지였다. 상하이 증권거래소에 외국인에게 개방된 주식시장으로 외국 자본이 몰려온 것이다.

첨단기술주 중심의 미국 나스닥 지수는 2000년 한해 39.3%, 다우지수는 6.2%가 하락했고 미 증시에 영향을 받은 세계 다른 지역의 증시도 하락했다. 1999년 36.8%가 상승했던 일본의 니케이225 지수도 2000년에는 27% 이상이나 폭락했다. 아시아 전체로는 약 45%가 하락했고 1998년 이후 급등세를 보였던 한국의 주가도 56%나 폭락했다.

아시아 증시의 주가 상승률 추이

(단위 : %)

	1998	1999	2000
아시아(ING 베어링 지수)	0.6	82.5	-45.3
중국 B-주식	-48.6	32.0	136.3
한국	110.7	94.0	-56.0
말레이시아	-29.3	98.0	-16.3

자료 : IIF, *Capital Flows to Emerging Economies External Financing*(2001. 1. 24)

그러나 중국의 B주식은 136%나 상승했다.

다국적기업의 각축장

다국적기업들이 중국에 관심을 가지면서 중국에 생산기지나 판매법인을 설립하지 않은 기업은 세계적 다국적기업의 대열에 끼지 못한다고 생각하게 되었다. 마이크로소프트의 빌 게이츠나 휴렛팩커드(HP)의 최고경영자인 피오리나(Carly Fiorina)도 이렇게 생각한 사람들이었다. 이들은 제 9차 아시아태평양경제협력체(APEC)정상회의가 2001년 10월 20~21일 중국 상하이에서 개최되었을 때 모인 수많은 기업인들 속에 있었다.

빌 게이츠는 상하이 시 당국과 소프트웨어 기술서비스를 핵심 사업으로 하는 기업을 설립하기로 의향서를 맺었고 상하이에 미국 이외 지역 최초인 '상하이 마이크로소프트 글로벌 기술지원센터(Microsoft Global Technological Support Center)'를 개소했다. 마이크로소프트는 이미 1983년 중국에 진출해 상하이에만 5개의 투자사업을 전개하고 있고 외국의 IT 투자기업 중에서는 2000년 11월 중국에서 최초로 10억 달러 이상의 매출을 기록한 HP의 피오리나도 중국에 계속 투자를 확대하겠다고 했다.[5]

미국의 GE도 2002년 6월 동경에 있는 플라스틱사업부(GE Plastics)의 아시아태평양지역본부를 중국 상하이로 이전할 것이며 3개의 중국 내 화학업체를 연내에 새로 매입하겠다고 밝혔다. GE그룹 전체의 중국 내 사업 규모는 합작투자를 포함한 30개의 기업에 대한 5억 달러의

---
5 박번순, "상하이 APEC 정상회의", 「World Report」 45호, 삼성경제연구소, 2001. 10.

투자, 17억 달러의 매출에 이르렀고 종업원도 8,700명이었다. GE플라스틱은 동경에 있는 40여 명의 임직원을 상하이로 연말까지 전근시킬 것이고 상하이에 R&D 센터를 건설하기로 했다. GE가 중국 사업을 확대하는 이유는 중국이 최대의 해외 시장이기도 하지만 무선전화기 · 컴퓨터 · 자동차 등의 소재로 사용되는 GE플라스틱의 생산품인 열가소성 제품의 수요자인 소니 · 캐논 · 노키아 · 델 컴퓨터 · 모토롤라 등이 중국에 진출했기 때문이다. GE의 발표에는 GE가 중국에서 5년 이내에 50억 달러의 매출을 올리겠다는 내용도 포함되어 있었다.[6]

다국적기업들이 가장 큰 관심을 보이며 활발하게 진출하는 분야는 정보통신이다. 실제로 중국은 13억 인구에 엄청난 통신시장의 잠재력을 보유하고 있다. 한국의 삼성전자가 생산하는 무선전화기인 애니콜 신형 제품은 한국에서보다 더 고가인데도 불구하고 불티나게 팔리며 신분을 과시하는 수단이 되고 있다. 특히 중국의 WTO 가입 협상으로 정보통신이나 유통 등에 문이 열리면서 이 분야의 미국 기업들도 많은 관심을 보이고 있다. 모토롤라는 이미 2001년까지 총 40억 달러를 투자했다. 노키아도 17억 달러를 투자했고 에릭슨의 경우 2010년대 전반기에 50억 달러 이상을 투자하겠다는 계획을 갖고 있었다. IBM, AT&T, 컴팩, 루슨트 테크놀로지, 휴렛팩커드 등 미국 업체들이 이동통신 · 컴퓨터 · 통신서비스 · 통신망 등에 대대적으로 진출하고 있고 한국의 삼성전자나 LG, 일본의 전자업체들도 대규모로 투자를 하고 있다.

화학 분야도 다국적기업이 관심 갖는 분야이다. 화학 산업에서는

---
6 The Asian Wall Street Journal, 2002. 6. 26.

다국적기업의 대중 투자 발표(2000년 경)

기업	내용
통신 기술	
모토롤라	- 2002년까지 천진에 19억 달러 투자, 반도체 IC 및 통신제품 생산 - 2000년 중국에서 수출 20억 달러, 매출 40억 달러 - 2001년 현재 총투자 40억 달러
에릭슨	- 향후 5년에 신규로 51억 달러 투자
노키아	- 중국 합작투자를 생산기지로 육성 - 2000년 중국에서 수출 15억 달러, 현재까지 총투자 17억
지멘스	- 향후 5년간 10억 달러 투자, 2001년 상하이 휴대폰 생산 2배 증대
인텔	- 2001년 상하이 칩 생산 2단계 투자로 2억 달러 투입
IBM	- 상하이에 실리콘패키징공장 건설에 3억 달러 투자
NEC	- 마이크로칩 생산 2배 증대 계획
화학	
BASF	- 2개 프로젝트 설립(난징에 26억, 상하이에 10억 유로)
포모사플라스틱	- PVS 및 ABS 수지 플랜트 건설에 50억 달러 투자 계획
Shell	- 2005년까지 에틸렌 분해센터에 30억 달러 투자 계획 - Sinopec과 CNOOC의 주식 및 프로젝트에 이미 17억 달러 투자
BP	- 이미 25억 달러 투자, 15억 달러 추가 투자 예정
자동차	
폭스바겐	- 향후 5년간 12억 달러 투자 계획, 이미 지난 16년간 12억 달러 투자
도요타	- 2000년 소형차 생산을 위해 합작으로 1억 달러 투자
GM	- 패밀리카 생산을 위해 합작투자에 7,000만 달러 투자
포드	- 승용차 생산을 위해 합작기업에 5,000만달러 투자 계획
기타	
코카콜라	- 현재까지 총투자는 11억 달러, 향후 5년간 1.5억 달러 계획

자료 : ABN-Amro, Asian Anchor 3Q01.

BASF가 가장 대표적인 투자 기업인데 난징과 상하이에 각각 대규모의 투자를 하고 있다. BP는 이미 2001년 25억 달러를 투자했고 쉘도 중국의 국영정유회사들인 시노펙(Sinopec)과 CNOOC의 지분을 갖고 있다. 자동차도 중국의 잠재력이 인정되는 분야이다. 과거 중국은 자동차 산업의 자국 산업화를 위해 외국인투자 기업의 진출을 엄격하게 규제했는데 중국에 투자한 대표적인 업체는 독일의 폭스바겐이었다. 폭스바겐은 1980년대에 진출했고 2001년 현재 이미 16억 달러를 투자했다. 폭스바겐은 추가적으로 12억 달러를 투자하겠다는 계획을 갖고 있었다.

3. 세계의 생산기지

전통 산업에서 중국의 주도

중국에서 공업의 발전이 어느 정도 급속하게 이루어졌는가는 지난 20여 년 사이에 수출에서 어느 정도의 효과를 냈는가를 통해서 알 수 있다. 예컨대 세계 의류 수출시장에서 차지하는 중국산 의류의 비율은 1980년 4.0%였는데, 이 시기에 이탈리아 · 독일 · 프랑스 · 영국 등 유럽 4개국의 의류는 세계 시장의 28.8%를 차지했고 한국 · 대만 · 태국 · 인도네시아 등 아시아 4개국의 비중은 14.1%였다. 그러나 1999년이 되면 유럽 국가들의 비중은 16.6%로 줄어들었고 아시아 수출국의 비중도 1985년에 18%로 증가했다가 1999년에는 8.1%로 감소했다. 이처럼 전통적인 의류 수출국의 비중이 감소한 것은 중국의 부상 때문이라고 할 수 있다. 중국의 비중은 이 기간에 4.0%에서 16.2%로 급증했던 것이다.

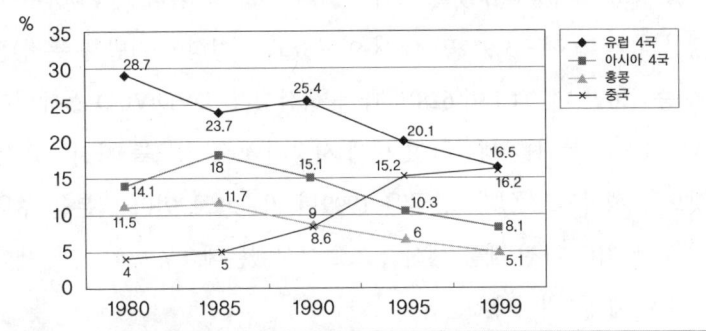

주 : 유럽 4국은 독일, 이탈리아, 프랑스, 영국이며 아시아 4국은 한국, 대만, 태국, 인도네시아.
자료 : GATT 및 WTO, International Trade Statistics 이용 작성.

　　중국 섬유 수출의 급격한 증가는 일본 시장에서의 중국 섬유 제품의 시장점유율에서도 볼 수 있다. 일본의 2000년 섬유 수입은 2조 5,614억 엔이었으며 금액 기준으로 약 80%가 의류였다. 국내 수요량 대비 수입량을 보면 1992년 약 40%에서 1999년 60%로 증가했는데 그 중 의류는 1991년 50% 수준에서 1999년 80% 수준으로 증가했다. 일본의 섬유 제품 수입에서 중국산의 비중은 2000년 68.8%에 이르렀는데 이는 두 번째인 한국의 5.2%에 비하면 엄청난 차이이다. 일본은 섬유 제품 수입 급증으로 20001년 2월 긴급수입제한 조치를 취하기도 했다.
　　중국은 또한 가정용 전자 제품 분야의 세계의 공장이기도 하다. 가전 분야에서는 1990년대 초부터 국유기업들이 급성장했는데 이들은 1990년대 중반에 진출한 다국적기업들과 치열한 경쟁을 통해 성장했다. 가격경쟁이 심화되면서 대형 업체들의 시장지배력은 더 높아졌고 TV, 세탁기, 에어컨, 냉장고 등은 3~6개 업체가 품목에 따라 최대 80% 정도의 시장점유율을 보이고 있다. 2001년 컬러 TV 생산은 세계 생산의 약 28%인 3,952만 대에 이르렀고 사천성에 기반을 둔 창홍은 이 중 650만 대, TCL이 628만 대를 생산했다. DVD/VCD 플레이어의 경우 1,890만 대를 생산하여 세계 시장의 49% 정도를 차지하고 있는 것으로 평가되고 있다. 중국은 1999년 기준으로 이미 일본을 추월하여 세계 최대 가전 제품 생산국으로 부상했는데 TV · 에어컨 · 세탁기 등에서 세계 1위이다.

전자 제품의 경우 국내에서 품목별로 100여 개 이상의 기업이 경쟁을 하고 있기 때문에 이들은 해외 시장을 개척하지 않을 수 없다. 미국의 대학가 기숙사에는 그것이 어디에서 생산되었는가에 관심 없는 대학생들에 의해 대부분의 방에 중국산 소형 냉장고가 들어와 있을 정도로 중국 전자 제품은 급속도로 미국 시장을 잠식하고 있다.

중국 전자 제품이 어느 정도 급속히 수출시장에 등장하고 있는가는 미국의 컴퓨터 및 주변기기의 수입 통계에서 어느 정도 파악할 수 있다. HS 8471인 자동자료처리장치(컴퓨터 및 주변기기)의 미국 수입은 476억 달러인데 이 중 중국에서 수입은 59.6억 달러로 전체의 12.5%를 차지하고 있었다.

최대의 수출국은 멕시코로 79억 달러 16.6%이었다. 그러나 수량 기준으로 중국의 비중은 35.5%였는데 이는 중국이 상대적으로 저가의 제품을 수출하고 있다는 사실을 의미한다. 실제로 이 상품군의 중국의 평균 수출단가는 35달러로 일본의 345달러, 한국의 150달러 등에 비해서 훨씬 낮고 필리핀의 82달러, 태국의 56달러에 비해서는 더 낮았다. 중국의 8471상품군의 1995년 수출은 12.8억 달러였으며 348억 달

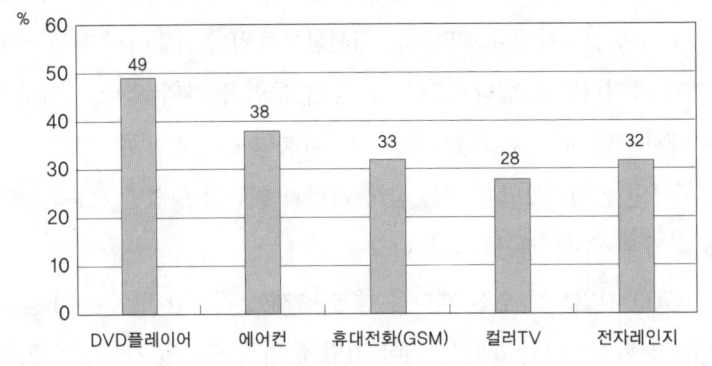

자료 : 東京新聞, 2002. 7. 12.

러의 미국의 수입시장 중 일본은 100억 달러 이상을, 싱가포르는 83억 달러, 대만은 35.6억 달러, 말레이시아는 24.5억 달러를 수출하고 있었다. 중국의 시장점유율은 3.7%이었던 것이다.

WTO 가입과 중국 경쟁력 증대

중국은 2001년 11월 제 4차 각료회의에서 WTO 회원국으로 정식 승인되었다. 수십 년 동안 중국은 GATT 및 WTO에 가입하기 위해 노력해왔는데 WTO 가입은 중국 경제에 중요한 전환점으로 작용할 것이다. 중국은 오랫동안 WTO 가입 신청을 위해 이해 관계국과 협상을 했는데 결국 주로 미국의 의사가 반영된 WTO 가입 협상의 결과는 다음과 같았다. 가장 기본적이고 중요한 것은 관세인하였다. 농산물 수입관세를 22%에서 17.5%로 인하하고, 공산품 관세율을 24%에서 9.4%로 인하하며 특히 자동차의 관세율을 100%에서 2006년까지 25%

로, 자동차 부품 관세는 10%로 인하하기로 했다. 둘째, 중국은 비관세 장벽의 개선을 추진하기로 했다. 1999년 현재 수입액의 25%에 이르던 품목들의 수입허가제나 쿼터제를 개선함으로써 수입쿼터의 경우 2006년까지 폐지하기로 했다. 또한 통신 및 보험 분야의 외국인 지분을 50%까지 허용하고 수입업자들은 국내유통망을 설립할 수 있게 되었다. 외국인 은행은 2년 후에는 중국 기업과 위안화 영업만 허용되지만 5년 내에 완전시장접근이 가능하도록 했다.

WTO 가입으로 인한 개방은 중국 경제에 지대한 영향을 미칠 것이다. 경쟁력이 약한 분야는 외국 기업에 의해 도태될 가능성이 있지만 중국 공산품의 경쟁력이 상승할 것이고 수출은 더욱 증가할 것이다. 한 연구에 따르면 중국이 WTO에 가입할 때와 그렇지 않을 때 세계 수출시장에서 차지하는 비중은 2005년 6.34%와 4.58%로 변한다고 본다.[7] 중국 자체의 경쟁력 때문에 비록 WTO에 가입하지 않더라도 중국의 시장점유율은 1995년 현재의 점유율 3.70%에 비해 4.58%로 높아지겠지만 WTO에 가입하면 점유율이 6.34%로 급증한다는 것이다. 수입의 경우도 1995년 현재 3.21%인데 WTO에 가입하게 되면 2005년 6.14%, 가입하지 않을 경우 4.75%가 된다고 본다.

WTO 가입으로 가장 크게 이익을 보게 되는 부문은 의류 산업이다. 1995년 세계 시장의 19.52%를 차지했던 중국의 의류는 WTO 가입으로 2005년이면 세계 시장의 43.95%를 차지할 전망이다. 전자 제품의 수출도 급증할 전망인데 1995년 4.96%에서 2005년이면 9.48%로

---

7 Elena Lanchovichina, Will Martin and Emiko Fukase, 「Assessing the Implications of Merchandise Trade Liberalization in China's Accession to WTO」, World Bank, June 23, 2000.

중국 공산품의 세계 시장 비중 전망

(단위 : %)

	수출			수입		
	1995	2005		1995	2005	
		비가입	가입		비가입	가입
섬유	8.19	8.34	10.17	13.14	15.83	22.3
의류	19.52	18.23	43.95	0.97	0.97	3.19
목재 및 종이	2.18	2.50	2.95	2.48	3.19	3.73
석유화학	2.54	2.81	3.22	3.91	4.60	5.18
금속	3.37	4.85	5.93	4.11	5.08	5.8
자동차	0.13	0.45	0.77	1.85	1.72	7.42
전자	4.96	7.68	9.48	3.48	4.92	5.6
기타 제조품	5.48	7.87	9.64	3.99	5.54	7

자료 : Elena Lanchovichina(2000).

시장점유율을 두 배 정도 늘리게 되는 것이다. 물론 수입도 증가할 것이다. 중국이 WTO 가입과 함께 시장을 개방하면서 자동차의 경우 중국은 세계 수입시장의 7.42%를 차지하게 될 것인데 이는 1995년의 1.85%에 비해 급격히 증가하는 것이다.

WTO 가입 이후 중국은 외국인직접투자의 중심지가 될 것이고 투자 유입은 더욱 가속화될 것이다. 아시아 경제가 투자 부진과 수요 부진으로 고통을 받고 있는 상황에서 외국인직접투자는 아시아 경제의 회복에 가장 중요한 원천이 되어야 하지만, 중국으로 외국인투자가 대거 몰린다면 아시아 경제에는 부정적인 효과를 미치게 되는 것이다. 외국인직접투자 유입을 통한 경제 성장을 해온 동남아시아로서는 외국인투자의 전환이 중요한 문제가 되는 것이다.

아시아 경제, "힘의 이동"

4. 진전되는 산업구조 고도화

자동차 산업의 발전

중국의 자동차 내수 규모는 2000년 200만 대를 돌파했으며 2003년경에는 300만 대 정도로 증가할 것으로 전망되고 있다. 중국의 자동차 수요 중 승용차는 약 1/4, 상용차가 나머지 3/4을 차지하고 있다. 승용차 판매는 2001년 약 72만 대를 넘었으며 2002년에는 90만 대를 상회하고 2006년이면 120만 대 이상에 이를 것이란 전망이 있다.[8] 일반적으로 소득 수준이 높아지면서 상용차에 비해 승용차의 수요가 더 빨리 증가하고 중국이 선진국과 같이 승용차 소비가 70% 정도까지 이른다고 가정한다면 중국의 승용차시장의 잠재력은 엄청난 것이다.

중국의 자동차 산업은 1950년대 구 소련의 기술원조를 받아 길림

---
8 *Far Eastern Economic Review*, 2002. 7. 4.

성의 장춘(長春)에 제일기차(第一汽車)가 자동차를 생산한 것이 처음이다. 그 후 북경과 상해에서 국유기업들이 생산을 시작했고 2002년 현재는 100여 개 이상의 업체가 있다. 그러나 자동차 산업 자체가 규모의 경제를 가진 산업이며 기계 공업의 종합판이라는 점에서 개발도상국이 자국의 자동차 산업을 육성한다는 것은 어렵고, 1970년대 이후 다국적 자동차업체가 아닌 독자적인 힘으로 자동차 산업을 육성한 나라는 한국 정도에 불과하다. 중국에서도 자동차 산업의 본격적인 발아는 1980년대 전반 독일의 폭스바겐이 상해기차(上海汽車), 제일기차와 차례로 합작회사를 설립하여 승용차를 생산하기 시작한 것이라고 할 수 있다. 선발 업체로서 폭스바겐은 상하이폭스바겐 31%, 퍼스트오토워크스폭스바겐 17% 등 2001년 승용차시장의 거의 50%를 장악하고 있다.

중국의 거대한 시장잠재력을 다국적 자동차업체들이 포기할 수는 없는 일이다. 프랑스의 푸조, 미국의 GM 등이 서구 자동차업체로 진출했다. 일본 업체들의 진출도 활발하다. 혼다자동차가 1999년 진출하여 50 대 50으로 합작투자로 진출한 광조우혼다자동차는 어코드 단일종으로 2000년 32,000대를 판매했으며 2001년에는 51,000대를 팔았다.[9] 기존의 외국 자동차회사들이 중국을 내수 시장 판매를 위한 투자와 생산이라는 측면에서 진출했으나 혼다는 이에 그치지 않고 중국을 수출용 자동차의 생산기지로 활용하겠다는 복안을 내놓았다.[10] 기존의 협력 관계에 있는 중국 자동차회사들과 합작으로 광동성에 새 자

---

9 *The Asian Wall Street Journal*, 2002. 4. 18.
10 *The Asian Wall Street Journal*, 2002. 7. 11.

동차 공장을 2004년 말까지 완공하고 처음에는 50,000대의 자동차를 생산하여 수출한다는 것이다. 혼다의 이런 전략은 공업구조를 고도화하고 자동차 산업을 수출산업으로 성장시키려는 중국 당국의 의지에 부합하는 것이다. 중국은 WTO 가입 이전에 자동차 산업에 투자하는 경우 부품의 현지 조달률(국산화율)을 40%로 요구했으나 이를 폐지하였기 때문에 저임의 노동력을 활용하기 위해 거리가 가까운 일본에서 부품을 수출하여 조립하는 것은 경제적으로 타당성이 있다고 생각했던 것이다.

도요타자동차도 중국에 진출했다. 도요타는 2000년 5월 천진기차(天津汽車)와 합작사업 인가를 받았고 2002년 10월부터 배기량 1300cc급의 자동차를 연간 3만 대 생산하기로 되어 있다. 도요타는 뿐만 아니라 제일기차와 합병생산을 포함하는 포괄적 제휴를 맺어 제 2공장을 설립하여 2005년부터 캠리 등 고급승용차를 생산하기로 했다. 이 외에도 닛산이나 미쓰비시 등도 진출을 발표했다.[11]

물론 중국 내에는 중국 자체에서 성장한 자동차업체들도 있다. 중국에는 2000년 초 120여 개의 자동차업체들이 있었고 이들의 상당수는 소규모 업체들로서 규모의 경제를 가질 수가 없다. 중국 정부는 이들을 장기적으로 3개 정도로 줄일 계획으로 있다. 중국에서 승용차시장의 수요는 아직 소득이 자동차 수요를 창출할 정도가 아니었기 때문에 국유기업이나 정부기관의 수송차량의 일괄구매 등이 많았고 민간부문의 수요는 얼마 되지 않았다. 소득 증가로 일반인들의 승용차 수요가 증가하지만 2001년경에도 민간수요는 전체 승용차 수요의 25~

---

11 日本經濟新聞, 2002. 6. 6.

30% 정도에 불과했다. 이러한 신규 민간수요는 고급차보다는 아직 소형차이고 저급 차종이었기 때문에 오히려 중국 자생적 자동차회사의 제품이 이들에게 오히려 적합한 측면이 있다.

그러한 상황에서 중국에서 자생적으로 성장한 자동차업체들 중 두각을 나타내는 경우도 있다. 예컨대 2001년 승용차시장의 4%를 차지했던 안휘성의 Chery는 2002년에도 그 판매량이 증가하여 5월까지 18,500대가 판매되어 전년 동기 대비 220%가 증가[12]했다.

절강성의 Geely 또한 인기 있는 차종인데 2001년 3만 대를 팔았다. 정부가 자동차 산업의 구조조정을 통해 소수의 대형사를 육성할 계획이고 이들의 후보는 일단 외국사와 합작한 기업이 될 수밖에 없을 것이다. 실제로 Chery나 Geely는 중앙정부의 허가 없이 지방정부의 지원을 받아 생산활동을 시작했고 결국 중앙정부는 현실을 인정하지 않을 수 없었던 것이다. 이들이 과연 과거 한국이나 일본의 자동차 산업처럼 성장할 것인지는 불분명하지만 중국 자동차 산업에 중요한 자극제가 되고 있는 것만은 틀림없다.

IT 부문의 발전

중국의 전자 산업 중 가전 산업은 중국 자체 기업이 성장했고, 특히 수요가 많은 가전·컴퓨터 부문에서 중국 기업의 부상은 급속했다. 이는 동남아시아 국가들이 오랫동안의 외국인투자에도 불구하고 자체 기업을 육성해내지 못했던 것을 고려할 때 중국 산업기반의 강점이다. 가전 제품의 시장점유율을 보면 냉장고에서는 중국 기업인 하이얼이 약

---

[12] *Far Eastern Economic Review*, 2002. 7. 4.

1/3의 시장점유율을 보이는 등 대부분 중국 업체의 제품이 장악하고 있다. 이러한 현상은 업체별로 시장점유율 차이는 있지만 TV, VCD, 에어컨, 컴퓨터 등 모두 비슷한 현상이다.

중국의 IT 산업은 대만과 일본 기업의 투자로 컴퓨터부품에서 출발하여 PDP · 노트북컴퓨터 · 디지털카메라 · 액정표시장치 등 하이테크 부문으로 확산되고 있다. 2000년 중국의 IT 제품 생산은 전년 대비 38.4% 성장한 255억 달러로 처음으로 대만(231억 달러)을 추월하고 미국(885억 달러), 일본(455억)에 이어 세계 3위로 부상한 것으로 평가된다. 섬유 · 신발 · 완구 등 전통 제조업뿐 아니라 첨단산업 생산거점으로서 중국은 빠르게 성장하고 있는 것이다.

IT 관련 제품 중에서 컴퓨터 부문은 중국 기업이 얼마나 빨리 성장했는가를 잘 나타내고 있다. 2001년 중국 기업의 개인용컴퓨터의

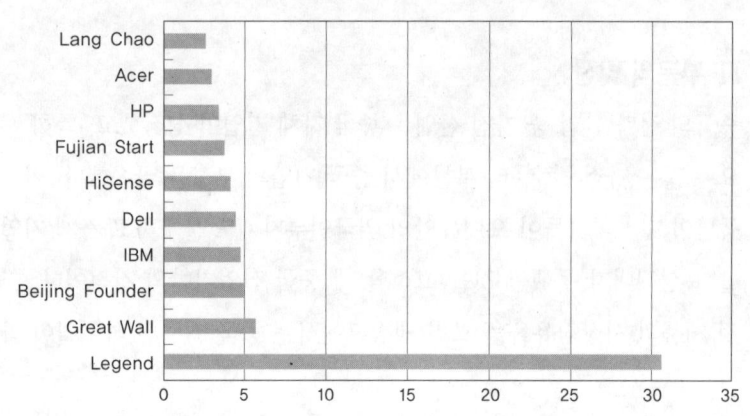

중국 상위 10 컴퓨터 브랜드의 시장점유율(2001년 3월 현재)

자료 : The Economist, 2001. 9. 15, p. 56.

생산량은 768만 대에 이르고 있다. 1981년 최초로 중국산 컴퓨터가 출하된 이후 컴퓨터 생산은 급속히 증가했다. 그 결과 2001년 3월 현재 상위 10대 중국 내 컴퓨터 브랜드의 시장점유율을 보면 IBM, Dell, HP, Acer를 제외한 모든 업체가 중국의 업체이다. 특히 중국 최대의 PC 메이커 렌샹그룹(聯想集團, Legend Group)의 시장점유율이 30%를 상회하고 있는 실정이다.

2001년 중국의 데스크탑 컴퓨터 전체 생산 규모는 2,400만 대를 넘었는데 이는 일본 347만 대, 한국 705만 대뿐만 아니라 대만의 1,820만 대보다 많은 것이었다. 중국의 생산량은 전세계의 생산 1억 373만 대의 23.2%에 이르렀다. 노트북컴퓨터의 경우도 170만 대를 생산하여 일본 511만 대, 대만 1,289만 대에는 못 미치지만 한국의 192만 대를 추격하고 있고 전세계 생산량의 6.8%를 차지하고 있다.

부품의 경우 키보드는 이미 세계 생산량의 절반을 차지하고 있고 플로피디스크(FDD)의 경우도 4,500만 개를 생산해 세계 전체 1억 2780만 개의 31% 이상을 생산했다. 하드디스크 생산은 1,120만 개를 생산하여 싱가포르 7,180만 개, 말레이시아 3,710만 개, 태국 2,850만 개 등에 미치지 못하지만 한국의 1,120만 개 생산 규모와는 동일한 실적을 기록했다.[13] 특히 하드디스크의 경우 2001년에는 생산 규모가 동남아시아 국가에 미치지 못했지만 일본이나 미국 기업들이 동남아시아에 추가 투자를 하지 않고 중국으로 이전하려는 현상을 보이고 있다.

휴대전화 부문에서만 2001년 현재 모토롤라, 노키아, 삼성전자 등 외국 기업들이 시장을 지배하고 있을 뿐이다. 예컨대 휴대전화시장은

---

13 일본 Jetro, Jetro ジェトロセンサー, 2002년 6월호, p. 60.

노키아, 모토롤라, 에릭슨 등 빅 3가 선점하고 있고, 한국 기업은 아직 현지 생산을 하고 있지는 않으나 삼성전자가 시장점유율 5~6%로 추격 중이다. 반도체 부문은 중국이 야심을 가지고 있으나 아직 세계 수준에는 이르지 못하고 있다.

〈아시안 월 스트리트 저널〉은 2002년 4월 22일 중국의 인터넷 접속가능 인구가 5,660만 명에 이르러 5,100만 명인 일본을 제치고 제2위의 국가로 부상했다고 보도했다. 1위 국가는 미국인데 1억 6,600만 명으로 이용률은 54%이고 일본은 36%인 데 비해 중국은 5.5%에 불과하므로 엄청난 잠재력을 갖고 있는 셈이다.

산업 집적지의 등장

중국에 외국인투자가 입지하면서 외국의 다국적기업은 일단 사업하기 편리한 곳에 자리를 잡기 시작했고 여기에 부품업체들이나 관련 업체들이 입지를 하게 된다. 이것은 집적의 경제가 주는 외부경제를 누리기 위한 기업들의 당연한 반응이다. 중국에는 이러한 사업의 집적지가 등장하고 있는데 바로 화남 지역의 주강델타 지역, 상하이 부근의 양자강델타 지역 등이다.

주강델타의 경우 경제특구로 지정된 심천의 발전과 맥을 같이했다. 1980년대 전반이면 심천에는 지리적으로 가까운 홍콩에서 섬유 및 잡화업체들이 진출하기 시작했다. 1980년대 후반에는 홍콩의 전자 부품이나 가전이 진출하고 일본의 섬유 잡화가 진출하기 시작했다. 1990년대에 들어서 이 지역의 투자는 더욱 활발해졌다. 1990년에 대만 당국이 대륙 투자를 사실상 허가하자 임금 상승으로 고민하던 대만 기업들은 대륙 투자에 관심을 보이기 시작했다. 특히 나이키 등 미국에 OEM으로 신발을 수출하던 신발업체들이 인건비 상승으로 저하된 채산성을 만회하고 미국의 바이어들의 요청으로 대륙으로 건너가기 시작했다. 1990년대 초 대만의 전자업체들, 특히 컴퓨터부품업체들이 본격적으로 진출하기 시작했는데 이는 후일 주강델타 지역의 컴퓨터 산업의 기초가 되었다. 2001년 말 주강델타 지역에는 대만 기업이 1만 4,000여 사에 이르고 있는 것으로 나타나고 있으며 그 중에 동완 지역에 약 4,000사가 활동하고 있다.

이 시기에는 일본 기업들의 진출은 더욱 본격화되었고 카메라·가전 및 사무기기업체들이 진출했으며 플라스틱 가공, 금속가공 등 협력업체들도 동반 진출하게 되었다. 1990년대 중반이면 일본의 복사기·프린터업체들이 진출했고 대만의 컴퓨터조립업체들이나 미국의 컴퓨터업체들이 OEM으로 컴퓨터를 수입하게 되었다. 미국의 IBM, 컴팩, 델 컴퓨터, 노키아, 필립스 등 유럽 기업과 한국의 삼성전자 등도 진출했다. 이후 1990년대 후반부터 주강델타 지역은 세계적인 컴퓨터 주변기기 제조기지로 등장하게 되었는데 중국의 현지인 기업도 이 지역에서 급성장했다. 1990년대 전반에는 중국 가전업체들이 성장하기 시작했고 민영기업들이 참여하면서 통신장비·컴퓨터 부문에서 크게 성장하게 되었다.

또 하나의 중요한 집적지는 상하이·강소·절강성을 아우른 장강델타 지역이다. 이 지역은 예로부터 중국 경제의 중심지로서 오늘날에는 중국의 하이테크 산업지역으로 성장했다. 이 지역에는 철강·자동차 등 국유기업과 섬유, 플라스틱 등의 업종이 입지해 있었으나 1990년대 들어 자동차·가전·반도체·휴대전화·정밀화학 등 다양한 업종의 투자가 이루어졌거나 이루어지고 있다. 이 지역에는 특히 외국인의 거대투자가 집중하고 있는데 막대한 국내 시장을 지향하는 내수, 그것도 자본집약적인 업종이 중심을 이룬다. 일본 기업으로서는 NEC의 반도체전공정, 마쓰시타의 PDP, 도시바의 노트북컴퓨터가 있고 소니의 휴대전화 폴리머전지 등이 있다.

반도체에 대한 중국의 꿈

중국 당국은 IT 산업의 발전에 어느 정도 성공을 거두자 반도체 산업의 육성에 많은 관심을 기울이기 시작했다. 중국의 반도체시장은 2010년에는 미국 시장에 이어 세계 2위로 확대될 것이라는 전망이 있을 정도로 잠재력이 크기 때문에 1992년 이후 주요 선진 반도체 제조업체들이 대거 중국에 진출했다. 2001년 상반기 현재 약 30여 개 제조업체 중 절반 정도가 외자계이다. 네덜란드의 필립스, 벨기에의 벨, 미국의 모토롤라 등 구미계 외에도 최근 일본 기업들의 진출도 활발하다. 일본 업체 중에선 NEC가 가장 활발한 활동을 하고 있다. 1999년 가동된 상해화홍NEC전자유한공사는 NEC의 D램 생산거점이었다(NEC가 30%를 출자). NEC는 2001년 세계 D램 불황을 계기로 D램의 생산을 착수하여 2002년 중반부터 현지 업체에서 수주한 TV 및 교환기용의 ASIC를 생산하기 시작했다. 이미 월 2만 매(200밀리 웨이퍼) 가운데 비D램 비율을 절반까지 올렸다.

그러나 일본 기업의 생산활동에서 볼 수 있듯이 중국의 반도체 산업은 2~3세대 뒤진 것이다. 2000년에 반도체 생산의 85%가 0.8미크론이나 그보다 두꺼운 것이었으며 불과 5% 정도만이 8인치 웨이퍼이었다. 이는 대만에서 대부분의 파운드리가 생산하는 12인치보다도 비용 효율성이 낮았다. 그래서 중국의 PC 업체인 렌샹그룹이나 정보통

중국에서 활동하는 일본계 반도체 기업(2002년 상반기)

회사	소재지	생산 형태	품목	월 생산
首鋼NEC	북경	일관	D램, 마이콤, LCD 드라이버	500만 개에서 하반기 600만 개로 증산
上海華虹NEC	상해	전공정	D램, Logic IC	2만 매(200밀리 웨이퍼 기준)
도시바	강소 무석	후공정	Bipolar IC, 마이콤	300만 개에서 2005년 3,000만 개로 증산
히타치	강소 소주	후공정	D램, 음성 IC	D램 생산 축소 음성 IC 120만 개에서 2003년 240만개로
미쓰비시	북경	후공정	ASIC, 마이콤 등	1,500만 개에서 2002년내 2,000만 개
상해마쓰시타	상해	후공정	마이콤, IC	2,440만 개
소주마쓰시타	강소 소주	후공정	범용개별소자	2002년 하반기 가동 예정, 2005년에 2억 개
소니(신설)	미정	후공정	가전, 게임기용 IC	신규투자(100억 엔)

자료 : 電波新聞, 2002. 6. 1.

신기기업체들은 메모리칩을 해외에서 수입했다.

중국의 반도체 산업은 2002년이 되면서 새로운 전기를 맞게 되었다. 대만 민간자금이 투자된 상하이의 SMIC(Semiconductor Manufacturing International Corp.)가 2001년 9월부터 8인치 웨이퍼를 시험생산하기 시작했는데 12월에는 중국 최초의 0.18미크론 칩 생산자가 된다고 발표했다.[14] 중국은 반도체 산업의 주류를 타게 된 것이고 이는 1960년대의 일본, 1980년대의 한국, 1990년대의 대만과 같이 반도체 국가로 성장할 수 있는 길로 들어선 것을 의미하게 된 것이다. 물론 0.18미크론 기술은 대만의 파운드리회사에 비하면 3년 이상, 그리고 싱가포르의 칩 메이커들에 비해서도 2년은 뒤떨어진 셈이다.

그러나 중국에는 수백 명의 엔지니어들이 대만·일본·미국 등에서 와서 파운드리 회사에서 근무하고 있고 대만의 민간자금들이 SMIC

---

14 *Far Eastern Economic Review*, 2002. 2. 14.

중국내 신설 반도체업체 현황

업체	가동	규모	해외파트너
Semiconductor Manufacturing International Corp(상하이)	2001년 가동	15억 달러	Chartered Semiconductor(싱가포르), Toshiba, Fujitsu
Huahong-NEC(상하이)	1999년 가동	12억 달러	NEC
Grace Semiconductor Manufacturing(상하이)	2002년 말	16억 달러	대만투자자 (포모사플라스틱)
Central Semiconductor Manufacturing-Huajing(무석)	1998년 가동		대만투자자

자료 : FEER, 2002. 2. 14.

와 같은 합작투자에 투입되고 있는 실정이다. 더구나 중국에는 관련 산업의 발전으로 칩 수요가 매년 30% 정도는 증가하고 있는 실정이다. SMIC는 기술을 받기 위해 싱가포르의 차터드 세미컨덕터(Chartered Semiconductor Manufacturing)에게 알려지지는 않았지만 소규모의 지분을 제공했고 차터드는 고객서비스를 위해 상하이에 새로 문을 연 SMIC의 일부 설비를 이용할 수 있게 했다. SMIC는 또 일본의 도시바와 이동전화기용 칩의 디자인을 위해 협정을 체결했고 일본의 후지츠와는 고급 메모리 칩을 위한 협정을 맺었다. 반도체 산업 내부에 거대한 움직임이 일고 있는 것이다.

중국의 반도체 산업은 이와 같이 외국 반도체업체들의 기술이전에 따라 향방이 결정되는 것 같지만 중국은 나름대로 협상의 지렛대가 있다. 이는 바로 중국의 거대한 시장이다. 많은 외국의 반도체업체들이 중국 시장에 눈독을 들이고 있고 이들은 중국 내 반도체업체와 협력을 하고자 하는 것이다. 실제로 중국 반도체업체들은 기술의 자체 개발보다 이전을 통해 훨씬 더 빨리 산업을 발전시킬 수 있다고 보는 것이다. 그 결과 중국에서 새로 설립되고 있는 보다 근대화된 반도체 업체들은 자본과 기술을 해외에서 도입하고 있다. 중국이 반도체 부분에서 한국이나 대만과 본격적인 경쟁을 하게 될 날이 멀지 않은 것으로 보인다.

5. 중국의 성장 지속 가능한가

중국 경제의 다양한 문제점

중국의 고도성장이 결코 중국 경제의 어두운 면을 다 가려주지는 못한다. 중국이 사회주의 체제를 유지해오면서 투명성이 부족해지고 정보가 부족하다는 측면을 감안하더라도 중국의 문제는 다방면에서 거대하게 존재하고 있다. 중국의 문제에 대해 각별한 관심을 갖는 사람들은 중국에 대한 현재의 열풍이 지난 1980년대 일본의 부상에 따른 '일본압도론'과 같이 근거 없는 것이라고 주장하고 있다. 중국은 크지만 생각만큼 그렇게 크지 않다는 것이다. 비록 중국이 세계 인구의 1/5을 차지하고 있지만 GDP는 3.5%이고 무역은 4%에 불과하며 이러한 경제 규모로는 중국이 슈퍼파워로 부상하기는 어렵다고 보는 것이다.

그러나 이러한 주장은 지나치게 현재의 환율로 경제 규모를 파악하는 면이 있다. 플라자합의 이후 일본의 엔화는 두 배나 가치가 상승했으며 이 때 일본의 국민소득은 단기간에 두 배에 이른 적이 있었다는 사실을 기억해야 한다. 중국의 고도성장과 동아시아 국가의 경쟁력 하락은 중국 위안화의 평가절상을 유도할 것이고 현재 시장환율로 평가한 GDP는 거의 의미가 없는 것이다.

중국이 가진 문제 중의 하나는 거대한 지역 및 소득격차이다. 외부인이 쉽게 접근하고 일반적으로 관찰하는 동부해안 지역은 외국인 직접투자의 유입으로 20여 년간 고도성장을 했다. 외부인은 대개 중국 연안 지역의 발전만 보기 때문에 실제 중국의 모습을 간과하는 경향이 있다. 실제로 상해나 북경·광동의 주민들이 수입차에 관심을 가질 때 동북성의 농민들은 보도조차 금지된 상태에서 애타게 시위를 하는 경우도 있다. 2001년에 상하이와 북경의 1인당 GDP는 각각 4,500달러 및 3,000달러로 추산되었다. 이는 중국의 평균소득 약 900달러를 크게 웃도는 수준이다. 비록 농촌 지역에서는 자급자족도가 높기 때문에 단순한 GDP의 차이가 그만큼의 격차를 나타내는 것은 아니지만 인구의 상당 부분을 차지하는 농촌 인구의 소득은 얼마 되지 않는 것이다.

소득격차의 경우도 지난 1990년 이후 계속 확대되어왔다. 물론 경제성장으로 1980년대 이후 약 20여 년간에 절대적 빈곤 인구수가 2억 7천만 명 이상 감소했으나 소득의 불평등이 확대되면서 상대적으로 빈곤 인구는 늘어났다. 실제 경제 성장의 과실은 고소득층이 더 많이 가져갔는데 이 기간에 소득 상위 20%의 인구의 소득 증가율만 평균 경제성장률을 웃돌았을 뿐 인구 80%의 소득 증가는 평균 소득 증가율보다 낮았다. 소득격차를 줄이는 가장 중요한 방법인 인적자원의 개발과 교육 기회의 확대도 점차 고소득층에게만 해당되고 있는 것으로 나타나고 있다.[15]

개발 경제학자들은 경제 성장과 경제 개발을 구별해왔고 단순한 소득의 성장이 아닌 경제구조의 전환, 사회 발전을 포함하는 경제 개발이 더욱 중요한 것으로 인식해왔다. 이들은 대체로 경제 성장의 조건과 경제 개발의 조건은 상이하고 경제 성장이 개발 없이 지속할 수 있느냐 하는 데는 회의를 갖는다. 이 점에서 중국 경제의 미래에 대한 의문 중의 하나는 중국이 현재의 통제된 시스템으로 지속적인 경제 성장이 가능하느냐 하는 점이다. 산업혁명을 선도해온 영국이나, 후발 산업혁명을 통해 영국과 경쟁하고 제1차 세계대전을 일으켰던 독일의 경우 민주적 제도나 사회적 발전이 함께 이루어졌는가는 의문이다. 그러나 이 시기에는 21세기와 달리 정보나 통신의 자유가 더 없었다. 21세기에는 비록 중국이 강력한 정보 통제를 함으로써 동북 지방의 농민 소요가 화남 지방 사람들에게 전파되는 것을 막는다고 해도, 세계는 동북 지방의 농민소요에 군대가 투입되고 있다는 사실을 알고 있고 어느 정도 시간이 흐르면 중국의 다른 지역 사람들도 알게 될 것이다.

과거 영국과 독일은 민주적 제도나 인권·평등의 개념 없이도 성장할 수 있었으나 정보화 시대인 현재는 거의 불가능하다. 결국 중국의 성장은 어느 단계까지는 가능하겠지만 궁극적으로 선진국이 되기 위해서는 정치적·사회적 개혁이 필요하게 된다. 그렇지 못하면 중국의 성장은 중단되지 않을 수 없을 것이다. 중국의 근대사는 천안문 사태에서 이미 정치·경제 발전의 괴리가 얼마나 큰 문제인가를 보여준 바 있다.

---

15 Shaohua Chen and Yan Wang, 「China's Growth and Poverty Reduction: Recent Trends between 1990 and 1999」, 2001. 7, World Bank.

국유기업의 비효율과 개혁

중국의 경제가 성장하기 위해 필요한 작업 중의 하나가 시스템의 개혁이라면 중국 경제 시스템의 한가운데는 국유기업이 존재하고 있다. 중국이 개혁·개방을 통해 시장경제를 도입한 지 20여 년이 지났으나 아직 국유경제(국유 부문)는 경제의 가장 중요한 부문이다. 국유 부문 종업원은 1999년 말 현재 8,336만 명으로 중국 기업 전체 종업원 1억 1,733만 명의 70.8%를 차지하고 있는데 1995년의 국유 부문 고용 1억 955만 명에 비교해보면 2,600만 명 이상 감소했다. 고정자산 투자는 1조 5,848억 위안으로 전체 투자의 53.1%를 차지하고 있다.

국유기업은 특히 광공업 분야에서 여전히 지배적 위치를 점유하고 있는데 1999년 중국의 광공업 생산(제조업, 광업, 수도·전기·가스)은 12조 6,111억 위안이었으며 이 중 국유 부문 생산은 28.2%인 3조 5,531억 위안이었다. 광공업 부문 고용 4,428만 명 중 국유 부문의 종사자는 2,412만 명으로 54.5%를 차지하고 있다.

중국에서 국유기업의 가장 큰 문제는 낮은 생산성이다. 광공업 부문에서 국유기업은 전체 고용의 54.5%를 차지하지만 생산은 28.2%에 불과하여 집체기업, 사기업, 외자계 기업에 비해 생산성이 크게 낮은 상태이다. 또한 국유기업에는 잉여노동력이 최대 3,000만 명 정도 고용된 것으로 추정된다. 1999년 광공업 부문 국유기업의 1인당 생산은 14,731위안에 불과하여 광공업 전체 평균 28,480위안의 약 절반에 불과하고 집체기업의 66,281위안의 22% 수준에 불과하다.

낮은 생산성은 저수익성으로 이어져 국유기업의 상당수가 적자를 기록하고 있다. 정부가 육성하는 시범 기업집단의 경우 적자 규모는 크지 않지만 2000년 122개 집단 중 29개 집단이 적자를 기록했다. 이

	전체	국유 부문	집체	기타
고용(만 명)	11,773 (100.0)	8,336 (70.8)	1,652 (14.0)	1,785 (15.2)
투자(억 위안)	29,855 (100.0)	15,848 (53.1)	4,339 (14.5)	9,568 (32.0)

중국 도시 지역 국유경제의 고용과 투자 비중(1999)

주 : ( ) 안은 비중(%)
　여기서 집체기업은 도시 지역의 집단소유기업이며 농촌 지역의 향진기업을 포함하지 않음.
자료 : 중국 통계연감 2000을 이용하여 작성.

익창출 기업의 총이익(이익 및 조세)은 2,427억 위안이며, 적자 기업의 총 적자는 82.6억 위안으로 크지 않으나 적자 기업집단 비율은 23.7%에 이르렀다. 이와 같은 국유기업의 부실 문제는 중국 경제의 가장 큰 문제점이다. 2000년 말 현재 4대 국유은행 총여신의 75% 정도가 국유기업에 대출되어 있기 때문에 국유기업의 부실이 금융기관의 부실로 연결되는데 금융기관의 실제 NPL 비율을 거의 정확히 알 수 없는 정도라는 주장도 많다.

중국은 비효율적인 국유기업의 개혁을 통해 경제효율을 제고할 생각이다. 중국 정부는 시장지향형의 경제구조 확립, 기업의 인센티브 제도 정착, 금융개혁, 주주제도의 확립, 정경분리 등을 위해 국유기업을 개혁하고 있고, 국유기업의 자산매각을 가장 중요한 정책수단으로 상정하고 있다. 즉 매각 가능한 자산을 자본시장을 통해 매각하고 이 자금을 사회보장 개혁에 사용하자는 것이다.

물론 국유기업의 개혁과 사회보장기금의 조달을 위해 자본시장을 이용하겠다는 이러한 전략이 중국 당국의 계획처럼 쉽사리 성공하지는 못할 수도 있다. 실제로 정부가 행동을 취하기 시작한 2001년의 5

월부터 10월까지 증시는 거의 35%가 하락했다. 증시에서 정부의 자산매각은 얼마 되지 않았는데도 이와 같은 상황이 발생했던 것이다.[16] 물론 이와 같은 주가 하락은 2001년 세계의 주식시장이 전체적으로 침체했기 때문에 반드시 국유기업의 자산매각 가능성 때문이었다고 보기는 어렵지만 국유기업 개혁을 위한 자산매각이 반드시 순조롭게 추진되지 않을 수도 있다는 사실을 말하는 것이었다. 그럼에도 불구하고 정부의 자산매각을 통한 국유기업 개혁 방향은 전체적으로 옳은 것임에는 틀림없다.

또한 중국은 개별 기업의 효율성 제고를 위해 산업구조 개편 과정

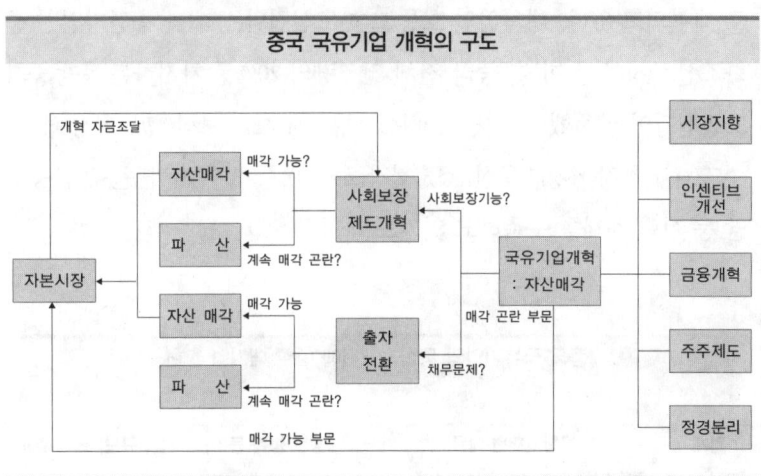

중국 국유기업 개혁의 구도

자료 : ABN-Amro, Asian Achor 3Q01, p. 45.

---

16 *Far Eastern Economic Review*, 2002. 7. 11.

193

에서 수평적 M&A를 통한 기업 규모 확대, 기업집단의 형성을 추진하고 있다. 예컨대 1,200여 개에 이르던 맥주양조업체는 2000년 하반기에 약 800개로 감소했고 3년 내에 200여 개만 남을 전망이다. 중국 최대의 업체인 칭다오맥주(청도맥주)는 30여 개의 업체를 인수하여 생산 능력이 1996년 연 37만 톤에서 연 150만 톤으로 증가했다. 정유업체도 페트로 차이나(PetroChina)와 시노펙만 남았다. 또한 전국 34개에 이르던 항공사도 동방항공, 남방항공, 중국항공 3개 업체로 통합될 예정이다.

향후 수출 산업으로 발전할 수 있는 중화학공업 분야에서 M&A를 통한 대형 업체가 등장하고 있다. 자동차업체는 120개에서 6대 업체로 조정되고 있다. 조선 산업의 경우도 한국・일본을 추월한다는 목표로 재편되고 있다. 대기업인 호동(扈東)조선집단(상해)과 중견기업인 중화조선소(상해)를 합병, 중국 전체 건조량의 20%를 차지하는 축동중화조선집단이 발족했다. 철강업계는 선두 3개 사인 보산(寶山)철강(상해), 수도(首都)철강(북경), 무한(武漢)철강(호북성) 등 3개 사가 원료 공동조달 등 협력 체제를 구축하고 있기도 하다.

중국 국유기업의 통합・재편에 따른 대기업 출현

업계	통합・재편 내용	생산 능력 등	기업 규모, 통합 효과
조선	-호동조선집단과 중화조선소 합병 -세계 조선 수주량 비중은 한국(41%), 일본(30%), 중국(10%)순	현재 조선 수주량 33척	-중국 건조량의 20% -2005년 조선량은 2000년 2배(120만 톤)
알미늄	-제조 개발 관련 8개사 통합	연산 68만 톤	-세계 3위 규모
철강	-보산・수도・무한의 3개 철강 메이커 업무 제휴	연산 3,000만 톤 (3사 합계)	-신일본제철과 비슷 -세계 유수 규모
항공	-대규모 10개사를 국제・동방・남방 항공 3사를 핵심으로 집약	보유 기체수 118~180대	-과당경쟁 배제

자료: 日本經濟新聞, 2001. 5. 14.

기술 문제에 대한 도전

중국이 시장과 기술을 바꾼다는 것은 외국인직접투자를 유치하기 위해 많은 개방을 하는 가장 중요한 이유가 된다. 중국의 기술 수준이 하루아침에 급격하게 상승할 수 없다는 점은 분명하고 이는 일부 평자들의 말처럼 "왜 일본은 '중국제(made in China)' 상품을 두려워할 필요가 없는가"[17]의 주요한 근거가 된다.

    중국 당국은 외국인투자 기업들의 경쟁을 통해 기술을 획득할 생각을 하고 있다. 선진국과의 기술격차를 줄이기 위해 기술과 산업을 자체적으로 육성할 것인가 혹은 외국에 의존할 것인가는 정책입안자들이 가장 진지하게 고려해야 할 사안이지만 중국은 이 문제에 대해서 현 단계에서는 별로 고민하는 것 같지는 않다. 시장을 내주고 외국의 기술과 자본을 활용해 산업을 육성할 수 있다고 보기 때문이다. 산업 수준이 일정 궤도에 오르면 기술을 자체적으로 개발하고 산업주권을 확보할 수 있으리라고 기대하는 것이다. 가장 중요한 산업 중의 하나인 자동차 산업의 경우에도 중국은 외국인 자동차업체를 유치하여 산업을 개발했다. 한국이나 일본이 처음 산업을 개발할 때 인구 규모로 볼 때 더 적은 시장잠재력을 갖고도 외국 업체를 유치하지 않고 자국 기업을 통해 개발한 것과 대조되는 것이다.

    이러한 전략은 시장을 가지고 있는 중국에게는 어쩌면 최선의 전략인지도 모른다. 가장 먼저 중국 시장에 진출한 독일의 폭스바겐은 상해기차와 합작으로 자동차를 생산해왔다. 그러나 상하이자동차는

---

17 일본에서 활동하고 있는 홍콩의 경제학자 C. H. Kwan은 일본 산업성 산하의 경제산업연구소에서 발표한 한 글에서 이렇게 말했다.(Asia Times Onlines, 2002. 6. 25.)

다시 GM과 합작을 했다. 상하이자동차는 폭스바겐과 GM을 두고 협상을 할 수 있고 유리한 조건을 이끌어낼 수 있게 되었다. 이러한 상황에서는 기술이전을 꺼리는 다국적기업들이 아무리 기술을 내부화하고자 해도 별로 가능할 것 같지 않다. 경쟁 관계에 있는 기업이 기술을 이전해주고 시장을 선점할 수 있기 때문이다. 대형 가전업체 하이얼은 냉장고 기술을 독일 업체에서, 세탁기 기술은 이탈리아 기업과 제휴를 통해 이전받았다. 일본 전자업체들은 앞다투어 중국에 기술을 이전하고 있다.

시장과 낮은 생산비용, 그리고 향후 일정 기간은 급속도로 개선될 생산성을 고려하면 다국적기업에게 중국은 가장 좋은 활동 무대가 될 것이다. 그러나 이들은 중국 시장을 공략하기 위해 어느 정도는 현지 R&D 활동을 하지 않을 수 없을 것이다. 기초 연구개발은 하지 않더라도 일단 중국 소비자들의 기호나 문화적 특성을 반영한 상품을 개발하

일본 전자업체의 주요 기술 공여 사례(2002년 상반기 현재)

	제품	공여선
히타치	휴대전화 프로젝션 TV	海新集團(산동성) 검토중
도시바	냉장고 세탁기 전자렌지 에어컨	西安長嶺永箱(협서성) 小鴨集團(산동성) 廣東美的集團(광동성) 검토중
미쓰비시전기	냉장고 냉장고	상하이 미쓰비시전기 中國雪櫃實業(광동성)
마쓰시타전기	디지털 TV	TCL集團(광동성)
산요	2차전지, 액정 등	하이얼집단(산동성)

자료 : 日本經濟新聞, 2002. 5. 8.

기 위한 초보적 연구개발 활동은 하게 될 것이다. 마이크로소프트, 모토롤라, GM, GE, JVC, IBM, 인텔 등이 중국에 R&D 활동 거점을 설립하고 있다.

　　IBM은 1995년 이미 북경과 상하이에 연구센터를 설립하여 컴퓨터 및 첨단 소프트웨어의 기술을 개발하고 있으며, 모토롤라 역시 1995년부터 첨단반도체기술, 차세대휴대전화 시스템 등을 연구하고 있고 연구원 수는 약 1,000명에 이른다는 보고가 있다. 마이크로소프트는 북경에 두 개의 R&D 센터를 운영하고 있다. 일본 기업들도 비록 연구원 수 등에서 미국 기업에 비할 바 아니지만 R&D에 적극적이다. 마쓰시타는 2001년 5월 북경에 마쓰시타전기연구개발유한공사를 설립했는데 차세대이동통신, 디지털 TV 등을 개발 연구하고 있다.[18] 연구원 수는 2001년 100명이지만 2005년까지 1,500명으로 확대한다는 계획을 갖고 있었다. 다국적기업들은 거대한 현지 중국 시장에 자신의 기술과 상품을 적응시키기 위해 중국에서 R&D 활동을 하지 않을 수 없는 것이다.[19] 또한 중국의 시장 크기는 중국에서 판매되는 상품이 세계의 표준으로 될 가능성을 높여줄 것이고 기업들은 보다 고차원의 연구개발 활동을 하지 않으면 안 될 것이다. 중국인은 역엔지니어링, 모방 등 다양한 활동을 통해 기술을 흡수하려고 할 것이고 막대한 외환보유고를 통해 해외의 기업을 매수할 수도 있을 것이다. 역사적으로 중국은 나침반·화약·종이 등 세계의 문명을 바꾼 신기술 제품을 만들어내었다. 이런 뿌리 깊은 과학적 전통은 중국 경제의 성장에 따라

18　Jetro, 「中國經濟」, 2002. 4, pp. 19~20.
19　UNCTAD, *World Investment Report 2001*, Press release, p. 26.

재현될 수 있다. 중국의 기술 문제에 대해 비관적으로 볼 필요는 없다.

의심할 수 없는 중국의 성장

일본과 독일의 농촌을 여행할 때 평화롭고 윤택한 모습은 그들이 과연 한때 패전국이었는가 의심하지 않을 수 없게 만든다. 독일과 일본은 1960년대 말에 제2차 세계대전의 패배에서 벗어나 세계의 공업국으로 등장했다. 20여 년에 불과한 시간 동안 그들은 암울한 패전의 상처를 극복하고 성공했던 것이다. 일본과 독일이 전쟁을 일으킬 정도의 기초적인 산업역량이 있었기 때문에 단기간의 고도성장은 충분히 가능했다고 할 수 있다. 그러나 그들보다 더 암울한 상황이었던 한국은 1960년대 경제 개발을 시작한 이후 30여 년 만에 역시 세계적인 공업국으로 성장했다. 30년이란 시간은 한 국민경제가 폐허에서 벗어날 수 있을 뿐만 아니라 강대국으로 부상할 수도 있는 기간이기도 하다. 다시 말해 국제 경제에서 한 나라가 세계적 수준의 국가로 부상하는 데 30년이면 충분한 것이다.

중국이 1970년대 말에 개방을 한 이후로 20년이 지났다. 중국은 개혁과 개방을 바탕으로 외국인직접투자를 유치하여 세계의 공장으로 부상하고 있는 것이다. 중국의 공산품은 이미 총수출의 90% 이상을 차지하고 있고 그것도 의류, 신발이 아닌 전자 산업의 수출이 급속히 증가하는 수출구조로 변하고 있다.

이와 같은 고도성장의 이면에는 정치적 안정과 외국인직접투자의 성공적 유치가 자리잡고 있다. 특히 외국인직접투자는 중국 산업의 기술 수준을 향상시키는 주요한 요소이다. 2001년 중국의 총수출 2,666억 달러 중 외자계 기업의 수출 비중은 50%를 상회했다. 외국 기업의 수출 비중은 이미 1996년에도 40.7%에 이르렀는데 이는 중국의 경제 개방 초기부터 외국인직접투자가 중요한 성장동력이 되었음을 의미한다.

또한 중국 정부의 유효한 전략으로 외국인직접투자는 점차 고도화되고 있다. 중국의 급속도로 증가하는 하이테크 제품의 수출 주체는 바로 외국인투자 기업이다. 중국의 2000년 하이테크 수출은 370억 달러에 이르렀는데 중국 국유기업이 차지한 비중은 18%에 불과하고 나머지 81%가 외국인투자 기업에 의한 것이었다. 1996년 중국의 하이테크 제품 수출은 77억 달러 정도였고, 국유기업의 수출 비중은 39%, 외국인 기업의 비중은 59%이었다는 점에서 상황이 단기간에 급속도로 변한 것이다.[20] 외국인 기업의 수출 비중이 전체의 50% 이상이라면 하이테크 부문에서 외자기업 비중이 훨씬 높은 것이고 이는 외국인투자 기업이 상대적으로 하이테크 분야에 집중하고 있다는 사실을 의미한다.

중국 인구는 2000년 12.7억 명에서 2050년 16억 명으로 늘어날 전망이며 외국인 기업의 투자는 계속 증가할 것이다. 저개발 단계에서 자본장비율(K/L)이 상승할 때 노동생산성은 더 빨리 증가하게 된다. 수확체감의 법칙은 중국에서 아직 먼 훗날의 일이다. 더구나 중국의 교육시스템은 경제 규모보다 더 급속도로 개선되고 있다. 또한 안정적인 경제 성장은 내수 시장을 계속 확대시킬 수 있을 것이다.

외부에서는 전세계적으로 약 6,000만 명으로 추산되는 화교 네트워크와 이들이 소유한 화교자본이 존재한다. 나아가 중국의 WTO 가입은 경제 개방과 산업 고도화에 결정적 전환점이 될 것이다. 중장기적

---

20 전게자료.

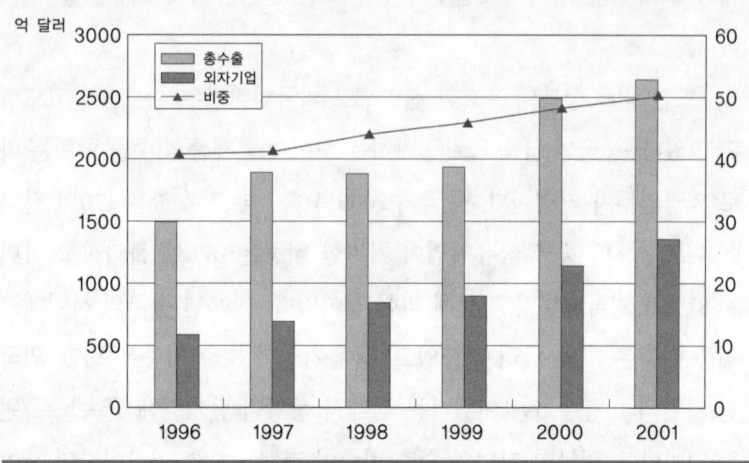

중국의 수출에서 차지하는 외자기업의 비중

자료 : 중국 海關統計, 각년도 판에서 수집하여 필자 작성.

으로는 중국 경제의 경쟁력이 제고되고 체질이 강화될 것이다. 중국은 WTO 가입과 함께 국내·외의 경제개혁을 추진하고 있다. 공산품의 평균 관세율을 1999년의 16.8% 수준에서 2005년까지 9.4%로 인하하고 수량 규제도 폐지된다. 서비스 부분도 대폭 개방하기로 되어 있다.

 중국의 개방은 중국의 비효율적 국내 부문에 일정 기간 상당한 충격을 줄 수도 있지만 시간이 지나면 이를 흡수할 수 있을 것이다. 지역 격차에 의한 중국의 분열 가능성, 정치와 경제의 발전 격차가 사회혼란을 일으킬 것이라는 전망, 중국의 국유기업이나 금융기관의 부실이 중국 경제의 발목을 잡을 것이라는 주장에도 일리가 없는 것은 아니다. 그러나 독일이나 일본이 성장할 때도 많은 문제점이 있었다는 사실을 기억해야 한다. 폭풍이 불면 무거운 거위도 날 수 있다. 중국의 성장은 당분간 계속 될 것이다.

Part IV
중국과 동아시아의 경제협력의 변화

■■■ 중국의 경제 발전을 '위협'으로 보는 사람도 있습니다만 나는 그렇게 생각하지 않습니다. 나는 오히려 중국의 다이나믹한 경제 발전이 일본에게도 '도전', '호기'라고 생각합니다. 중국의 경제 성장에 따른 시장의 확대는 경쟁을 자극하고 세계에 큰 경제 기회를 제공할 것입니다. (고이즈미 준이치로 일본 수상(2002. 4. 12). 중국 해남도에서 열린 제 1회 보아오포럼 연설에서)

■■■ 중국이 거대한 시장 세계의 투자를 유인하면서 동남아시아에게 피해를 줄 것이라는 주장은 문제가 있다. 요컨대 이 주장은 마르크스가 그의 자본론에서 한 동일한 실수에 근거하고 있다. 마르크스는 엘리트지배계급이 생산요소에 대한 통제를 확대하고 경제 개발의 과실을 가져간다고 보았다. 노동자는 최저 소득을 수용하지 않을 수 없다고 했지만 과거 150년간 선진국들의 성장으로 노동자들의 소득도 증가했다. ... 동남아시아의 지도자들은 단순한 도전에 직면해 있다. 중국을 두려워할 필요는 없다. 외국인투자가에게 안정되고 공정하며 투명한 제도적 기반을 제공한다면 그들은 올 것이다. 그들이 동시에 중국에도 가겠지만. (Adrian Foster, 동아시아 경제전문가, *Far Eastern Economic Review*, 2002. 2. 7, p. 27.)

아시아 경제, "힘의 이동"

1. 중국과 아시아 – 경쟁인가 보완인가

아시아를 감싸고 있는 중국 신드롬

1983년 5월 초 어느 날 한 남자대학생은 축제기간에 한 여학생을 소개받아 점심을 먹고 식당에서 나오면서 중공 비행기가 납치되어 휴전선에 불시착했다는 놀라운 보도를 들었다. 그는 이후 며칠 동안, 당시 외무부의 고위간부였고 나중에 외무장관을 지낸 공로명 씨가 한국의 협상대표가 되어 한국전쟁 후 처음으로 공식 방문한 중공의 관리들과 비행기의 반환과 승객들의 송환 문제를 협상하는 것을 흥미 있게 보았다. 그리고 1992년 그는 동남아시아를 다녀오던 비행기 안에서 한국이 대만을 버리고 중국과 수교를 했다는 소식을 들었다. 친구가 없는 대만, 약자를 저렇게 버려도 되는 것인가 하고 일종의 안타까움을 느꼈다. 그리고 다시 2002년 1월 1일 아침 가족과 함께 유럽 여행을 마치고 돌아오는 길에 북경공항에서 탄 보잉 747비행기에 빈 좌석이 거

205

의 없다는 사실을 눈으로 확인했다. 동아시아 정치지도자들에게는 중국이 언제나 진지한 고려의 대상이 되었겠지만, 평범한 필자에게는 중공으로서 인식되었던 중국이 9년 주기로 놀라운 변화를 겪으면서 이제는 가장 관계가 깊은 국가로서 인식되는 상황이 되었다.

필자가 아니라도 동아시아 경제를 예의 주시하고 있는 관찰자라면 1997년 외환 위기 이후 동아시아 경제의 가장 큰 화제의 중심이 중국이었음을 쉽게 기억해낼 수 있을 것이다. 1998년과 1999년에는 동아시아의 언론과 일부 학자들은 중국이 위안화를 절하할 것인지에 대해 많은 분석력을 허비했다. 외환 위기로 만신창이가 된 동아시아가 수출을 통해 기력을 회복해야 하는데, 위기 전염국의 통화가치 하락으로 수출경쟁력이 하락하게 된 중국이 위안화를 평가절하하면 동아시아 국가의 수출은 타격을 입을 것으로 보였기 때문이다.

냉정한 분석가들은 중국의 수출이 견딜 만하고—실제로 중국의 수출 증가율은 1999년에도 8.1%로 크게 나쁘지 않았다— 중국의 정치지도자들이 위안화를 평가절하하지 않음으로써 얻을 수 있는 이득이, 평가절하를 통한 수출 확대가 내는 이익보다 더 크다는 사실을 잘 알고 있다는 점에서 그 가능성을 무시하고 있었으나, 언론에서는 추측과 무지로 연일 위안화의 평가절하 가능성을 보도했고 동아시아 전체를 불안에 떨게 했던 것이다. 그리고 혼란의 안개가 걷혔을 때 외환 위기에 전혀 감염되지 않은 중국 경제의 강인함에 아시아가 새로이 눈을 떴던 것이다.

중국의 부상에 대해 가장 심각하게 생각한 것은 아무래도 일본과 한국이었다. 일본에서는 외부의 작은 일에도 충격받고 예민한 반응을 하는 국가주의적 사고가 중국의 부상을 중국 신드롬으로 만들어내었다. 장기간에 걸친 경제불황으로 일본의 국민들이 냉소와 패배주의로 물들어 있을 때 과거 역사 속에서만 배웠던 '중국'의 재부상은 일본의 미래에 암운을 던져주는 것으로 이해되었던 것이다. 더구나 2000년 일본은 대미 최대의 무역흑자국 자리를 중국에 내주게 되었고 2001년에 이 상황은 더욱 고착되었다. 1990년대 중반까지 중국에 진출하여 별로 이익을 얻지 못한 일본 기업들은 이제 서방의 기업들이나 한국의 기업들이 중국으로 진출하여 성공하고 있다는 사실에 자극을 받았고 이들이 몇 년 간의 지속적인 적자로 투자의 여유가 없을 때 이러한 기회가 온 것을 안타까워했다.

일본의 우려는 중국 제품의 수입 홍수나 일본 내 산업공동화에만 그치는 것이 아니다. 일본은 1980년대 중반의 투자 러시를 통해 동남아시아를 자국의 기술과 자본으로 묶어놓고 동아시아 경제질서를 규율하고 있었으나 이러한 우월적 지위가 중국의 동아시아 진출로 파괴될 것이라는 것을 염려했다. 일본의 제트로는 2001년 말「메이드 인 차이나의 충격」이라는 보고서를 발표했는데 그 내용은 중국의 부상으로 아시아 12개국에 미치는 영향을 해외사무소의 정보를 통해 정리한 것이었다. 이 보고서의 상당 부분이 중국의 동아시아 투자 진출에 대해서 언급된 것은 당연했다.[1]

한국의 상황도 다르지 않았다. 남북 문제에 대한 중국의 정치적 역량 때문에라도 한국에게 중국은 무시할 수 없는 존재였다. 그러나 정보통신의 시대에 들어서면서 오랫동안 극복할 수 없었을 것 같던 일본에 대해 다소 안심하는 분위기가 번지자 중국의 부상이 눈에 들어왔

---

1 丸屋豊二郞, 石川幸一,「メイドインチャイナの衝擊」, 日本貿易振興會, 2001. 11.

고 미래에 중국과 경쟁해서 우리의 위상을 어떻게 해야 할 것인가는 주요 연구 테마가 되기도 했다. 특히 2001년 한국에서 중국의 열풍은 마치 태풍과 같았다. 중국에 관한 심포지엄은 학술적이든 대중적이든 청중들로 넘쳐났는데 일례로 삼성경제연구소가 주최한 중국 시장에 대한 공개세미나에는 수천 명의 청중이 몰려들기도 했다. 신문은 신문대로 중국에 관한 시리즈를 연재하기 시작했다. 실제로 중국은 한국에게 짧은 시간에 거대하게 다가왔다. 경제부처 어느 장관의 '중국이 한국이나 일본보다 더 자본주의적'이라는 말은 중국에 관심을 갖고 있는 이들이 즐겨 인용하는 말이 되었다.

　　대만이나 싱가포르의 상황도 크게 다르지 않았다. 대만에게 중국은 국가나 국민의 생사의 갈림길을 정해줄 만큼의 영향력을 발휘했지만, 이윤에 동물적 감각을 가진 같은 중국인으로서 대만인들은 정부의 규제를 교묘하게 피해 중국에 투자를 하고 정부에 압력을 넣어 투자규제를 풀도록 했다. 싱가포르의 경우는 국가의 명운을 싱가포르 인의 경제적 활동의 지역화(regionalization)에서 찾으면서 중국을 가장 중요한 대상으로 생각했다. 명철한 지도자인 이광요는 오래 전에 이러한 사실을 인식하고 주도적으로 중국에 들어가 싱가포르 정부의 투자사업을 전개하고는 했다. 싱가포르 무역산업부에서 2001년에 발표한 한 보고서는 지난 10년 간에 걸쳐 중국과 아세안의 경제협력 관계가 주목할 만하게 강화되었다고 밝히고 있다. 보고서의 한 집필자는 지난 시절 일본·한국이 그랬던 것처럼 중국이 동일한 패턴을 따라 동남아시아의 제조업 부문에 진출할 것이라고 했다. 중국의 대 아세안 투자는 다음 20년 간 가장 큰 화두가 될 것이고 일부 중국 브랜드는 다음 10년 안에 큰 이름이 될 것이라고 예측하고 있다.[2] 또한 중국이 WTO 가입 이후 외환제도를 개선함으로써 기업들의 투자가 더욱 활발해질 것이 므로 이제 아세안은 중국으로부터의 투자 유치를 위해 경쟁해야 할 처지에 놓인 것이다.

세계 시장에서 아시아와 경쟁하는 중국

중국이 수출을 확대하면서 동아시아 국가에게 직·간접으로 영향을 미치고 있다. 중국의 수출 상품은 저렴한 노동력에 기반을 둔 섬유·의류·신발·각종 잡화 등 노동집약적 경공업 제품에서 가전 제품, 컴퓨터 및 주변기기 등이 중심이 되고 있다. 이런 제품은 일정 부분 일본, 아시아신흥공업국, 그리고 동남아시아의 수출 제품과 겹치고 있다. 그 서로 경쟁하는 부문은 동아시아 3개 그룹의 경제 발전 단계와 비교우위 구조에 따라 다르다. 예컨대 대미 시장에서 일본과 중국의 중첩부분은 2000년 금액 기준으로 약 20%에 이른다.[3] 일본과 신흥공업국의 경쟁 분야는 그것보다 더 많을 것이고 동남아시아 제품과는 거의 전 분야에서 경쟁하고 있는 상태라고 할 수 있다.

따라서 세계의 수입 규모가 중국의 수출 증가 속도보다 빠르게 증가하지 않는 한 중국의 시장점유율 확대는 다른 국가나 지역의 시장점유율 감소로 나타날 수밖에 없다. 단순한 시장점유율 감소뿐만 아니라 심할 경우 수출이 감소할 수도 있다. 이런 현상은 동아시아 최대의 수출시장인 미국 시장에서 잘 나타나고 있다. 1990년대 대미 시장에서 동아시아 간의 시장점유율을 둔 경쟁은 중국의 일방적 승리, 일본 및

---

2 *Asian Wall street Journal*, 2002. 3. 4.
3 關志雄, *Overcoming Japan's "China Syndrome"*, 經濟産業研究所, 2002. 2. 19.

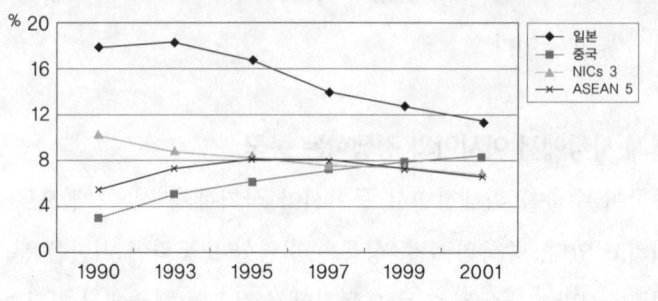

미국 시장에서 아시아의 지역별 시장점유율 추이

자료 : 미국의 수입 통계에서 작성.

신흥공업국의 패배라고 할 수 있다. 중국의 미국 시장점유율은 2001년 9.0%에 이르렀는데 이는 한국 · 대만 · 홍콩 3국의 6.9%, 아세안 5국의 6.4%보다 훨씬 많은 것이었고 일본의 점유율 11.1%에 근접하는 것이었다. 중국의 미국 시장점유율은 1990년 3.1%에서 2001년 8월 현재 8.1%로 급증했는데 이 기간에 일본의 점유율은 18.1%에서 11.1%로, NICs 3국(한국 · 대만 · 홍콩)의 점유율은 10.1%에서 6.8%로 감소했다. 아세안 5개국의 경우 5.4%에서 6.4%로 증가했지만 중국의 비중 증가에는 미치지 못하고 있다.

실제로 중국의 부상으로 동남아시아 상품이 세계 시장에서 입지를 상실하고 이것이 동남아시아 위기로 연결되었는가 하는 점은 외환 위기 과정에서 상당한 관심의 대상이 되었다. 특히 1994년 중국이 위안화를 평가절하면서 동남아시아의 경쟁력이 저하되었다는 것은 사실일 것이다. 그럼에도 불구하고 위안화의 평가절하―사실은 시장 실세환율에 맞춘 것―가 직접적인 역할을 했다고 하면 너무 극단적인 가정이다.

이와 관련하여 세계은행은 재미있는 분석을 하고 있다. 1988년 이후 1988~90년 기준으로 인도네시아·말레이시아·태국의 10대 수출 상품의 세계 시장 점유율을 해당되는 품목군의 중국의 세계 시장 점유율과 비교했을 때 말레이시아와 태국의 경우 10대 수출 상품의 세계 시장 점유율을 제고했으나 중국의 그것에 비해서는 낮았고 인도네시아의 경우는 오히려 비중이 줄어들었다.[4] 인도네시아의 10대 수출 상품의 세계 비중은 1988~90년 약 1.2%에서 1992~93년에는 2% 가까이 증가했다가 1995~96년에는 감소했다. 이에 비해 중국의 그것은 4% 이하에서 7% 이상으로 증가했다. 말레이시아의 경우 1988~90년 10대 수출 상품의 세계 시장 점유율은 1%를 약간 상회했으며 1995~96년의 경우 거의 3% 수준에 육박했다. 이 상품의 중국의 점유율은 2% 이상에서 거의 5%까지 상승했다. 태국의 경우 10대 수출 상품의 비중은 1% 수준에서 2% 수준까지 증가했으나 중국의 해당 제품 수출 비중은 5% 이상으로 증가했다.[5] 외형적으로 보면 인도네시아가 가장 큰 타격을 본 것으로 보이는 것이다. 물론 이는 각국의 수출 상품 구조가 중국의 세계 시장 진입과는 관계 없이 고부가치화하는 고도화의 결과일 수도 있다.

1989~92년에 비해 1993~96년 동안 중국의 세계 시장 점유율에 대한 동남아시아 3국의 탄력성은 보다 의미 있는 결과를 보여주고 있다. 즉 탄력성을 통해 보면 중국이 1% 점유율을 확대하면 태국은 0.13%, 인도네시아 0.07%, 말레이시아는 0.09% 정도 시장점유율이

---

4 World Bank, *East Asia: The Road to Recovery*, 1998, p. 23.
5 전게서, p. 24 의 figure 2.7 에서 추론.

중국의 세계 시장 점유율에 대한 동남아시아 3국의 탄력성

	1989~92	1993~96
인도네시아	0.167(3.98)	-0.070(-1.01)
말레이시아	-0.041(-1.24)	-0.087(-2.99)*
태국	-0.091(-1.11)	-0.128(-2.57)*

주 : ( ) 안은 t-value이며 *는 5% 수준에서 의미 있음.
자료 : World Bank, East Asia: The Road to Recovery, 1998. p 23.

감소한 것이다.[6] 즉 중국의 세계 시장에서의 점유율 증가는 적어도 1993~96년에는 동남아시아 3국의 세계 시장 점유율을 감소시키는 역할을 했다는 사실을 알 수 있다.

중국으로 전환되는 외국인직접투자

동아시아 개도국은 1970년대 이후 고도성장으로 외국인직접투자가 가장 활발하게 유입된 지역이었다. 1989~94년 기간 중국에는 외국인투자가 연평균 140억 달러가 들어왔다. 그 외 주요한 투자유치국은 홍콩·싱가포르·말레이시아 등이었다. 아세안 지역에 대한 투자가 한국·대만 등 동북아 지역에 대한 투자보다 많았고 이는 아세안의 고도성장의 원천이 되었다.

그러나 외환 위기를 거치고 중국이 성장하면서 상황은 달라졌다. 1996년 이후 중국 경제가 빨리 성장하고 인구 13억의 내수를 자랑하

---

6 물론 중국의 시장점유율 확대가 태국이나 말레이시아의 시장점유율을 감소시키는 직접적인 이유가 된다는 것은 아니다. 즉 이 분석에서는 인과관계에 대한 문제점은 있다. 그럼에도 불구하고 중국과 동남아시아가 유사한 수출 상품을 가지고 세계 시장에서 경쟁하고 있기 때문에 결과의 의미는 있다.

면서 세계 기업인의 이목은 중국으로 쏠리지 않을 수 없었다. 과거 중국은 저렴한 생산요소 비용으로 외국인투자의 관심을 끌었으나 점점 내수 잠재력을 겨냥한 외국인직접투자가 급격히 유입된 것이다. 중국에 유입된 외국인직접투자 금액은 1996~2000년 매년 평균 419억 달러에 이르렀는데 이는 세계 개도국이 유치한 투자금액의 21%에 해당하는 것이었다. 전세계 백수십 개의 국가들이 모두 외국인투자 유치를 원하지만 중국이라는 한 나라에 20% 이상이 들어간 것이다.

중국이 외국인투자 지역으로 부상하면서 동아시아 지역은 영향을 받고 있다. 한국은 오랫동안 외국인투자에 가장 폐쇄적인 국가로서 고정투자에서 차지하는 외국인투자의 비중이 1989~94년 기간에는 평균 0.8%에 불과했는데 이는 싱가포르 30.3%, 말레이시아 19.4% 등 동남아시아 국가에 비해 훨씬 못 미치고 중국의 7.9%에도 크게 미달하는 것이었다. 외환 위기 이후 한국은 외국인투자를 재평가하게 되었고 적극적인 유치를 시작해 외국인직접투자의 유입은 1989~94년 평균 약 8.7억 달러에서 1998년에는 54억 달러 이상으로, 그리고 1999년에는 100억 달러를 넘어섰다. 그러나 외환 위기 이후의 투자 증가는 대개 자산매각에 의한 M&A형 투자였기 때문에 국민들의 가슴을 아프게 하기도 했다. 한국의 투자 유치에 대해 비판적인 견해는 한국의 투자가 M&A형, 즉 국부유출이 아닌 신규로 공장을 건설하는 소위 그린필드 투자여야 한다는 믿음 때문이었다.

그렇지만 신규공장 건설 투자는 중국의 부상에 따라 대폭 증가하지는 않을 것이다. 외국의 다국적기업이 한국에 투자하기 위해서는 한국의 내수 시장이 크든지 아니면 우회수출기지로 활용할 수 있을 정도로 한국의 생산요소 비용이 저렴해야 한다. 그러나 한국이 이미 조립 산업 분야에서 세계적인 수준으로 발전한 단계이므로 내수 시장에 진출하려는 다국적기업은 한국 기업과 경쟁해야 한다. 결국 한국에 공장을 건설한 다국적기업은 규모가 크지 않은 부품 산업 정도에 불과할 것이다. 더구나 한국의 인건비는 중국에 비할 수 없이 높다. 요소비용을 고려한 투자가 한국으로 올 이유가 별로 없다. 이러한 사실은 대만이나 싱가포르 등도 마찬가지일 것이다. 내수 시장이 적고 생산비가 비싼 대만이나 싱가포르가 아무리 투자환경을 개선하려고 노력해도 중국과 비교할 때는 한계가 있다. 양국에 대한 투자도 신규투자보다는 기존투자의 확장 정도에 불과할 가능성이 있다.

그러나 신흥공업국들의 사정은 중국과 발전 단계가 비슷한 동남아시아가 처한 상황보다는 낫다. 1970년대 이후 동남아시아 각국은

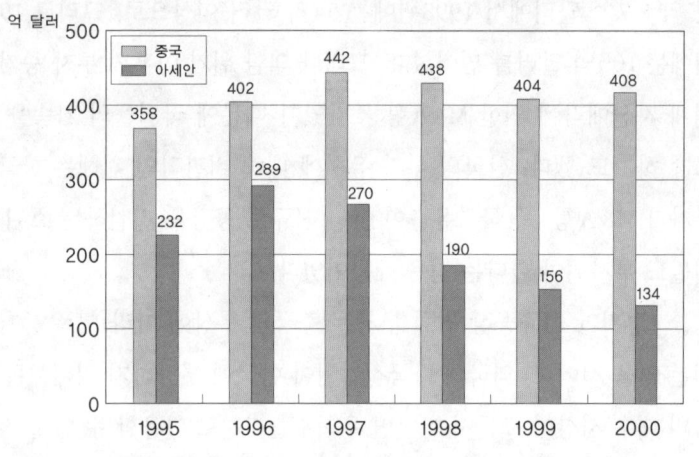

중국과 아세안에 대한 외국인직접투자 유입 추이 비교

자료 : UNCTAD, World Investment Report, 2001.

경제 성장의 가장 기본적인 전략으로 다국적기업의 투자를 유치해 왔고 다국적기업의 투자는 동남아시아의 기술 수준 제고, 자본 축적, 수출 부문 확대, 고용 창출이라는 다목적을 실현시키는 가장 좋은 방법이었다. 비록 동남아시아에 진출한 다국적기업과 동남아시아 경제의 하부구조가 서로 엇갈려 기술기반의 취약이라는 문제를 해결해주지는 못했으나 세계은행이 「동아시아 기적의 보고서」에서 밝혔듯이 동남아시아의 성장 모델은 동북아와는 달리 외국인투자를 적극적으로 유치했다는 점에서도 후발 개도국에 대해 하나의 전범이 될 수 있었다.

중국에 대한 외국인직접투자 급증 그 이면에는 아세안에 대한 투자 감소가 있다. 1994년에서 1996년 사이에 아세안에 유입된 투자규모는 비록 중국의 그것에 비해 적었으나 같이 증가했다. 대 아세안 투자는 외환 위기 직전인 1996년 289억 달러로 당시 중국에 대한 투자 402억 달러의 72% 수준이었다. 이후 아세안에 대한 투자는 급격히 감소해 2000년에는 134억 달러에 불과하게 되었는데 이는 중국에 대한 투자 유입 408억 달러의 32.8%에 불과한 것이었다.

역내 선진국의 대 중국 부품 및 중간재 수출

중국의 수출 증가나 외국인투자의 전환은 일견 동아시아 경제에 타격이 되는 것 같고 이는 동아시아 우려의 가장 기저에 자리잡고 있다. 실제로 중국의 수출 상품 구조를 보면 한국의 지하철 안에서 팔리는 실이나 바늘에서부터 첨단 가전 제품까지 다양하다. 중국의 경제적 성과는 산업화의 과정을 일거에 압축적으로 성사시킬 수 있는 것처럼 보이기도 한다. 그러나 기술의 발전이 단계를 뛰어넘어 모택동이 1950년대에 내걸었던 대약진을 할 수 있을 것인가? 이런 점에서 중국은 놀라운 실험을 하고 있지만 중국의 제조업이 기술 및 자본집약적으로 하루 아침에 변하기는 어려울 것이다.

　실제로 중국의 산업 발전은 비판가들이 말하는 대로 중국 땅을 빌어 일본·한국·대만·서구 기업이 생산활동을 하는 것이라고 할 수 있다. 또 다국적기업은 중국의 수출 거의 절반을 담당하고 있기도 하다. 중국 내에서 부품 산업이나 소재 산업이 충분히 개발되지 않았기 때문에 중국은 필연적으로 수입을 하게 된다. 대개 다국적기업들은 모기업이나 모국에서 부품을 조달하는 경우가 많다. 따라서 중국의 수출, 특히 중국 내 다국적기업의 수출에는 중국에 투자한 국가의 간접수출이 상당 부분, 적어도 50%는 포함되어 있다고 평가받기도 한다. 중국의 발전과 외국인직접투자 유치가 일본·한국·대만 등 중국에 투자할 수 있는 주변국에게 혜택을 주고 있는 것이다.

　중국은 언제까지 외국인투자를 유치할 것인가? 중국이 자기완결형 공업화를 추진해간다면 부품이나 중간재 수입을 하지 않을 것이고 주변국들과의 관계도 줄어드는 것이 아닌가 하는 의문이 있을 수 있다. 이 점에서 우리는 중국에 진출한 다국적기업이 어느 정도의 무역수지 흑자를 내는가를 주목할 필요가 있다. 다국적기업은 중국 내의 사업을 통해 이윤을 얻거나 배당을 받게 된다. 다국적기업은 이윤과 배당금을 모기업에 송금하거나 사내 유보를 할 것이다. 송금시에는 외화가 빠져나간다. 만약 중국에 진출한 외국인투자 기업의 무역수지 흑자가 외국인 기업의 이익과 배당으로 송금되는 규모보다 적다면 중국은 성장을 위하여 계속 외국인투자를 유치해야 한다. 결국 이러한 상황에서는 중국보다 선진국가인 일본·신흥공업국들은 중국의 성장에서 일부를 나눠 가질 수 있게 된다.

또 만약 중국이 노동집약적 상품을 수출하여 국제적으로 이 부문의 상품가격이 하락하게 될 때에도 다른 동아시아 국가들에게는 이익이 된다. 직접 경쟁하게 되는 동남아시아에게 중국의 수출은 한여름밤의 악몽 같은 것이지만 중국과 경쟁하지 않은 산업구조를 가진 무역국은 더 싼 중국의 노동집약적 상품을 수입 소비하고 대신 중국이 필요로 하는 부품 및 자본재에 대한 수출을 확대할 수 있는 것이다. 중국의 무역은 세계 전체의 교역조건—특히 부품이나 자본재를 수출하는 국가가 주도하는—을 개선시키게 되어 이들의 구매력을 높여줄 수 있고 이는 국제 무역의 혜택이다.

아시아 경제, "힘의 이동"

2. 일본과 중국 - 중국 신드롬

일본의 중국 상품 수입 급증

일본은 미국, 독일에 이은 세계 제 3위의 무역국이다. 2001년 일본은 수출 4,049억 달러, 수입 3,595억 달러로 454억 달러의 흑자를 기록했다. 일본의 무역에서 나타나고 있는 가장 큰 특징은 막대한 무역수지 흑자이다. 일본은 2000년 수출 상품에서 차지하는 공산품의 비중은 98.8%에 이르지만 수입에서는 61.1%에 불과할 정도로 전형적인 가공무역국가로 수입한 천연자원을 가공 조립하여 수출하는 나라이다. 따라서 일본은 세계 전역에 공산품을 수출하고 있으나 수입은 자원 보유국에 집중되어 있다는 특징이 있다.

일본의 상위 10대 교역국(2001년 수입 기준)

(단위 : 10억 엔)

	2000			2001		
	수출	수입	수지	수출	수입	수지
미국	15,356	7,779	7,577	14,711	7,671	7,040
중국	3,274	5,941	−2,667	3,764	7,026	−3,262
한국	3,309	2,205	1,104	3,071	2,088	983
인도네시아	818	1,766	−948	778	1,806	−1,028
호주	923	1,596	−673	933	1,756	−823
대만	3,874	1,930	1,944	2,942	1,723	1,219
아랍에미레이트연합국	273	1,600	−1,327	312	1,560	−1,248
말레이시아	1,496	1,563	−67	1,337	1,599	−262
독일	2,155	1,372	783	1,897	1,506	391
사우디	333	1,531		437	1,495	
전체	51,654	40,938	10,716	48,978	42,410	6,568

자료 : 무역협회 KOTIS.

　자원을 수입하기 때문에 일본은 대체로 1차 산품 수출국에 적자를 기록하고 있지만 대표적인 예외는 바로 중국이다. 일본은 2001년 중국에 3조 7,637억 엔의 상품을 수출했고 7조 264억의 상품을 수입하여 3조 2,620억 엔의 무역수지 적자를 기록했다. 대 중국 수입 82.7%가 공산품이므로 중국은 일본에 공산품 위주의 수출을 하고 있는 것이다. 그럼에도 불구하고 중국이 일본에 대해 대규모 흑자를 기록하고 있는 것은, 일본이 다른 동아시아 공업국에 대해 모두 흑자를 기록하고 있다는 점과 비교하면 흥미로운 일이다.

　중국이 무역흑자를 기록할 수 있는 것은 경공업에서의 높은 경쟁력 때문이다. 일본의 인건비는 중국의 15~20배에 이르고 있다. 사실

2001년 일본의 총수입은 불과 3.6% 증가하는 데 그쳤으나 중국으로부터의 수입은 18.3%가 증가했다. 일본의 대 한국 수입은 5.3%, 대만으로부터의 수입은 10.8%가 감소했다. 2001년의 국제적인 IT 경기 퇴조가 한국·대만의 대일 수출 부진의 한 요인이 되었겠지만 반드시 이 때문이라고 할 수는 없다. 1990년 중국의 일본 시장 점유율은 5.2%에 불과했지만 1995년에는 10.7%, 2001년에는 16.6%로 늘어났다. 가속되는 중국의 수출이 경쟁국의 대일 수출 성과에 영향을 미쳤을 것임에 틀림없다.

일본은 1980년대 중반 한때 대 중국 무역에서 흑자를 기록했지만 1989년 수출 85억 달러, 수입 111억 달러로 약 26억 달러의 적자를 기록한 이후 적자 폭이 계속 증가하여 2000년에는 236억 달러에 이르게 되었다. 이와 같은 적자는 대부분 저가의 공산품이나 농산품의 수입에서 나오고 있다. 중국은 의류, 신발, 완구 및 운동용구, 가죽 제품 및 가방 등에서 높은 경쟁력을 보유하고 있다. 섬유 제품은 일본의 대 중국 상품 수입의 30.3%를 차지하고 중국산 T—셔츠와 여성용 재킷 등은 일본 수입시장의 70% 이상을 장악하고 있다. 중국의 저가 의류 제품의 수출은 일본 내에 물가 하락을 가져오는 주요한 원인이 되기도 한다.

노령화와 국내 생산 환경의 악화에 직면해 있는 일본은 중국을 활용하지 않을 수 없다. 경기 침체와 노령화로 소비지출을 민감하게 관리해야 하는 일본 소비자들은 저가의 중국 제품에 대한 수요를 확대하고 있다. 일본무역진흥회가 2001년 4월 실시한 설문조사에 의하면 중국 제품의 유입 증가 이유 중 가장 큰 것이 가격 요인이었다.[7] 응답자의 40.7% 이상이 중국산 제품이 가격경쟁력이 높고 일본 내에서도 중국산 제품의 수요가 존재하기 때문이라고 대답했으며 37.2%가 중국 제품이 가격경쟁력 외에도 품질이 개선되었기 때문이라고 했다. 전체적으로 중국산 제품의 가격과 품질 개선이 수입 증가의 주요 이유가 되는 것이다. 여기에 일본 기업이나 다른 다국적기업이 기존 아세안이나 신흥공업국에 있는 생산거점을 중국으로 이전시키면서 나타나는 수입도 있고, 이 중에서는 아세안으로부터 중국으로 이전한 결과라는 답이 더 많았다.

일본의 대 중국 수입은 저가의 의류나 농산품에 국한하지 않는다. 중국의 대 일본 수출에서 경공업 제품은 비중이 정체하고 있지만, 기술집약 제품은 비중이 급증하고 있다. 2000년 일본의 대 중국 수입 중 컴퓨터 및 주변기기(HS 8471)는 107.9%, 사무용기기 부품은 71.8%가 증가하여 최고의 성장률을 기록했다.

일본의 전자 제품 시장에서 중국 제품의 시장점유율은 최근 급속히 증가하고 있다. 1990년만 해도 일본의 가전 제품 수입의 상당 부분은 아세안으로부터 왔다. 아세안에 진출한 일본 기업의 역수입이 있었기 때문이다. TV, VTR 등의 수입의 60% 이상, 냉장고 및 라디오류의 40% 이상이 아세안에서 왔다. 1990년 중국으로부터의 수입은 라디오로 12.5%이었고 다른 품목의 경우는 무시할 정도였다. 그러나 2000년이 되면서 중국으로부터 가전 제품 수입 비중이 급격히 증가했다. 전열기기, 라디오 등은 중국산이 일본 수입시장의 40%를 차지하게 되었고 에어컨, 세탁기, VTR 등은 30%에 가까운 실정이다.

---

7 日本貿易振興會, 2001年版 Jetro 貿易白書 要旨 圖表編, p. 12.

일본의 중국 제품의 수입 이유

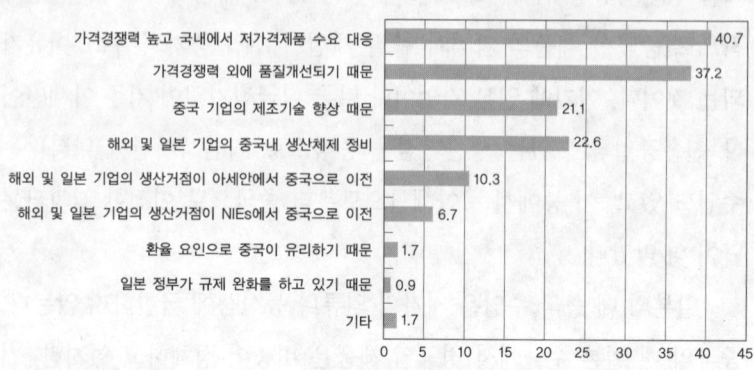

	비율
가격경쟁력 높고 국내에서 저가격제품 수요 대응	40.7
가격경쟁력 외에 품질개선되기 때문	37.2
중국 기업의 제조기술 향상 때문	21.1
해외 및 일본 기업의 중국내 생산체제 정비	22.6
해외 및 일본 기업의 생산거점이 아세안에서 중국으로 이전	10.3
해외 및 일본 기업의 생산거점이 NIEs에서 중국으로 이전	6.7
환율 요인으로 중국이 유리하기 때문	1.7
일본 정부가 규제 완화를 하고 있기 때문	0.9
기타	1.7

자료: 日本貿易振興會, 2001年版 Jetro 貿易白書 要旨 圖表編 p. 12.

일본의 품목별 수입에서 차지하는 아시아 각국의 비중

(단위: %)

	중국		한국		대만		아세안	
	1990	2000	1990	2000	1990	2000	1990	2000
에어컨	0.2	28.9	1.4	5.5	15.6	3.1	48.1	35.1
냉장고	1.0	19.1	11.4	9.8	3.4	0.6	10.5	46.9
세탁기	0.1	32.7	10.2	26.0	3.1	0.3	11.5	30.2
전열기기	5.0	44.1	13.0	0.4	15.8	4.6	12.2	31.1
라디오	12.5	42.9	23.5	3.4	9.2	3.2	37.9	43.9
TV	1.4	24.0	56.4	3.0	23.4	3.2	11.6	66.6
VTR	0.0	25.9	71.1	7.6	0.0	0.8	0.5	63.4
EDP	0.2	6.4	0.8	10.6	2.6	20.5	11.2	31.7
EDP 부품	0.2	15.6	6.8	6.5	3.6	21.8	11.7	22.9
IC	0.0	2.0	8.7	14.9	4.3	17.4	5.1	28.0
반도체 소자	0.7	10.8	24.7	10.2	20.5	10.2	22.2	37.2

주: 아세안은 10개국, EDP는 컴퓨터 및 주변기기, 전열기기는 아이언, 전기포트 등.
자료: JRI Asia Monthly, 2001. 4. 1, p. 3, 원자료는 일본 관세 통계.

일본 기업의 대중국 진출과 산업공동화 우려

한편 일본 기업은 오랫동안 중국 진출을 시도해왔으나 크게 성공한 편은 아니었다. 중국이 개방을 하면서 일본 기업들은 대만이나 홍콩 기업과는 달리 대련을 중심으로 한 동북 지방을 더 선호했는데 이는 이 지방에 대한 일본인들의 과거 향수가 남아 있었기 때문이다. 투자 형태에서도 임가공 형태보다는 중국의 국유기업과의 합작투자가 더 많았다. 그러나 일본 기업이 많이 진출한 동북 지방의 성장은 상대적으로 지체되었고 합작사업도 양국 기업의 경영문화의 차이 때문에 실패하는 경우가 많았다. 따라서 일본 기업의 대 중국 투자는 1995년 엔고와 함께 정점에 올랐다가 이후 급격히 침체에 빠져들었다.

1995년 44.7억 달러 이상이었던 일본 기업의 대 중국 투자는 아시아 위기와 일본 경제침체로 1999년 7.5억 달러까지 감소했고 일본의 총 해외 투자에서 차지하던 중국의 비중도 1995년 8.8%에서 1999년 1.1%로 급락했다. 물론 이 시기에 일본의 대 아시아 투자가 전반적으로 감소했다는 점에서 중국에 대한 투자 감소가 특이한 것은 아니었지만 비중의 감소로 볼 때 일본 기업의 중국 기피 현상은 분명했다.

그러나 중국의 부상에 일본 기업들도 무관심할 수는 없었다. 1999년 29% 이상 감소했던 일본의 대 중국 투자는 2000년에는 금액 기준으로 32.5%가 증가했다. 일본 전체의 해외 투자가 2000년 27%로 거의 180억 달러가 감소했는데도 대 중국 투자는 증가했던 것이다. 중국에 대한 투자 증가는 2001년에도 계속되었다. 일본의 총 해외 투자는 316억 달러로 전년 대비 약 35% 정도가 감소했지만 중국에 대한 투자는 14억 달러 이상으로 45% 정도가 증가했다. 일본의 해외 투자 중 중

일본의 해외 투자 및 대 중국 직접투자 추이

(단위 : 백만 달러, %)

	1999		2000		2001	
	건수	금액	건수	금액	건수	금액
중국	76 (-32.1)	751 (-29.5)	102 (34.2)	995 (32.5)	187 (83.3)	1,440 (44.7)
세계	1,713 (7.3)	66,694 (63.7)	1,684 (-1.7)	48,580 (-27.2)	1,753 (4.1)	31,606 (-34.9)
중국 비중	4.4	1.1	6.1	2.0	10.7	4.6

주 : 각 년도 실적은 회계연도(4월~다음해 3월 말) 기준이며 ( ) 안은 증가율.
자료 : 日本財貿省 및 JETRO.

국이 차지하는 비율은 건수에서 10.7%, 금액에서는 4.6%에 이르렀다.

실제로 일본의 전자업체들은 중국으로 활발하게 생산거점을 이동하고 있다. 1999년 이후 미국의 진출에 위협을 느끼고 있는 후지츠, 도시바, NEC 등 일본 대기업들도 중국 시장에 대한 진출 노력을 강화하고 있다. 이들은 주로 정보시스템 분야에서 일본 측의 응용기술과 사업화 능력, 중국 측의 기초연구 능력을 결합하고 있다. 일본의 대기업들이 이와 같이 중국 진출을 확대하면서 중국으로부터의 대 일본 역수입은 증가하는 동시에 동남아시아로부터의 수입은 감소할 것이다. 일본 기업의 투자는 적어도 내수 시장을 지향하는 한 단독투자보다는 합작투자 형태를 보이기도 한다. 가장 대표적인 사례는 일본의 마쓰시타가 중국의 가전업체 TCL과 손잡고 가전 제품의 판매·개발과 관련한 전략적 제휴를 체결하기로 한 것은 대표적인 사례이다.[8]

---

8 日本經濟新聞, 2002. 4. 9.

일본 전자업체의 중국 진출(2000~2001)

	시기	지역	대상
히타찌	2001. 5	광동성 심천	프로젝션 TV 브라운관(PRT)
	2001. 6	복건성 복주	와이드 TV
	2001. 8	안휘성 무호	룸에어컨
도시바	2000. 4	절강성 영파	진공차단기
	2000. 8	하남성 평정산	가스절연개폐장치
	2000. 10	광동성 주해	배전자동화 시스템
	2001. 5	북경	IT 분야
	2001. 10	광동성 순덕	냉장고
NEC	2001. 6	대련	업무 어플리케이션소프트 개발
	2001. 6	서안	네트워크 운용관리 기본 소프트웨어 연구개발
마쓰시타	2001. 2	북경 중관촌	차세대 디지털 네트워크기술 관련 연구개발 거점
교세라	2000. 10	상해	세라믹 및 전자디바이스 관련 제품 제조 · 판매
	2001. 9	귀주성 귀양	CDMA 통신단말 관련 통신기기 개발 · 제조 · 판매
	2001. 11	광동성 동완	광학 정밀기기 제조 · 판매

자료: 日本貿易辰興會.

    급속히 증가하는 일본 기업의 대 중국 투자는 일본 내에서 일어나는 중국신드롬의 원인이 된다. 가장 먼저 노동계에서는 실업의 증가에 대해 우려한다. 제조업체가 채산성을 맞추기 위해 인건비가 높은 일본을 버리고 인건비는 저렴하고 훈련 여하에 따라 일본에 근접한 생산성을 거둘 수 있는 중국으로 생산설비를 이전하는 것은 합리적인 일이다. 그러나 서방 세계로부터 회사인간이라는 약간은 경멸 섞인 소리를 들어가면서 평생고용 시스템에 적응해왔던 일본인들에게 이는 중대한 도전인 것이다. 1980년대 미국에서 그랬듯이 서비스 산업으로 고용이 이동할 수 있겠지만 일본이 구조개혁을 통해 서비스 산업을 획기적으로 발전시키지 않는다면 고용 창출이 얼마나 될지 알 수 없는 일이다.
    일본인들이 중국에 대한 투자를 우려하는 것은 사실상 감성적인 데서 출발하는 측면도 있다. 일본의 대 중국 투자가 급속히 증가하지만 1990년대 중반보다 투자 규모가 많지도 않을 뿐더러 아직 미국이나 유럽 등 선진국에 대한 투자보다는 더 적은 실정이다. 더구나 일본 기업이 투자를 확대하면 일본은 부품 수출을 확대할 수 있다. 사실 일본의 중국신드롬은 산업공동화보다는 중국이 일본을 추격하는 속도에 대해 일본 엘리트층이나 보수층이 두려워하는 것이다. 이들은 그동안 일본이 아시아에서 누렸던 선도자로서의 위치를 잃을 수 있다는 점을 우려하는 것이다.

동아시아에서의 주도권 경쟁

중국의 부상으로 일본을 중심으로 전개되던 아시아 경제질서는 변하게 되었다. 동남아시아와 중국의 경제협력 관계가 급속히 심화되어 기존 동남아시아의 경제협력 축이 일본 중심에서 일본 정체, 중국 비중 확대로 전환되고 있는 것이다. 동남아시아 각국의 대일 수출 비중은 원료 수출국인 인도네시아가 2001년 22.5%이며 말레이시아, 태국, 베트남이 총 수출의 10%대 중반에 이르고 있다. 인도네시아의 대일 수출 비중은 1990년 42.5%에서 2001년 22.5%로 축소되었다. 반면에 동남아시아 각국의 대 중국 수출 비중은 1990년대 급증했다. 태국은 1.2%에서 4.4%로, 싱가포르는 1.5%에서 4.3%로, 그리고 베트남은 0.3%에서 6.8%로 증가했다. 동남아시아 전체의 수출 기준으로도 일본 시장의 비중은 정체하고, 중국 시장의 비중은 급증하고 있다. 아세안 6개국 수출의 대 일본 의존도는 1990년 18.3%에서 2001년 14.2%로 감소했다. 이에 비해 중국 시장 의존도는 1990년 1.8%에서 2001년 4.2%로 급증했다. 일본과 아세안의 관계가 소원해지는 반면 중국과 아세안

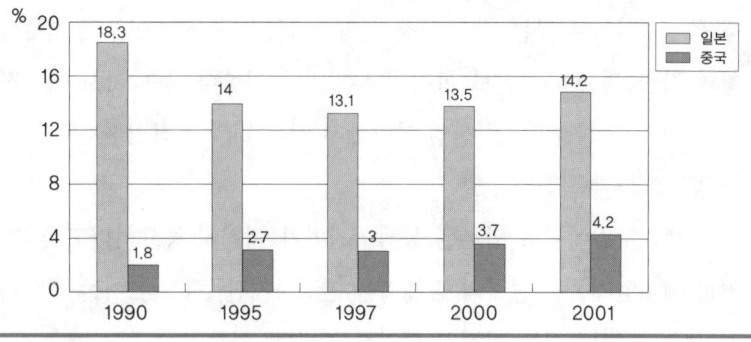

아세안의 대 일본 및 중국 수출 의존도 추이

의 관계는 강화되고 있는 것이다.

중국과 동남아시아의 접근에 가장 신경을 쓰는 측은 일본이다. 제2차 세계대전 이후 일본의 대 동남아시아 관계는 후원자―수혜자(Patron-Client)의 관계로 존재해왔다. 일본이 전후 경제회복과 함께 동남아시아에 대한 영향력을 확대하자 동남아시아는 1970년대까지 일본의 재지배에 대해 우려를 감추지 않았다. 1974년경 일본의 다나카 수상이 동남아시아를 순방했을 때 태국과 인도네시아에서 격렬한 반일시위가 발생했다. 태국의 대학생들은 '아침부터 저녁까지 일본 상품이 지배하고 있다'는 구호를 외치면서 경제·사회적 모순에 저항했다. 당시 자카르타에 있던 도요타 건물이 불에 타기도 했다.

동남아시아의 반일 감정에 놀란 일본은 이후 후쿠다 수상 시절인 1977년 '가슴과 가슴(heart-to-heart)'이라는 후쿠다 독트린을 발표하여 동남아시아에 대한 새로운 정책을 사용하기 시작했다. 후쿠다 독트린을 계기로 일본의 공적개발원조(ODA)가 동남아시아에 집중되고 민간투자도 확대되었다. 1985년 플라자합의 후 엔고로 일본 — 동남아시아의 경제협력 관계는 더욱 심화되었다. 1970~80년대 중반 일본의 대 동남아시아 투자는 내수 시장 지향형이었으나 엔고 이후 우회수출형의 값싼 생산기지 확보 목적의 투자가 증가했다. 동남아시아는 전자·자동차·철강 등 전 산업 분야에서 일본 기업의 직접투자로 급속한 공업화를 추진했다.

기업 차원에서도 일본은 동남아시아가 여전히 중요하다고 본다. 일본 제조업체들은 중국의 잠재력을 인정하지만, 시장과 기존 생산기지로서 동남아시아를 여전히 중시하고 있다. 일본 기업들은 향후 3년간 중국을 가장 중요한 투자 지역으로 상정하지만 아세안 사업은 지속한다는 자세(2001년 10월 일본무역진흥회 조사)를 갖고 있다. 응답자의 95.7%가 중국, 67.7%가 아세안 4국을 중요한 투자 지역으로 지적하고 있었다. 그러나 기존 아세안에서 활동하고 있는 일본 기업들은 상황이 변해도 아세안에서 사업을 계속할 자세를 가지고 있다. 아세안 사업에 대해서 98.5%가 지속할 의사를 보였는데 그 동기로는 AFTA로 인한 시장 확대(32%), 기존 투자가 크기 때문(30.7%), 중국 일국 투자에 대한 위험회피용(28.6%), 아세안 사업만으로 충분하기 때문(28.1%)이었다.

외환 위기 이후 자동차와 가전 등 주로 동남아시아 현지 시장을 지향하는 투자 사업의 경우 일본 기업들은 동남아시아 합작사업의 출자 비율을 상향하여 경영권을 강화하고 있다. 출자 비율을 확대한 것은 현지 내수 시장을 계속 유지하고 파트너의 자금난을 경감시키는 전략이지만 동남아시아 현지 시장을 고수하겠다는 의지의 표현이기도 하다.

2000년 이후에도 중국에 대한 일본 가전업체들의 관심이 증가하는 경향에도 불구하고, 동남아시아에 대한 기존의 투자가 큰 마쓰시타는 현지 사업에 상당한 전력을 투입하고 있다. 중국의 급부상과 함께 일본 가전업체 중 히타치와 도시바는 중국에 관심을 집중하는 등 중국 진출에 동참하고 있다. 말레이시아를 중심으로 투자활동을 하고 있는 마쓰시타의 경우 동남아시아의 비중이 압도적으로 높아 중국으로 투자 전환이 용이하지 않은 실정이다. 세계적 수요정체 상태에서 신규 투자를 한다는 것은 무리이기 때문이다.

이런 상황을 반영하여 일본은 중국의 동남아시아 접근에 대해 어느 정도는 제동을 걸어야 한다고 생각했다. 외환 위기 이후 상당히 희석된 일본과 동남아시아의 후원 — 수혜 관계를 과거와 같은 수준으로 회복하지는 못하더라도 일본은 새로운 동남아시아 전략을 모색할 필요성을 느낀 것이다. 일본은 동아시아에서의 영향력 약화 방지, 공급 과잉 상태의 산업구조조정을 위해서도 동남아시아와 우호적인 관계를 유지할 필요가 있는 것이다.

2002년 초 일본은 싱가포르와 전면적인 경제협력 협정인 '일 · 싱가포르 신시대 경제동반자협정(Japan-Singapore Economic Agreement for a New Age Partnership: JSEPA)'을 체결했다. 고이즈미 수상의 동남아시아 순방(2002년 1월)에 맞춰 체결된 JSEPA는 관세 및 비관세장벽을 철폐하는 자유무역협정(FTA)을 포괄하고 금융, 정보통신기술, 인재 양성 등의 분야를 포함한 것이다. 양국은 국내 비준을 거쳐 2002년에 협정을 발효시킬 예정이며, 양국 무역량의 98% 이상에 상당하는 품목의 관세가 철폐(2000년 금액 기준)되게 된다. 일본의 대 싱가포르 수출은 무관, 싱가포르의 대일 수출은 94%가 제로 관세이다.

일본은 동남아시아와의 협력을 기반으로 동아시아 공동체를 주창하고 있다. 2002년 1월에 동남아시아를 순방한 고이즈미 총리는 일본과 동남아시아의 협력에 기반하여 '아세안+3'을 발전시키고 나아가 아시아 공동체의 형성을 주장한 것이다. 일본 측에서는 고이즈미의 주장을 '고이즈미 독트린'으로 홍보하고 있다. 그러나 일본은 아시아 공동체의 구체적인 형태를 제시하지 않았고, 대상 국가도 오세아니아의 호주와 뉴질랜드를 포함해야 한다고 생각하고 있다.

경쟁은 어디까지 갈 수 있는가

비록 절대 규모에서는 GDP가 일본에 미치지 못하지만 중국의 영향력은 커졌다. 일본 경제는 2010년대 내내 연평균 3% 이상 성장할 가능성이 희박하지만 중국의 성장률은 향후 10여 년 간 평균 7% 수준을 유지할 전망이다. 일본의 10배에 이르는 인구와 성장률의 상대적 격차, 외국인직접투자 유입 증가 등을 고려할 때 중국은 큰 잠재력을 갖고 있다. 일본의 수입 수요나 총 수요 증가가 별로 크지 않을 것이고 중국이 계속 대외무역을 확대해간다면 중국은 멀지 않은 장래에 일본을 제치고 동아시아의 중심국으로 등장할 것이다.

홍콩에서 발행되는 아시아 경제 전문 주간지인 〈Far Eastern Economic Review〉 2002년 4월 25일자는 일본 검을 들고 공격자세를 취

중국과 일본의 주요 경제지표 비교(2000)

	인구 (백만 명)	GDP (억 달러)	성장률(%) (1996~2000)	1인당 GDP (PPP 기준)	수입 (억 달러)	외환보유 (억 달러)
중국	1,270	10,800	8.3	3,617	2,251	1,656
일본	127	46,465	1.5	24,898	3,795	3,616

주 : 1인당 GDP는 구매력평가(PPP) 기준으로 1999년 실적.

하고 있는 무사의 사진과 함께 「중국으로 도피: 일본의 산업은 반격」 이라는 제목으로 커버스토리를 다루고 있다. 중국의 저가 공산품 수입으로 인한 의류 등 일본 기업의 경쟁력 하락을 소상히 다루고 있으며 이에 대응하기 위한 노력도 보도하고 있다. 한 의류 관련 종사자는 "일본의 임금이 1/10~1/30로 줄든지 아니면 현재보다 효율이 10배나 30배로 개선되어야 하는데 둘 다 모두 불가능하다"고 토로하고 있다.

아시아 경제 전문가인 모건스탠리딘위터의 홍콩 주재 분석가인 앤디시(Andy Xie)는 1960년 중국과 일본의 1인당 소득은 1대 4였으나 1994년에는 일본의 1인당 소득이 86배나 많았다고 한다. 그러나 2001년에 이 격차는 36배로 줄어들었고 2010년에는 16배로 다시 줄어들 것으로 본다.[9] 경제사학자 앙구스 매디슨(Angus Maddison)은 1999년 시점에서 중국의 1인당 소득이 일본과 같아지는 시점을 2040년으로 보았지만 1980년 시점에서는 일본을 영구히 추격할 수 없는 상태였고 1990년 시점에서는 2096년이 되어야 중국의 1인당 소득이 일본의 1인당 소득을 추격할 수 있다고 보았다.[10] 이제 다시 시간이 흐르면 이 격차는 줄어들 것이다.

중국의 부상에 대해 일본은 어떻게 반응할 것인가? 일본 내에서는 개혁의 추진과 산업구조 고도화 등이 논의되고 있다. 그러나 이러한 개혁에도 불구하고 중국과 일본의 격차는 줄어들 것이다. 중국이 후발자의 이점을 갖추고 있기 때문이다. 2002년 일본에서는 일본의 경기 침체 탈출을 위해서 중국이 위안화를 평가절상할 수도 있다는 견해가

---

9 Andy Xie, "Asia Pacific: Competitive Devaluation or Structural Cooperation?" 「Global Economic Forum」, 2001. 12. 17, Morgan Stanley.
10 日本經濟産業省, 通商白書 平成 14年版, 2002. 6, p. 13.

있을 정도였다. 또한 동아시아에서 자유무역협정(FTA)이나, 경제협력협정(EPA)과 같은 다양한 방법을 모색해야 한다고 보는 등[11] 협력의 필요성이 제기되고 있으나 이런 건설적인 협력 방안이 실현될 수 있을지는 불분명하다. 오히려 국내의 정치적 압력에 의해 일본은 보호무역에 관심을 높이고 국내 제조업을 보호하기 위해 평가절하로 대응하게 될 수도 있다.

일본 경제의 상대적 비중 저하는 장기적으로 일본 엔화가치를 떨어뜨릴 것이고 이 과정이 자연스럽게 나타나서 각국이 무리없이 수용할 수 있어야 한다. 만약 경제력 저하 현상을 순응하지 않고 일본이 인위적으로 평가절하 정책을 사용한다면 동아시아 경제에 치명적인 결과가 나타날 수 있다. 일본의 평가절하가 중국을 목표로 하는 한 양국의 생산비용의 격차 때문에 큰 효과를 볼 수 없고 대신 신흥공업국이나 동남아시아에 부정적인 영향을 미치게 되는 것이다. 그렇게 된다면 일본은 다시 한 번 동아시아 경제 위기의 주요한 원인이 될 것이다. 그러므로 일본과 중국은 경쟁이 협조적으로 이루어지도록 해야 한다.

---

11 일본의 경제산업성은 2002년 통상백서에서 동아시아와의 협력 문제를 강하게 강조하고 있는데 동아시아에서 집적지로 부상하는 지역과 일본을 연결하여 집적의 경제를 누리는 것이 중요하다고 평가하고 있으며 이를 위한 혁신의 수단으로 동아시아와 FTA나 EPA를 맺어야 한다고 보는 것이다.

아시아 경제, "힘의 이동"

3. 통합되는 중국과 대만·홍콩

중국으로 돌아간 홍콩

중국은 경제 개방 초기에 자유무역항인 홍콩을 통해서 세계 시장에 접근했고 반환 이후에도 홍콩은 중국이 세계로 진출하는 가장 중요한 창이 되었다. 2000년 중국의 대 홍콩 수출은 445억 달러 이상이며 홍콩은 미국에 이어 중국 제 2위의 시장이다. 2001년의 경우 중국의 대 홍콩 수출은 465억 달러로 4.4% 증가했고 여전히 2위의 수출국이었다. 수입은 0.1%가 감소한 94.2억 달러였는데 중국이 세계 시장과 직접교역을 확대하면서 대 홍콩 수입은 1990년 이래 지속적으로 감소하고 있다.

홍콩과 중국 간의 상호 직접투자가 활발하며 홍콩은 중국에 투자하려는 다국적기업의 정류장 역할도 담당한다. 1980년대부터 섬유 산업 등 홍콩의 제조업이 중국으로 이전했고 현재는 서비스 산업에 대한

중국의 대 대만 및 홍콩의 수출입 추이

(단위 : 백만 달러)

	대만		홍콩			
	1998	2000	1990	1995	1998	2000
수출	3,782	5,040	27,163	36,004	37,129	44,530
수입	16,694	25,497	14,565	8,599	6,667	9,431

자료 : 중국 무역통계.

중국 투자를 본격화하고 있는 단계이다. 중국은 홍콩에 투자하여 홍콩 상장기업의 상당수를 장악하고 있다. 중국의 많은 국유기업들은 홍콩에 직접투자를 하면서 세계로 진출하고 있는 것이다.

2000년 홍콩에 대한 외국인직접투자는 640억 달러로 개도국 중 매년 최고의 투자 유치국이었던 중국을 제치고 최대의 투자 유치국으로 떠올랐다. 즉 중국에 대한 투자는 400억 달러를 약간 넘는 데 그쳤고 아세안 전체에 대한 투자도 150억 달러에 미치지 못했다는 점에서 홍콩에 대한 투자는 특이한 현상이다. 유엔무역개발위원회(UNCTAD)는 홍콩에 대한 투자의 급증을 3가지 원인으로 파악한다.

그 첫째는 외환 위기 이후 2000년에 홍콩의 사업환경이 개선되었다는 것이고 둘째로는 중국의 WTO 가입을 앞두고 다국적기업들이 홍콩에 자금을 정류(parking)시키고 있다는 것이다. 즉 중국에 대한 사업 기회를 보기 위해 다국적기업들이 홍콩에 있는 자회사에 FDI의 일종인 장기대부를 하는 형식이라는 것이다. 셋째는 홍콩의 중국이동통신(China Mobile, Hongkong)이 중국 본토의 7개 네트워크를 인수했는데 중국이동통신은 본사가 있는 버진아일랜드에서 주식을 발행했고 이 자금이 홍콩에 유입되면서 약 230억 달러의 투자 효과를 기록한 것으로 보고 있다. 물론 이 금액은 중국으로 그대로 이전된 것이고 홍콩은

중국과 홍콩의 외국인직접투자 유입 및 유출 추이

(단위 : 억 달러)

		1995	1996	1997	1998	1999	2000
중국	유입	358	402	442	438	403	408
	유출	20	21	26	26	18	23
홍콩	유입	62	105	114	148	246	644
	유출	250	265	244	170	193	630

자료 : UNCTAD, *World Investment Report 2001*, 부록통계를 이용 작성.

통과역 역할만 한 것이다.[12] 분명한 것은 홍콩에 대한 투자의 성격이 어떠하든 간에 중국 투자의 관문으로서 홍콩은 여전히 기능을 다하고 있다는 점이다.

한편 홍콩의 해외 직접투자도 2000년 630억 달러에 이르렀는데 이는 1999년의 193억 달러에 비해 급격히 증가한 것이다. 즉 홍콩은 1995~97년 동안 200억 달러 이상의 해외 투자를 했으며 1998~99년 에는 200억 달러 미만으로 감소했다가 2000년에는 급격히 증가한 것이다. 홍콩의 투자는 대부분 중국에 대한 투자라는 점에서 중국에 대한 투자 유입과 홍콩의 투자 유출을 동시에 비교해보면 홍콩의 역할을 다시 한 번 조명해볼 수 있다.

대만의 대륙 열풍

홍콩에 비해 대만의 대중 무역은 수입보다는 수출에 집중하고 있다. 중국 통계를 기준으로 보면 2000년 대만의 대 중국 수출은 255억 달러였으며 2001년에는 7.2%가 증가한 273억 달러에 이르렀다. 이에 비해

---

12 UNCTAD, *World Investment Report 2001*, p. 25.

수입은 2000~2001년 모두 50억 달러 수준에 불과했다. 이와 같은 무역구조가 나타나는 이유는 대만 기업의 대 중국 투자 행태와 관련되어 있다. 즉 중국에 투자한 대만 정보기기업체들은 중간재나 부품을 중국에 실어보내 해외에서 받은 주문량을 생산하고 중국에서 수출하는 형태의 영업 방식을 유지하고 있는 것이다.

대만 기업들은 1990년 10월 정부가 제3국 및 지역을 경유한 간접투자를 허용하면서 노동집약적 경공업을 중심으로 중국에 투자하기 시작했으며 곧 대 중국 투자는 대 아세안 투자를 상회하게 되었다. 2001년 말 대만 당국이 밝히고 있는 대만 기업의 중국 투자는 공식적으로 약 199억 달러이지만 대만 중앙은행은 대만의 투자가 400억 달러에서 500억 달러에 이를 것으로 추산하고 있다. 중국에는 2001년 중반 약 40,000개의 대만 투자 기업이 생산활동을 하고 있으며 이들의

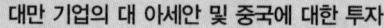

대만 기업의 대 아세안 및 중국에 대한 투자

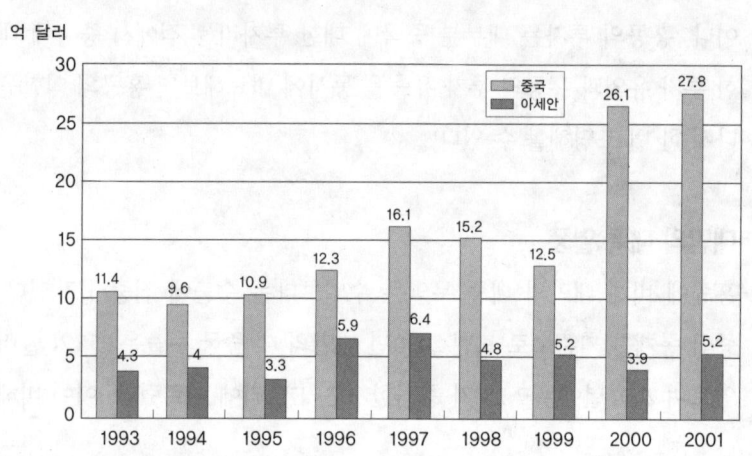

자료 : 대만 경제부투자심의위원회.

고용 규모는 약 1,000만 명에 이르고 있다.[13]

대만 기업은 처음에는 노동집약적 제품의 생산을 위해 진출했으며, 그 결과 중국의 신발, 스포츠웨어, 의류, 일부 가전 제품, 컴퓨터 부문은 대만 기업의 투자에 의해 성장했다. 1990년대 대 중국 투자를 업종별로 보면 전자 업종이 26.9%로 가장 많았고 기초금속 제품이 8.4%로 그 뒤를 이었다. 특히 컴퓨터 주변기기 등 IT 제품의 경우 일단 주문을 받은 대만 기업들은 이를 대만 국내에서 생산하든지 해외에서 생산하고 있는데 가장 중요한 생산지는 중국이다.

반도체를 제외한 대만 IT 하드웨어 생산 기업의 2002년 1/4분기 매출액은 105억 달러 이상인데 이 중에서 중국에서 생산하는 비율은 49.4%로 대만 내 생산 비율 38.4%를 넘었다. 2001년의 경우 중국 생산 비율은 36.9%로서 대만 내 생산 비율 47.1%에 미치지 못했는데 불과 몇 달 사이에 이렇게 급변한 것은 2001년 말 노트북컴퓨터의 중국 생산이 허용되었기 때문이다. 대만 IT 기업의 노트북컴퓨터 세계 시장 점유율은 58% 이상이다.[14] 대만 기업의 중국 내 생산은 실로 급속도로 진행되고 있다. 1996년 대만 IT 기업의 중국 내 생산 비율은 16.8%에 불과했지만 3년 후인 1999년에는 33.2%가 되었고[15] 2002년 1/4분기에는 거의 50% 수준에 이르게 된 것이다. 2000년의 경우 2000년 중국이 생산한 IT 하드웨어의 약 60%는 대만 투자 기업의 생산이라고 알려져 있다.[16]

---

13 *Far Eastern Economic Review*, 2001. 7. 5.
14 日本經濟新聞, 2002. 5. 6, 원자료는 대만의 IT기업 협회인 資訊工業策進會 측의 자료이다.
15 Singapore, MTI, "Convergence of cross-straits economic interests and implications for Singapore", 2001 MTI 2Q Economic survey of Singapore.

대만 IT의 지역별 생산 비중(2002. 1/4)

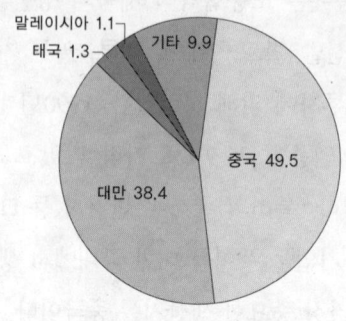

자료 : 日本經濟新聞, 2002. 5. 6.

    제품별로 보면 대만 기업이 중국에서 집중적으로 생산하는 제품은 1999년 현재 컴퓨터 마우스(95%), 키보드(86%), 모니터(60%), 데스크탑컴퓨터(45%) 등이었는데 2001년에는 CD/DVD의 91.2%가 중국에서 생산되었고 LCD 모니터의 28.4%도 중국에서 생산되었다. 노트북컴퓨터의 경우 대만 정부의 투자 허가가 나자마자 생산되기 시작해 2001년 5.2%가 중국에서 생산되었다. 노트북컴퓨터 및 LCD 모니터는 2002년 이후 생산이 가장 급증할 품목들이다.

    대만 기업의 대륙 투자는 순조로운 것만은 아니었다. 양안의 정치적 관계는 대 중국 투자에 항상 주요한 결정요소가 되었고 대만 당국의 산업공동화에 대한 우려도 대만 기업인의 투자를 막는 요인이 되었다. 대만의 포모사플라스틱그룹의 왕영경(王永慶) 회장은 1990년대 중

---

16 전게자료.

반 수십억 달러 규모의 대 중국 투자 프로젝트를 추진하면서 정부와 많은 갈등을 겪기도 했다. 그러나 대만 기업의 투자 열기는 식지 않았다. 예컨대 1996년 대만 최초의 민주적 총통선거 등을 거치면서 대만과 중국의 관계가 악화되었으나 대만 기업들의 투자는 계속되었다. 대만 기업인들은 정부의 규제 때문에 3국을 우회하여 중국에 투자하고 있는 것이다. 실제로 대만의 거의 모든 노트북컴퓨터업체들은 ―미국의 델컴퓨터나 일본의 도시바 등에 OEM 공급을 하는 업체들을 포함하여― 이미 중국에 공장을 세우고 있었고 2001년 말 대만 정부의 투자 규제가 풀리자 이들은 제품을 당장 시장에 내놓을 수 있었다.

중국 내에서 대만 기업인의 활동은 분명하게 드러나고 있다. 2001년 중반 상하이 근교의 쿤산(昆山)에는 1천 개의 대만 기업이 입지하고 있고 유치원에서 고등학교까지 이 지역 외국인 학생들의 상당수가 대만 기업인의 가족들이다.[17] 대만인들은 케이블 TV를 통해 대만의 연속극을 보고 있으며 가족을 대만에 두고 혼자 생활하는 대만인들은 양국의 따가운 눈초리에도 불구하고 중국 여성과 음성적으로 동거하기도 한다. 대만 기업의 중국 내 활동은 중국 당국에게도 엄청난 자산으로 작용해 쿤산 시의 경우만 해도 기업법인세의 86%가 대만 투자가의 납부금액이고 이는 화남 지역 중소도시의 상당수에서도 나타나는 현상이다.

대만 투자의 고도화

2002년 2월 대만의 가전업체인 성보(聲寶, Sampo Group)와 중국의 하

---

17 *Far Eastern Economic Review*, 2001. 7. 5.

이엘은 전략적 제휴 관계를 맺었다. 양국의 정치적 대치 관계를 고려할 때 아주 이례적인 것이지만 현실은 이렇게 흘러가고 있는 것이다. 이들은 약 3억 달러 규모의 냉장고, 통신기기, 컴퓨터 및 주변기기를 상대방 시장과 세계 시장에서 판매하기로 했다. 양국의 대표적인 기업들이 단순한 임가공에서 벗어나 본격적으로 제휴와 협력을 하고 있는 것이다.

이미 대만 정부는 2001년 8월에 대 중국 투자와 관련하여 민간경제자문위원회의 건의를 수용하는 형식으로 규제를 완화하기로 했고 11월에는 이를 확정했다. 그 동안 대만의 대 중국 경제교류 중 특히 투자에 대해서는 "성급하지 말고 참아라(戒急容忍)"는 자세를 갖고 있었지만 이를 "적극 투자(積極投資) 유효 관리(有效管理)"로 바꾼 것이었다. 수익성을 유지하고 중국의 기회 상실을 우려한 대만 기업들의 요구를 거절할 수 없었기 때문이다. 또한 정부의 규제가 거의 실효를 거두지 못할 정도로 대만 기업들은 간접투자를 하고 있었기 때문이다. 구체적으로는 노트북컴퓨터, 휴대전화 단말기 분야의 투자를 허용했다. 물론 정부는 대 중국 투자 프로젝트의 최대 한도를 5,000만 달러로 제한하고 있지만 이제 대만 기업들은 중국에서 대규모의 프로젝트를 추진할 가능성이 크다.

2002년 3월 대만 당국은 그 동안 반도체업체들이 요구해온 대 중국 투자 허가에 대한 최종 결정을 내리기로 했다. 3개월 이상의 검토 결과 대만 당국은 세계 최대의 파운드리업체인 TSMC(Taiwan Semiconductor Manufacturing)나 UMC(United Microelectronics Corp.) 등이 요구해온 중국에 대한 투자를 허용하기로 한 것이다. 물론 반도체와 같은 전략산업이 중국으로 이전해간다는 데 대만 당국이 좋아할 리는 없었

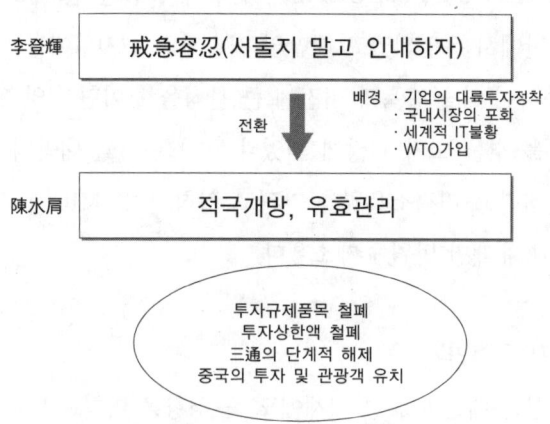

다. 그래서 정부는 대만 업체가 본토에 투자할 때 총자본의 20% 한도 내에서 투자할 것이며, 중국에 설치하는 생산라인은 대만 내에서 차세대공장을 건설한 후 구 생산라인을 이용하도록 권유했다. 또한 반도체 업체에게 R&D 분야는 대만 내에 유지하고 중국 공장은 0.13마이크론 서키트에 300밀리 웨이퍼를 가공하는 대신 0.25마이크론이나 그 이상에 200밀리 웨이퍼를 생산할 것 등을 주문했다.[18] 이는 대만과 중국이 일정한 기술격차를 유지하도록 해야 한다는 뜻이다.

이제 대만 업체들은 중국으로 진출하기 시작했는데 중국도 반도체 산업을 전략산업으로 생각하고 있기 때문에 직·간접으로 개입하고 있고 대만 기업과 합작하더라도 그 세부 내용을 제대로 알기는 어

---

18 The Asian Wall Street Journal, 2002. 3. 11.

렵게 되어 있다. 그럼에도 불구하고 중국의 GSMC(Grace Semiconductor Manufacturing Corp.)나 SMIC 등 2개의 주목할 만한 칩 제조업체들의 자금은 대만에서 유입되었고 대만의 기술자와 엔지니어들을 대거 고용했다. 중국이 기술 습득과 이전에 큰 관심을 보이면서 양측은 이 문제로 갈등을 겪을 소지가 많게 되었다. 2002년 3월 대만의 TSMC는 동사를 사직하고 지적소유권을 가지고 상하이의 SMIC에 취업한 전 종업원에 대해 대만 법원에 제소했다.

공동화인가 공존인가

중국의 부상은 대만과 홍콩 경제에도 큰 영향을 미치고 있다. 2001년 들어 대만 경제는 26년 만에 가장 낮은 성장률을 보이고 있고 홍콩 경제의 부진도 동일한 현상으로 보인다. 양 지역의 경기둔화 원인은 상당 부분 중국에 기인하고 있다. 홍콩의 제조업은 중국으로 이전된 지 오래이고 이제 서비스 산업도 이전하고 있다. 대만에서도 핵심 산업인 반도체 산업까지 이전하고 있는 실정이다. 그럼에도 불구하고 대만 당국은 여전히 불만인데 그 중의 하나가 대만 기업의 투자에 비해 소위 이윤송금 등으로 돌아오는 돈이 별로 없다는 사실이다. 여러 조사에 의하면 투자 금액의 1% 미만만이 대만으로 돌아오는데 그 결과 대만의 산업공동화 문제는 더욱 현저해진다고 보는 것이다.

대만의 노동집약적 기업들이 화남 지방으로 진출한 것은 1980년대였고 대만의 투자는 오늘날 주강델타 지역의 산업 집적지를 만들어 내는 데 밑바탕이 되었다. 여기에 홍콩 기업들이 가세함으로써 이제 중국의 화남 지역은 세계적인 전자 산업 지역으로 성장한 것이다. 대만 당국이 아무리 대만의 독자성을 보유하기를 원한다 해도 중국의 흡

인력에 끌려가는 기업들의 이전을 막을 수는 없을 것이다. 대만은 중국에 대한 투자가 결과적으로 산업공동화를 초래할 것이라는 사실을 잘 알고 있다. 이 때문에 정치적 요인이 아니더라도 투자를 경계해왔던 것이다. 그러나 시간이 지나면서 뾰족한 수가 없다는 사실 또한 잘 알게 되었다. 적극 개방을 통해 사업구조 고도화를 추진하고 투자를 유효하게 관리하는 수밖에 없는 것이다.

  이 점을 잘 알고 있는 중국은 여유를 부리고 있다. 그러나 중국이 가만히 있는 것만은 아니다. 중국 정부도 2002년 3월 대만의 창화은행(彰化銀行 Chang Hwa Bank)과 세화연합상업은행(世華聯合商業銀行 United World Chinese Commercial Bank)의 중국 주재사무소를 허가하기로 했다. 이 두 은행은 2001년 대만 재정부에서 중국 사무소 설치를 허가한 8개 은행에 포함된 것이었다. 결국 대만의 투자와 자금은 중화경제권이라는 거대한 용광로 속에서 활동하지 않을 수 없다는 것이다. 동아시아에서 신흥공업국이라는 말이 더 사용되지 않는 날이 다가오고 있다.

아시아 경제, "힘의 이동"

4. 동남아시아와 중국 그 애증의 관계

중국의 위협은 동남아시아 결속의 주요한 이유

베트남은 기원후 거의 1,000여 년 동안 중국의 지배를 받았다. 중국은 베트남 문화의 모체였다. 태국의 조상들은 중국의 운남성에 살다가 한민족의 압박에 의해 현재의 태국 땅으로 밀려 내려왔다. 동남아로 기근을 피해 19세기에 흘러 내려온 중국인은 오늘날 동남아시아 경제를 형성했다. 그뿐이 아니다. 한때 징기스칸의 몽고제국은 오늘날의 미얀마를 지배했고 인도네시아까지 진격하기도 했다. 이 시기 원나라에서 캄보디아에 사신으로 갔던 주달관(周達觀)이란 사람은 진랍풍토기(眞臘風土記)를 기록해놓아 13세기 캄보디아의 사회상을 알게 해준다. 명나라 무장(武將) 정화가 이끄는 대선단은 말레카 해협을 돌아 아프리카의 동안(東岸)까지 항해하기도 했다. 이런 역사적 관계 속에서 중국은 언제나 '중국'이었고 동남아시아는 오랑캐였을 뿐이다.

19세기 중국의 화남 지역의 기근, 한발, 홍수로 인해 하와이의 사탕수수밭이나 캘리포니아 금광 주변에서 식당을 하기 위해 떠나간 유민도 있었으나 더 많은 사람들이 꿈을 찾아 동남아시아로 왔다. 이들은 21세기 들어서도 동남아시아로 이주했는데 20세기 광동성에서 배를 타고 새벽바다를 항해해온 사람들 중에는 싱가포르와 말레이시아의 홍륭그룹을 창업한 곽홍풍이란 청년도 있었고 인도네시아의 살림 그룹을 창업한 림소양도 있었다. 이들은 대양에서 외롭지만 꿋꿋이 항해하는 한 조각배와 같이 미지의 땅에서 근검절약하여 대기업을 일궈냈던 것이다.

중국이 공산화되었을 때 태국을 제외한 대부분의 동남아시아 국가들은 식민지 지배하에 있었다. 인도네시아는 네덜란드와 힘겹게 독립을 위한 투쟁을 하고 있었고 말레이시아와 싱가포르는 여전히 영국의 지배하에 있었다. 서머싯 몸이나 조셉 콘라드가 그랬듯이 영국의 문인이나 예술가들은 싱가포르나 페낭섬의 휴양지를 찾고는 했다. 이들이 남국의 태양과 바다를 즐길 때 동남아시아 현지인들은 농업에 기반을 둔 하늘의 선물에 만족하고 있었고 눈치 빠른 화교들은 부를 축적해갔다.

새로 독립한 동남아시아 국가들, 특히 미국의 강력한 지원을 받던 국가들은 비록 인도네시아에서 수카르노 대통령이 비동맹체제를 이끌고 있었지만 중국을 적대시하지 않을 수 없었다. 말레이시아는 중국인을 중심으로 한 말레이공산당이 밀림 속에서 영국군과, 나중에는 독립한 말레이시아 정부와 대립하고 있었고 태국에서도 1970년대 꺾어진 민주화에 좌절한 학생들이 밀림 속으로 들어갔는데 이들에게 바깥 세상의 소식을 전해준 것은 중국에서 보내는 방송이었다. 동남아시아 정부는 국내의 반체제 세력을 은근히 지원하는 중국과 갈등했고 더욱이 1970년대 인도차이나 반도가 공산화되었을 때는 아세안 정상들은 부랴부랴 두 번째 정상회의를 열어 현실적인 중국의 위협에 공동으로 대응해야 한다고 생각했다. 동남아시아가 아세안을 결성하고 활성화한 것은, 적어도 1990년대 전까지는 중국에 대한 공동대처가 주요한 목적이었다.

현실적으로 서로 필요한 존재로서 중국과 동남아시아

중국과 동남아시아의 경제 관계는 1970년대 말 동남아시아 각국이 중국과 외교 관계를 수립하면서 정상화되기 시작했다. 닉슨 대통령 시절의 미―중국 관계 정상화에 이은 것이었다. 1970년대 말이면 중국이 개방을 하기 시작했고 이에 맞추어 동남아시아 화교 기업의 대 중국 투자가 시작되었다. 동남아시아의 화교 기업인들은 중국이 개방을 하자 1차적으로 고향에 병원이나 학교를 건설하면서 중국 당국과 관계를 개선하고 부동산 개발, 유통업, 농가공업, 제조업 등으로 분야를 확대해갔다. 1990년대 들어서는 싱가포르와 같이 정부 차원에서 투자를 하기도 했다.

동남아시아의 화교 기업인들은 홍콩을 근거지로 하여 중국에 진출하기 시작했다. 홍콩은 기업활동에 규제가 적었기 때문에 규제를 싫어하는 화교자본에게는 사업거점으로 안성맞춤이었다. 화교 기업들은 홍콩의 사업이 안정되면 이를 근거로 하여 다시 사업망을 확대해나갔다. 홍콩에 진출한 중요한 화교 기업인들로서 로버트 콱은 홍콩 사업을 케리그룹(Kerry Group) 산하로 묶어 말레이시아와는 독립적으로 운영해나갔고, 살림그룹의 퍼스트 퍼시픽(First pacific)도 홍콩에서 독립적으로 해외 사업을 추진했다. 말레이시아의 홍륭그룹은 홍콩에 구오코그룹(Guoco Group)을 두고 싱가포르, 중국, 필리핀 사업을 전개했으며 태국의 CP도 홍콩의 CP폭판드 사가 중국 사업의 지주회사 역할을 했다. 인도네시아 시나르 마스그룹의 2세 중 한 명은 홍콩에 상주하고 있었다. 그 사이에 중국 경제는 고도성장을 했고 외국의 기업들도 점차 중국으로 진출하기 시작했다. 일부 화교 기업인들은 외국자본의 향도 역할을 했는데 특히 태국의 CP그룹은 그런 점에서 주목을 받았다.

1990년대 중반 이후 국제 문제에서 경제가 정치·군사적인 문제보다 더 중요해지면서 중국과 동남아시아의 관계는 급속히 개선되었다. 1996년 7월 중국은 아세안의 전면적 대화 상대국이 되었고 1997년 12월 쿠알라룸푸르의 아세안정상회의에 '아세안+3'의 일원으로 처음 참석했다. 그리고 1997년 태국에서 외환 위기가 발생하면서 중국은 태국에 10억 달러를 지원했고, 인도네시아에도 상당한 규모의 지원을 약속했다. 중국이 갑자기 구원자로 등장한 것이다. 아세안은 중국을 현실적으로 두려워하면서도 중국의 부상을 막을 아무런 방법이 없다

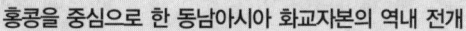

홍콩을 중심으로 한 동남아시아 화교자본의 역내 전개

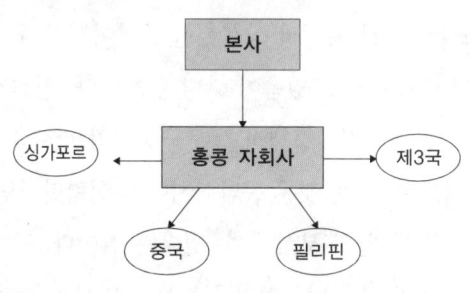

는 사실을 잘 알고 있다. 일본의 부진, 미국의 자유주의적 정책에 대한 반발은 당연히 아세안이 중국에 경도한 원인이 되었다.

한 예로 2002년 3월 외환 위기의 고통에서 아직 벗어나지 못한 인도네시아의 메가와티 대통령은 취임 후 중국을 아시아 순방의 첫 기착지로 삼았다. 물론 아시아 순방에서 그는 북경과 평양 그리고 서울을 방문하여 남북간 대화 창구의 일역을 맡기도 했지만 순방의 가장 핵심은 중국 방문이었다. 그녀가 중국에 간 것은 다양한 의미가 있었다. 수카르노 전 대통령은 1950년대 세계 비동맹회의의 지도자이었고 그 뒤를 이은 수하르토 대통령은 중국과 적대적 관계를 유지했다. 그녀의 북경 방문에서 특히 주목을 끌었던 것은 중국이 인도네시아에 4억 달러의 차관을 제공하기로 한 것이었다. 양국의 경제협력을 증진하고 인도네시아의 경제 개발을 증진하기 위한 이 4억 달러의 차관은 중국의 대 동남아시아에 대한 영향력 확대의 또 다른 시금석이 될 것이고 동남아시아 국가의 대 중국 의존의 한 이정표가 될 것이었다. 이렇게 양측은 서로 필요하기 때문에 가까워지고 있는 것이다.

중국은 중국대로 동남아시아의 협력과 지원이 필요하다. 역사적으로 중국인들에게 체화되어 있을 중화사상 때문에 동남아시아에 대한 영향력을 확보하려 한다는 평가도 있을 수 있다. 실제로 중국은 19세기 이후 쓰라린 역사 속에서 상실했던 동남아시아에 대한 영향력을 되찾아야 한다고 생각하고 있음이 분명해 보인다. 현실적으로 동남아시아는 중국에게 정치적 · 경제적으로 긍정적인 협력의 대상이 된다. 가장 먼저 생각할 수 있는 것은 동남아시아와 협력한다면 중국은 국제적인 강대국으로 더 빨리 부상할 수 있다는 점이다. 장기적으로 미국과의 세력 균형을 위해 동남아시아 국가들과 미국의 관계를 중국 쪽으로 더 유인할 필요가 있을 것이다. 더구나 국제무대에서 동남아시아의 지원을 얻을 수 있다면 금상첨화가 된다.

경제적으로 동남아시아는 중국에게 자원의 공급처가 될 수 있다. 중국이 고도성장하면서 이미 석유자원 등의 장기 조달 문제가 현안으로 부상하고 있다. 동시에 중국의 장기적 경제 개발에 필요한 내륙이나 서부 개발은 동남아시아와의 협력을 통해 더 빨리 진척될 수 있다. 사천성과 운남성 등은 인도차이나 반도와 지리적으로 밀접한 관계를 맺고 있다. 중국이 2000년대 이후 동남아시아 국가와 협력하여 메콩강 개발 계획에 관심을 확대하고 방콕으로 연결되는 교통로를 확충하는 것은 서부 대개발 차원에서 필요하기 때문이다. 동남아시아에는 또한 화교자본이 포진해 있다. 비록 외환 위기 이후 동남아시아의 화교자본이 상당한 타격을 입었으나 그래도 그들의 경영노하우, 자금력, 역내·외의 네트워킹은 위력적이다. 중국은 세계의 화교네트워크를 연결해야 한다고 보고 있으며 화교네트워크 연결에 가장 효과를 낼 수 있는 지역이 바로 동남아시아이다.

급증하는 중국의 대 아세안 무역

중국과 동남아시아의 관계가 호전되면서 양측의 교역도 급증했다. 외환 위기 이전의 양측의 경제협력의 초점은 동남아시아 화교 기업의 투자였으나 외환 위기로 화교 기업이 타격을 받으면서 투자는 거의 중단되었고 경제협력은 교역 쪽으로 이동한 것이다. 실제로 중국의 대 동남아시아 교역은 중국 전체의 교역보다 빨리 증가하고 있다. 2001년 현재 중국의 동남아시아 6개국에 대한 수출은 178억 달러, 수입은 229억 달러에 이르고 있는데 이는 1998년의 102억 달러와 125억 달러에 비해 각각 75% 및 82%가 증가한 것이다.

국가별로는 싱가포르와 100억 달러 이상의 교역 실적을 기록했고 말레이시아와는 90억 달러 이상, 그리고 태국·인도네시아와는 각각 약 70억 달러의 교역 규모를 보이고 있다. 싱가포르와의 교역은 2001년 약간 증가하는 데 그쳤고, 대신 말레이시아와 태국과의 교역은 대폭적인 수출 증가에 힘입어 크게 증가했다. 대 인도네시아 교역은 수출이 7.0%, 수입이 11.7% 감소한 것으로 나타난다. 이 수입 감소는 유가 하락 때문이고 수출 감소는 인도네시아 경기 부진 때문이다.

중국과 아세안의 교역에서 나타나는 한 가지 특징은 중국이 싱가포르와 베트남 외에는 무역수지 적자를 기록하고 있다는 점이다. 중국은 싱가포르와의 교역에서 1998년 적자를 기록했으나 이후 흑자로 돌아섰다. 말레이시아·태국·인도네시아와는 중국이 지속적으로 적자를 기록하고 있으며 시간 경과에 따라서 적자 폭은 계속 증가하고 있다. 필리핀과는 중국이 흑자를 기록하다 적자로 돌아섰는데 적자 폭이 급격히 증가하고 있다. 베트남과는 흑자를 기록하고 있으나 그 폭은 증가하지 않고 있다. 중국은 필리핀에는 1999~2000년 동안 연 평균 80%의 수입을 확대했고 베트남에 대해서도 2000년의 경우 162%의 수입 확대를 했다.

중국과 동남아시아의 무역구조에서 볼 수 있는 또 다른 특징은 산업 내 무역 형태가 나타난다는 것이다. 물론 중국의 인도네시아로부터의 최대 수입 제품은 2000년 10.7억 달러를 수입한 석유였고 그 다음은 7.2억 달러를 수입한 목재, 그리고 펄프 및 제지 등이었듯이 서로 다른 상품의 교역이 현저하다. 그러나 싱가포르·말레이시아·태국과 중국 간의 가장 주요한 교역 상품은 IC류를 비롯한 반도체, 일반 기계

중국의 대 아세안 국가와의 수출입

(단위: 백만 달러, %)

	1998	1999	2000	2001
싱가포르				
수출	3,849	4,503(17.0)	5,755(27.8)	5,795(0.7)
수입	4,226	4,062(-3.9)	5,060(24.6)	5,143(1.6)
무역수지	-377	441	695	652
말레이시아				
수출	1,584	1,675(5.7)	2,565(53.1)	3,223(25.7)
수입	2,675	3,607(34.8)	5,480(51.9)	6,206(13.2)
무역수지	-1,091	-1,932	-2,915	-2,983
태국				
수출	1,132	1,437(26.9)	2,244(56.2)	2,504(11.6)
수입	2,423	2,782(14.8)	4,380(57.5)	4,713(7.6)
무역수지	-1,291	-1,345	-2,136	-2,209
인도네시아				
수출	1,168	1,779(52.3)	3,061(72.0)	2,847(17.0)
수입	2,462	3,051(23.9)	4,402(44.3)	3,888(-11.7)
무역수지	-1,294	-1,272	-1,341	-1,041
필리핀				
수출	1,492	1,380(-7.5)	1,464(6.1)	1,622(10.8)
수입	517	908(75.5)	1,677(84.8)	1,945(16.0)
무역수지	975	472	-213	-323
베트남				
수출	927	964(6.8)	1,537(59.5)	1,805(17.4)
수입	217	354(63.0)	929(162.2)	1,010(8.7)
무역수지	710	610	608	795
계				
수출	10,152	11,738	16,626	17,796
수입	12,520	14,764	21,928	22,905
무역수지	-2,368	-3,026	-5,302	-5,109

주: ( ) 안은 증가율.
자료: 무역협회, KOTIS.

등이었다. 이들 제품에 대해서는 양측이 동시에 수출을 하고 있는 것이다. 이러한 산업 내 무역은 양측간에 일종의 수평적 분업 형태가 태동하고 있음을 나타내는 것이고 세계 시장에서 양측이 경쟁을 하고 있지만 쌍방간 교역에서는 서로 이익을 줄 수 있다는 것을 의미하기도 한다.

중국과 아세안은 2001년 말 향후 10년에 걸쳐 중국—아세안 자유무역지대를 창설하기로 합의했다. 동남아시아는 중국의 WTO 가입으로 세계의 자원이 중국에 집중되는 것을 우려하고 있다. 실제로 동남아시아에 대한 투자가 중국으로 전환되면 동남아시아에 큰 타격이 아닐 수 없다. 중국은 아세안의 우려를 고려해 양측의 자유무역지대(FTA) 창설을 제의했고 양측은 약 1년간의 공동연구를 통해서 2001년 11월 「아세안+3」회의에서 향후 10년 내에 FTA 창설에 합의했다.

중국—아세안 자유무역지대는 중요한 경제통합체로 등장할 전망이다. 인구만 보더라도 17억 명으로 세계 최대이고 GDP 규모도 2조 달러 이상, 전체 교역 규모는 1.2조 달러에 이르는 거대한 시장이기 때문이다. 양측은 먼저 정보기술 투자, 인적자원 개발, 농업 개발, 메콩강 유역 개발 등 5개의 이슈에 대해 협상을 시작하기로 합의했다.

밀려오는 중국 상품

1990년대 중반부터 동남아시아에는 중국 관광객으로 넘쳐나기 시작했다. 동시에 중국의 소비재 상품들이 밀려오고 있었다. 2001년만 보더라도 중국의 수출 증가율이 수입 증가율보다 높은 나라는 말레이시아, 태국, 베트남 등이었다. 인도네시아와의 교역에서도 비록 수출입 모두 감소했지만 수출의 감소율이 더 적었음을 주목할 필요가 있다.

중국 제품은 처음에는 잡화·의류 등 경공업 제품이 들어왔으나 시간이 지나면서 가전, 오토바이 등이 진출하기 시작해 현지 기업이나 현지에 진출한 일본·한국·대만 기업을 위협하고 있다.

중국 소비재의 침투는 국가마다 상황이 다르다. IC 등 부품교역이 많고 마쓰시타·소니 등 일본제 브랜드 파워가 강한 말레이시아와 태국보다는 인도네시아, 필리핀, 베트남에 대한 침투 현상이 현저하다. 동남아시아에서 중국 제품의 가격은 일본이나 한국 제품에 비해 15~30% 정도 저렴한데 인도네시아·베트남 등 가격탄력성이 높은 지역에서 중국 상품은 소비자들에게 더 쉽게 접근하고 있는 것이다.

인도네시아에서는 세탁기·냉장고·에어컨·TV·VCD 등 다양한 중국 가전 제품이 유입되고 있고 시장점유율도 TV의 경우 30%가 넘고 세탁기와 냉장고도 10~20%에 달하고 있다.[19] 2000년에 들어서는 중국제 오토바이가 급격히 수입되어 20% 정도의 비중을 차지하고 있다. 베트남의 경우는 개방 초기인 1990년대 초부터 중국제가 밀수입 형태로 베트남 시장을 장악하기 시작했고 2000년부터는 중국제 오토바이가 수입시장의 약 60%를 차지하고 있다. 하노이나 호치민의 길거리를 뒤덮고 있는 일제 혹은 태국제 오토바이가 점차 중국제로 바뀌고 있는 것이다. 소득 수준이 낮은 베트남 인들에게는 가격이 일제의 1/3에 불과한 중국산 오토바이는 매력적일 것이 틀림없다. 말레이시아나 태국에 비해 가전 산업의 발전이 지체되고 소득 수준도 낮지만 인구는 많은 필리핀도 중국 전자 제품의 주요한 진출지이다. 필리핀에는 1995년에 중국의 격력(格力 Gree)이 진출한 이후 2001년 TCL이 판

---

19 丸屋豊二郞, 石川幸一, 「メイドインチャイナの 衝擊」, 日本貿易振興會, 2001. 11.

매거점을 설치할 때까지 이미 대부분의 기업들이 활동하고 있었다. 오토바이도 2001년 하순에는 시장점유율이 10% 미만을 보이지만 침투 속도는 더욱 빨라질 것으로 전망되고 있었다.

이들보다 못하지만 말레이시아와 태국에도 중국산 가전 제품이 유입되고 있다. 말레이시아에서 중국제 AV 제품은 2001년 하순 이미 10% 이상의 시장점유율을 보이고 있다는 것이 일본무역진흥회의 보고이다. 태국에서도 일본계 백화점은 중국제 제품을 취급하지 않지만 센트럴백화점 등 방콕의 현지 및 화교계 백화점에서는 중국산 자동세탁기나 냉장고들이 진열되어 있다.

동남아시아에서 중국 상품의 판매 증가는 동남아시아 시장의 여러 부문에서 시장을 지배하고 있는 일본이나 한국 기업에게는 위협이다. 동시에 일본·한국 기업의 틈바구니에서 자립적 성장을 모색하고 있는 현지 기업인들에게도 큰 위협이 되고 있는 것이다.

아시아 경제, "힘의 이동"

5. 동아시아 지역화 가능성 증대

중국의 증가하는 수입 흡수력

중국의 부상과 중국과 다른 동아시아 지역의 경제협력 관계를 고찰할 때 동아시아 경제의 미래가 곧 중국 중심의 지역통합으로 가게 될 것임을 쉽게 알 수 있다. 아메리카나 유럽이 지역통합을 해가기 때문에 외부 충격에 대한 지렛대 역할을 하기 위해서도 동아시아 국가들이 경제통합의 도정을 밟을 것이라는 사실을 다시 지적하는 것은 너무 진부한 일이다. 이런 외부의 요인 외에 내부에서도 중국을 중심으로 한 지역통합의 가능성은 높아지고 있다.

무역면에서 보면 1990년에서 2000년까지 10년 동안 동아시아의 무역구조가 급격히 변했음을 알 수 있다. 한국의 경우 1990년에 대일 수출 비율은 18.6%이고 중국과의 공식 무역은 없었다. 그러나 2000년에는 중국이 일본을 제치고 우리나라 제 2의 수출시장으로 부상했다.

중국이 어느 정도로 동아시아에서 급속도로 부상하고 있는가를 나타내주는 가장 극명한 사례이다. 홍콩의 경우 중국의 관문으로서 이미 1990년에도 대중 수출이 대일 수출을 추월했는데 2001년 대중 수출 비율은 40% 이상이며 대일 수출 비율은 6%대에 불과하다.

싱가포르를 비롯한 아세안 국가의 경우도 비록 절대 수준에서는 아직 낮지만 중국과의 관계는 급속도로 확대되고 있다. 2000년에 대중국 수출 비율은 말레이시아 3.1%, 필리핀 2.5%로 그 외는 모두 4% 선에 이른다. 동시에 그 비율이 급격히 증가했는데 싱가포르의 경우 1990년 1.5%에서 3.9%로 증가했고 태국·인도네시아·필리핀에서도 동일하다. 말레이시아는 다소 기복이 있으나 역시 증가 추세이고 단지 노동집약적 경공업 제품을 주로 수출하는 베트남만이 1995년 수준을 밑돌고 있다. 반면에 대 일본 수출 비중은 급속히 감소하고 있다. 자원 수출국인 인도네시아의 대일 수출 비중은 1990년 42.5%에서 2000년

동아시아 국가의 대 일본 및 중국 수출 비중 추이

(단위 : %)

	대 일본 수출 비중				대 중국 수출 비중			
	1990	1995	1997	2000	1990	1995	1997	2000
한국	18.6	13.6	10.8	11.1	0	7.3	10.0	11.8
홍콩	5.7	6.1	6.1	5.2	24.7	33.3	34.9	35.5
싱가포르	8.7	7.8	7.0	7.5	1.5	2.3	3.2	3.9
말레이시아	15.3	12.5	12.7	13.0	2.1	2.6	2.3	3.1
태국	17.2	16.6	15.2	15.7	1.2	2.9	3.0	4.3
인도네시아	42.5	27.0	23.3	23.2	3.2	3.8	4.1	4.5
필리핀	19.8	15.8	16.6	14.6	0.8	1.2	1.0	2.5
베트남	13.4	26.8	18.2	18.4	0.3	6.6	5.2	4.8

자료 : IMF, DOT(한국무역협회 KOTIS통계 데이터 사용 작성).

23.2%로 급감했고 싱가포르·말레이시아·태국·필리핀 등의 대일 수출 비중은 감소하고 있다. 역시 베트남만이 예외적인 현상을 보이고 있을 뿐이다.

중국의 대 동아시아 수입 규모는 일본의 대 동아시아 수입보다 적지만 증가율은 더 높고 비중도 더 크다는 특성을 보인다. 중국은 2000년 동아시아 지역에서 961억 달러를 수입했고 일본은 1,350억 달러를 수입했다. 그러나 중국이 대 동아시아 수입 증가 속도에서는 일본보다 빠른 것으로 나타났다. 총수입에서 차지하는 동아시아 비율은 중국이 42.7%, 일본이 35.6%이다. 일본의 동아시아 수입 비중이 증가하지만 인구의 노령화를 고려할 때 수입 규모 자체가 계속 증가하지는 않을 것으로 전망되지만 중국의 대 동아시아 수입은 더 증가할 가능성이 있음을 시사한다.

실제로 1990년대 후반의 추세대로 아세안 국가가 일본과 중국에 수출을 한다고 가정할 때 2005년과 2010년의 대 일본 및 중국 수출을 전망해보면 싱가포르의 경우 대 중국 수출은 2005년이면 대 일본 수출

중국과 일본의 대 동아시아 수입 추이

(단위 : 억 달러, %)

		1990	1995	1998	2000
중국					
	금액	225	576	625	961
	비중	47.4	43.6	44.5	42.7
일본					
	금액	546	1,029	895	1,350
	비중	23.2	30.6	31.8	35.6

주 : 아시아는 일본, 중국, 한국, 홍콩, 싱가포르, 말레이시아, 인도네시아, 필리핀, 태국, 베트남.
자료 : IMF 무역통계.

일본과 중국의 대 아세안 수입 추이 및 전망

(단위 : 백만 달러, %)

	싱가포르	말레이시아	태국	인도네시아	필리핀	베트남
일본						
1995	6,846	10,545	10,130	14,199	3,495	1,716
2000	6,857	14,499	10,691	16,253	7,102	2,591
증가율	0.03	6.6	1.1	2.7	15.2	8.6
2005	6,867	19,958	11,292	18,569	14,409	3,914
2010	6,877	27,472	11,927	21,215	29,234	5,912
중국						
1995	3,398	2,065	1,611	2,053	276	332
2000	5,194	4,842	3,903	3,929	1,517	674
증가율	8.9	18.6	19.4	13.9	40.6	15.2
2005	7,955	11,361	9,472	7,532	8,335	1,367
2010	12,184	26,659	22,986	14,439	45,796	2,773

자료 : IMF, DOT를 이용 필자 계산.

을 넘어설 것이다. 태국의 경우도 2005년이면 대 중국 수출이 대일 수출과 비슷해질 것이다. 2010년이 되면 말레이시아·태국·필리핀의 대 중국 수출은 대 일본 수출을 상회하게 될 것이다. 물론 일본이 원자재를 의존하는 인도네시아의 경우 아직도 대 일본 수출이 대 중국 수출을 상회할 가능성이 있고 이는 베트남도 마찬가지이다.

동아시아 국가의 대 중국 투자 증가

1980년대 후반 이후 동남아시아 공업화의 근간이었던 일본 기업의 투자도 중국으로 전환하고 있다. 일본 경제의 둔화와 아시아 외환 위기로 일본 기업의 대 아세안 투자는 1997년 57억 달러를 기록한 이후 2000년까지 지속적으로 감소했다. 2001년에는 싱가포르에 대한 투자가 전년의 4.2억 달러에서 10억 달러로 급증하면서 대폭 회복된 것으로 나타나고 있지만 완전한 추세 전환인지는 분명하지 않다. 중국에 대한 투자도 1990년대 중반 44억 달러 이상에 이르렀으나 이후 지속적으로 감소했다. 일본의 엔고 현상이 해소되면서 엔화표시의 투자가 달러표시로 감소한 측면도 있지만 엔화 약세가 기업들의 투자의지를 축소시킨 결과이기도 하다. 또한 1997년 이후에는 동아시아의 경제 위기로 일본 기업들이 투자를 회피하기도 했던 것이다. 그러나 2000년 중국 투자는 1999년보다 증가했고 2001년에도 2000년 대비 45% 정도 증가하여 14.8억 달러에 이르고 있다.

대만 기업의 대 중국 투자는 1990년대 초반부터 대 아세안 투자를 능가하고 있다. 대만의 공식통계로 본 대 중국 투자는 2001년 27.8억 달러였으나 대 아세안 투자는 5.2억 달러에 불과했다. 더욱이 중국과 경쟁 관계에 있는 태국과 인도네시아에는 1,600만 달러, 600만 달러

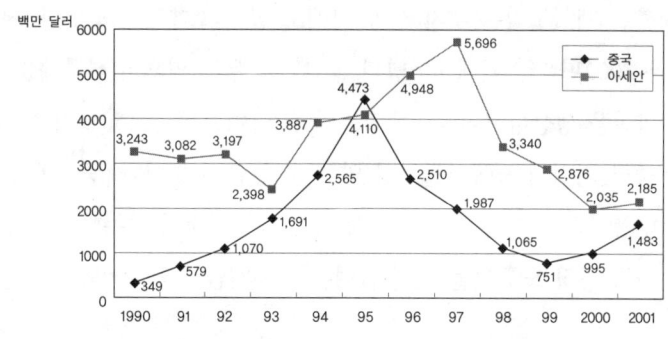

일본의 대 중국 및 아세안 직접투자 추이

자료 : JETRO.

정도가 투자된 데 불과했다.

　한국의 해외 투자도 기존 동남아시아에서 중국으로 전환하고 있다. 한국은 1980년대 말 동남아시아에 우회수출형 노동집약적 투자에서 1990년대 중반 자본집약적 내수형으로 전환을 모색했다. 자동차·철강·가전·석유화학 등이 그런 업종들이었다. 그러나 외환 위기 발생으로 자본집약적 투자는 곤경에 처했고, 대 동남아시아 투자에 대한 전략이 부재한 상태에서 중국 시장의 잠재력이 부상하게 된 것이다.

　한국의 투자 기업의 상당수는 당초 노동집약적 경공업이었으나 시간이 지나면서 고도화되고 있다. 초기에 진출했던 노동집약적 업체의 상당수는 오히려 철수하고 있는 상황이다. 한국의 투자는 초기에는 심천의 동완, 혜주 등 화남경제권으로 몰렸으나 점차 북쪽으로 이전하기 시작했고 지금은 북경, 상하이, 천진, 청도 등이 한국 기업의 집중적인 진출 지역이 되었다. 이 지역이 한국과 거리상 가깝다는 점이 주로 작용한 결과였다. 천진에는 2002년 중반 현재 한국인만 25,000명이 거주하고 있을 정도가 되었다.

　삼성그룹은 천진에서 활발한 투자를 하고 있는데, 1996년에 천진에 진출한 제일모직은 투자 성공 사례로 널리 소개되기도 했다. 제일모직은 2002년 7월 현재 736명의 종업원을 두고 있으며 하루에 1,000벌의 양복을 생산하고 있다. 종업원의 월 급여는 평균 150달러로 이는 인근 중국 기업의 노동자들보다 약 20% 높은 수준이다. 중국에는 노동력이 풍부하기 때문에 임금 인상 압력은 존재하지 않는다.[20] 제일모직의 한국 공장 노동자들의 월 급여는 최저임금인 약 400달러 이상이

20　*The Asian Wall Street Journal*, 2002. 7. 23.

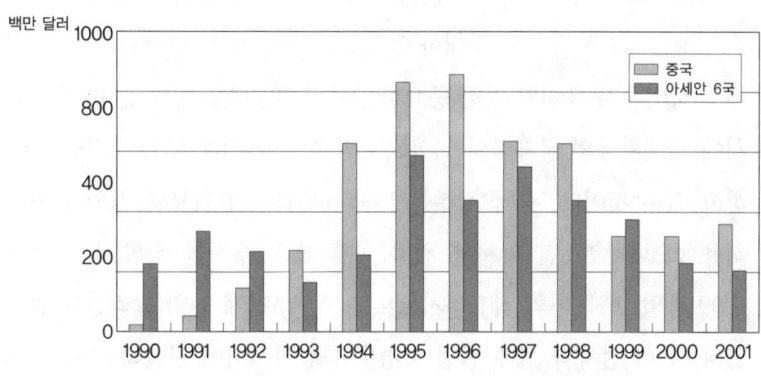

주 : 2001년의 경우 11월 말 누계실적.
자료 : 수출입은행, 해외 투자 통계.

었다. 제일모직은 2001년 순이익을 기록했는데 한국에서 섬유 산업이 사양 산업으로 인정되고 있다는 점에서 예외적이고 이는 중국에서 생산했기 때문이라고 회사측은 평가하고 있다. 중국에서의 생산은 약 7%만이 중국 현지에서 판매될 뿐 나머지는 유럽이나 일본 등으로 수출되고 있는 실정이다.

중국 기업의 대 동아시아 진출

중국이 한국의 반도체업체인 하이닉스를 인수할 수도 있다는 소문이 2001년 말 한국의 증시 주변이나 아시아를 맴돌았다. 반도체 산업에서 한 단계 질적 수준 제고를 소망하고 막대한 외환보유고를 가진 중국이 부실기업이지만 중국의 반도체 산업을 한 단계 제고시킬 수 있는 기술을 가진 하이닉스를 인수하여 경영하거나 생산설비를 중국으로 이전해갈 수 있다고 보았기 때문이다.

　이와 같은 관측은 전혀 근거가 없는 것도 아니었다. 실제로 중국은 해외 투자를 급속히 확대하고 있었기 때문이다. 중국의 경제 발전에 외국인투자 유치가 가장 중요한 요소로 자리잡고 있기는 하지만 동시에 경제활동의 국제화와 국유기업의 개혁을 위해 해외 투자를 장려하고 있는 것이다. 중국 정부는 1985년부터 제한적으로 해외 투자를 허용했으나 1997년 아시아 위기 이후 해외 투자를 적극 장려했다. 1999년 말 현재 해외 직접투자 건수는 5,976건에 69억 달러를 웃돌고 있다. 특히 전자와 섬유 산업의 경우 동남아시아에 진출하여 이미 이 지역에 진출한 일본 및 신흥공업국 기업들과 현지 내수 시장을 놓고 경쟁하고 있다.

　1990년대 중반까지 동남아시아의 화교 기업의 대 중국 투자가 활발했으나 2000년부터는 중국 기업의 대 동남아시아 투자가 증가하고 있다. 중국의 개방과 함께 동남아시아 화교자본의 대 중국 투자가 활성화되었으나 외환 위기 이후 화교자본이 타격을 받으면서 신규 투자

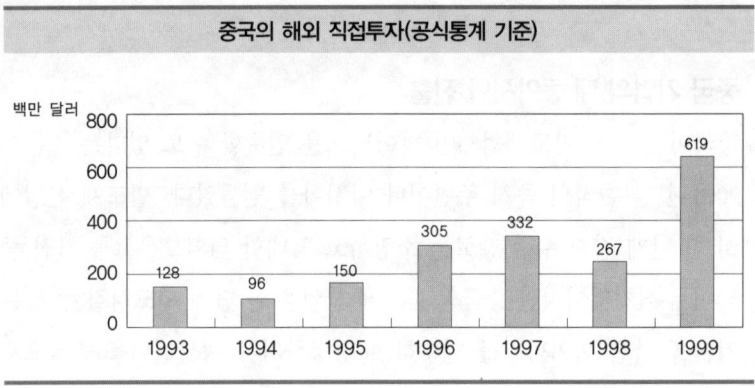

가 주춤하고 있는 대신 오히려 생산과잉 상태의 중국 국유기업이 동남 아시아 투자를 추진하고 있다. 2001년에 승인된 중국 기업의 투자는 말레이시아에서 7.6억 달러(10월 말 현재), 태국에서 2.1억 달러 정도로, 전년 대비 86배(말레이시아), 23.7배(태국)에 이르고 있다.

특히 중국 내에서 경쟁이 치열한 전자 산업의 경우 창훙(長虹), 캉쟈(康佳), TCL 등이 인도네시아나 베트남에서 현지 생산을 통해 현지 내수 시장을 공략하고 있다. TCL은 2000년 11월 연산 30만 대의 베트남 TV 공장을 준공했고, 창훙은 2000년 9월부터 인도네시아에서 TV를 생산하고 있다. 이들이 베트남과 인도네시아를 선택하는 이유는 태국이나 말레이시아에 비해 소득 수준이 낮고 인구가 많은 이 나라들이 아직은 가격경쟁력을 경쟁우위 요소로 삼고 있는 중국 업체들에게 더 적합하기 때문이다.

중국의 고도성장으로 중국 내 원유 생산량이 수요를 충족시키지 못하자 석유회사들도 해외진출을 시작했다. 〈아시안 월 스트리트 저널〉의 보도에 의하면[21] 중국의 석유회사인 CNOOC는 2002년 1월 인

중국의 대 말레이시아 및 태국 직접투자(승인 기준)

(단위 : 만 달러)

		1999	2000	2001
말레이시아				
	건수	5	8	7
	금액	304	888	76,805
태국				
	건수	7	8	12
	금액	1,333	874	20,690

주 : 말레이시아의 2001년은 10월 말 누계.
자료 : 말레이시아 및 태국의 투자유치기관 자료를 달러로 환산.

도네시아의 5개의 유전 및 가스전의 일부 지분을 스페인의 Repsol YPF 사로부터 5억 8,500만 달러에 매입하기로 합의했다. 연 1억 톤의 원유 및 가스를 생산하는 중국 최대 석유회사인 페트로차이나 (PetroChina)도 미국의 데본에너지(Devon Energy)사가 소유하고 있는 인도네시아의 6개의 유전의 지분을 2억 1,600만 달러에 매입했다. 2002년 이 유전에서 생산할 규모는 80만 톤에 불과하여 페트로차이나의 연생산 능력에 비하면 미미하지만 중국이 2001년 원유를 6,000만 톤이나 수입했고 2010년에는 1억 톤 정도 수입할 전망이라는 점에서 자원의 안정적인 확보를 위한 하나의 출발을 한 것이다. 또한 페트로차이나는 2002년 3월 인도네시아 정부석유회사인 페르타미나 (PERTAMINA)의 원유 탐사를 지원한다는 합의를 했다.

중국의 대 동남아시아 투자는 2002년 중반 현재 아직은 시험적인 것으로 보인다. 전자업체들의 동남아시아 투자는 동남아시아가 아세안자유무역지대를 구체화하자 이에 대응하는 수단으로서 생산비가 저렴한 베트남이나 인도네시아에 투자를 한 것이다. 동시에 인도네시아 자원 분야에 대한 투자는 장기적으로 석유를 확보하기 위한 전략적 차원에서 이루어지고 있다. 그러나 중국의 투자가 곧 보다 선진 형태의 투자, 즉 시장개척과 선진기술 습득 그리고 효율 추구를 위한 투자로 바뀔 것이다. 중국의 막대한 외환보유고는 이를 가능케 하는 기본 요소이다. 동아시아에서 가장 선진국인 싱가포르의 산업무역부가 2001년 발표한 싱가포르 연간 경제보고서는 싱가포르가 중국의 투자를 유치하기 위해 경쟁적인 산업클러스터(집적)를 만들어내고 투자환경을

---

21 *Asian Wall Street Journal*, 2002. 4. 16.

개선해야 한다고 역설하고 있다.[22] 여러 가지 상황을 살펴보더라도 중국 기업이 주도하는 역내 분업이 곧 현실화될 수 있을 것이다.

수직적 분업에서 수평적 분업으로

동아시아 경제가 중국 주도로 과거의 세계화보다는 지역화 경향을 강화하면서 전개되면 동아시아 내의 산업 분업도 변하게 될 것이다. 지금까지 동아시아의 산업 분업은 일본이 NICs와 동남아시아 국가를 수직적 분업의 형태로 종속시킨 것이었다. 그 결과 NICs, 특히 한국과 대만은 일본에 무역수지 적자를 기록했고 태국·말레이시아 등 동남아시아 국가도 대 일본 적자를 벗어나지 못했다. 또한 NICs도 일본에 이어 동남아시아의 일부 부문에서 수직 관계를 형성하고 무역수지 흑자를 기록하고 있었다.

이러한 수직적 구조는 당분간 유지되겠지만 전체적으로는 중국과의 교역에서 동아시아 국가는 수평적 분업 형태로 나갈 것이다. 중국이 부상한다 해도 상당 기간 일본, NICs가 중국에게 부품을 공급하는 수직 분업의 형태를 보일 수도 있으나 중국의 대규모 대 일본 흑자에서 보듯이 노동집약적 경공업 제품을 공급하여 수직 분업에서 하위 국가가 갖는 불리함을 극복할 수 있다.[23] 특히 경쟁 관계에 있는 중국과 동남아시아 간에는 수평적 분업 형태가 더욱 분명해질 것이다.

이와 같이 수평적 분업 체제가 구체화된다고 해도 동아시아 국가

---

22 MTI, "China's Rising Investment in Southeast Asia: How Asean and Singapore Can Benefit?", Economic Survey of Singapore, 2001 Annual, pp. 99~116.
23 중국의 통계에서는 대일 무역이 균형을 이루고 있는 것으로 나타난다. 그러나 일본측 통계를 기준으로 하면 일본은 2000년 100억 달러 이상의 적자를 기록했다.

들의 경제 여건이 수직 분업에 비해 개선되지 않을 수도 있다. 즉 과거의 수직적 통합에서 후발국은 선발자를 추격하면 되었지만 이제는 모두가 경쟁하는 관계로 들어가게 된다는 것이다. 현재 중국이 동남아시아로부터 수입을 확대하고 있으나 현실적으로 동남아시아 국가들이 중국에 공산품을 수출한다는 것은 쉬운 일이 아니다. 중국은 자기완결형 공업구조를 구축해갈 것이기 때문이다. 이 점에서 동남아시아 국가는 산업구조 개편이 더욱 절실해지고 일부 부문에 특화하지 않을 수 없게 될 것이다.

결국 동아시아 선발국들의 혁신 능력 개발이 다시 한 번 강조되지 않을 수 없다. 일본이나 한국 등이 그 동안 수출 주도에 집중하느라고 개발하지 못했던 서비스 산업의 육성, 사회 전반의 개혁을 통한 창의성 회복 등이 필요하다. 또한 동남아시아에서는 그 동안 무시했던 농업 부문의 생산성 향상에 주의를 기울일 필요가 있다. 농업 부문의 생산성 상승은 이 지역의 소득 분배를 개선하는 중요한 방법이기도 하다. 동아시아 국가들은 또한 중소기업 문제에도 다시 한 번 관심을 기울여 이들의 발전이 내수 기반 강화에 도움이 될 수 있다는 사실을 확인해야 한다.

Part V

동아시아 경제의 미래를 위해

■■■ 그렇다. 만약 무력이 각 국가 정책의 주된 도구 역할을 계속하는 경우, 만약 각 나라가 제각기 국경을 경계로 그 안에서 독자적인 행동을 계속하면서 영토 확장욕에 몰두하는 경우, 만약 유럽국가연맹이 윌슨이 원하는 것처럼 상호 교역의 자유와 관세장벽의 철폐를 인정하면서 경제적 평화를 이루지 못할 경우, 만약 국제적 무정부주의가 완전히 막을 내리지 못할 경우, 만약 각 국민이 일치단결해서 자국의 정부로 하여금 법에 기초를 둔 전체의 질서에 복종하도록 하지 못할 경우 ─ 그 때는 모든 것을 다시 시작해야 하며, 지금까지 흘린 피가 온통 헛것이 되고 말 것이다. (로제 마르탱 뒤 가르, 「티보가의 사람들」에서)

■■■ 동아시아는 세계에서 급속히 뚜렷하고 중요한 지역이 되었다. 새 천년의 시대에 세계화, 정보혁명, 지역간의 심화되는 독립성 등의 불가피한 추세에 의해 동아시아는 지역내 협력이라는 새로운 도전이자 기회를 맞고 있다. (동아시아비전그룹(EAVG), "동아시아 공동체를 향해", 2001년)

아시아 경제, "힘의 이동"

1. 동아시아의 경제협력의 현황

분열된 동아시아 국가

제1차 세계대전의 전후를 다룬 대하 8부작 『티보가의 사람들』은 작가가 거의 20년 동안 심혈을 기울여 써낸 소설이다. 제1차 세계대전을 맞는 프랑스의 한 상류 가정의 형제를 중심으로 전개되는 소설은 전쟁의 참혹함과 전쟁으로 휩쓸려 들어가는 유럽의 정세를 다뤘는데 주인공 자크는 전쟁 반대 전단을 뿌리려다가 허무하게 죽어가고, 그의 형 앙트안느도 군의관으로 참전한 전쟁터에서 독가스를 마시고 부상한다. 전쟁터에서 돌아와 죽음을 기다리는 앙트안느의 일기가 중심이 된 8부 에필로그가 출판된 것은 1940년이었다. 작가는 여기서 유럽의 협력과 통합이 필요하다고 역설하고 있다. 그 후 60년이 흐른 2000년 유럽에서는 작가의 희망대로 관세장벽이 철폐되었고, 개별 국가가 유럽 전체의 질서에 어느 정도 복종하고 있으며 나아가 하나의 통화를 쓰는 통합체로 발전했다.

동아시아에서도 1960년대 이후 역내협력과 관련된 다양한 아이디어가 제시되어왔으나 2002년 현재까지 구체화된 사례는 많지 않다. 아직도 명맥을 유지하고 있는 제도로서의 협력 중 가장 먼저 시작된 것은 1967년 창설된 '동남아시아국가연합(아세안)'이다. 아세안은 1967년 창설된 이후 1992년 이전까지 경제적 협력체라기보다는 정치적 협력체로서의 기능이 더 컸다.

경제적 측면에서 산업과 무역을 중심으로 협력을 위한 시도가 없었던 것은 아니었으나 회원국의 대외 경제 관계가 미국이나 일본을 중심으로 전개되고 있었기 때문에 큰 효과는 없었다. 예컨대 아세안은 역내무역협력을 강화하기 위해 1978년 특혜무역협정(PTA)을 추진했으나 회원국들의 무역이 외부지향적이어서 역내무역은 확대되지 못했다. 경제적으로는 1960년대 이미 일본 학자들이 아시아태평양지역의 통합을 주장하기도 했으나 큰 반향을 불러일으키지는 못했다.

1980년대 이전까지 동아시아가 협력의 틀을 마련하지 못했던 것은 아직 냉전체제에서 중국과 다른 국가들 간의 정치적 교류가 없었던 데 한 이유가 있다. 또한 중국이 1970년대 후반 경제를 개방하기 시작했으나 이 때는 일본이 경제적 주도권을 갖고 있었고, 일본의 식민 경험을 가진 한국·대만·동남아시아 국가가 일본 주도의 틀을 만든다는 데 쉽게 동의하지 않았다. 이 시기에 아시아 국가들은 역내 국가와 협력하기보다는 외부로 눈을 돌려 미국과 개별적으로 협력 관계를 유지해왔다. 미국은 동아시아 국가들이 세계화 과정에서 성장하는 데 시장을 제공했을 뿐만 아니라 냉전체제하에서 유효하게 정치적·경제적으로 동아시아 국가들과 쌍무적 관계를 유지하는 데 성공했다.

그러나 1990년대 들어 세계 경제의 블록화가 심화되면서 동아시아에서도 제도적 협력이 조금씩 확산되기 시작했다. 아세안은 1990년대 들어 우루과이라운드의 타결이 임박하고 본격적인 세계적 경쟁이 예상되자 기존의 정치 중심의 협력에서 경제 중심의 협력체로 전환하기로 했다. 동남아시아는 아세안자유무역지대(AFTA)를 추진했고 투자 및 산업 분야에서도 협력을 강화하기로 했다.

나아가 1997년에 발생한 아시아의 외환 위기는 대외로 눈을 돌리고 있던 동아시아에 역내협력의 필요성을 강력하게 환기시켰다. 동아시아는 이미 세계 GDP의 1/3을 생산하고 있으며 일본·중국·대만·홍콩·싱가포르 등은 세계 외환보유고의 약 절반을 보유하고서도 외환 위기를 막지 못하고 미국이나 IMF 등에 영향을 받았다는 반성을 하게 된 것이다. 이에 따라 아세안과 동북아시아 3국은 통상·금융 부문의 협력을 확대하고 있는 상황이다.

그러나 아직까지 동아시아는 세계 문제나 역내 문제에 동일한 견해를 갖고 있지 못한 것은 물론이고 미국의 영향력에서 벗어나지 못하고 있다. 일본과 한국에는 아직 미군이 주둔하고 있을 정도로 냉전의 후유증에서 벗어나지 못했고 미국의 아시아태평양 질서 구축 혹은 유지에 일정한 기여를 하고 있다. 중국은 강대국으로 부상하면서 장기적으로 미국과 대등한 관계를 유지할 계획을 세우고 있지만 동남아시아 각국은 복잡한 양상을 보인다. 싱가포르와 같이 불가피하게 세계화를 추진하지 않을 수 없는 국가는 미국과 자유무역협정을 체결하기 위해서 협상중이다. 태국도 오랫동안 미국과 가까운 사이였는데 미국이 베트남과 인도차이나 전쟁을 하고 있을 때 미국의 병참기지 역할을 했다. 인도네시아 또한 미국의 충실한 파트너였다. 수하르토가 권력 기반으로 삼았던 군부는 미국의 영향력을 받지 않을 수 없었던 것이다. 필리핀 또한 마찬가지다.

현재 독자적인 목소리를 내고 있는 나라는 말레이시아 정도에 불과하다. 오랫동안 말레이시아는 개도국의 대변자 역할을 해왔으며 특히 외환 위기 이후에는 정서적으로 서방 세계와 대립을 불사했다. 다소 극단적인 방법으로 자본통제를 하거나 미국 일방의 세계질서 운용에 대해 반론을 펴오기도 했다. 마하티르가 주장한 '아시아인의 아시아 혹은 아시아적 가치'는 아시아 내에서 보수층의 일정한 지지를 받기도 했는데 후일 일본 도쿄시장이 된 이시하라 신따로와『노라고 말할 수 있는 아시아』를 같이 저술하기도 했다. 그러나 그의 장기집권과 개발독재로 그의 '가치'에 대한 비판자들을 양산하기도 했다.

외환 위기 이후 통화스왑 체결

동아시아는 금융 측면에서 협력 메커니즘을 갖추지 못한 상태에서 외환 위기를 맞았으며, 위기 이후 외환 위기 재발을 방지한다는 차원에서 협력방안이 추진되고 있다. 대표적으로 아세안은 외환 위기 이후인 1997년 11월 필리핀에서 개최된 재무장관회의에서 역내 감시체제를 확립하기로 결정하고 이후 「아세안 경제모니터링 메커니즘(ASEAN Economic Monitoring Mechanism: AEMM)」으로 발전시킨다는 합의를 했다.

또한 외환 위기 발발 이후 일본을 중심으로 아시아통화기금(AMF)의 창설 논의가 있었다. 동아시아는 개별 국가 수준에서는 막대한 외화자산을 보유하고 있다. 2001년 말 현재 일본의 외환보유고는 3,900억 달러 이상이고 중국의 외환보유고는 2,200억 달러에 근접하고 있다. 대만·홍콩·한국의 외환보유고도 모두 1,000억 달러 이상에 이르고 있다. 이들은 모두 중앙은행의 금고에 쌓아두거나 미 재무부 채권과 같은 저수익자산에 투자하고 있는 것이다. 이들이 이렇게 외화자산을 쌓아놓고 있는 동안 동남아시아 국가들은 막대한 외화 부채 때문에 서구의 은행에게 고금리를 지불해야 한다. AMF는 바로 이러한 자산의 효과적인 운용을 가능하게 하여 동아시아 전체의 이익을 가져다 줄 수도 있다는 것이었다. 그러나 AMF 아이디어는 미국이나 IMF의 반대로 구체화되지 못했다.

대신 1999년 11월 마닐라에서 열린 제 2차 아세안+3 정상회의에서 동아시아 내의 포괄적인 금융협력을 진행하기로 합의했고 이의 후속 조치로서 2000년 5월 6일 태국의 창마이에서 아세안+3 재무장관회의를 열어 통화스왑협정을 체결하기로 한 '창마이 이니셔티브(CMI)'를 만들었다. CMI는 동아시아 지역의 유동성 지원장치로 쌍무적 통화스왑협정 체결을 주요 내용으로 하고 있었다. 외환 위기 직후 아세안은 자체적으로 2억 달러의 통화스왑 제도를 도입하고 있었는데 CMI를 발족시키면서 먼저 위기가 발생하면 통화스왑을 10억 달러로 확대하기로 합의하고 2000년 11월에 이를 발효시켰다. 이후 동아시아 국가들은 CMI에 따라 양자간의 쌍무적 통화스왑협정을 체결해가고 있는데 2002년 6월 말 현재 8건, 230억 달러 규모의 양자간 통화스왑이 체결되었다.

양자간 통화스왑협정 체결의 중심에는 일본이 있다. 일본은 이미 외환 위기 발생 직후인 1998년 10월 당시 대장성장관이었던 미야자와가 아시아의 통화 위기 극복을 위해 300억 달러를 지원하겠다고 한 미야자와구상을 국가 정책으로 갖고 있었기 때문이다. 일본과 한국이 맺은 통화스왑에는 50억 달러, 말레이시아와는 25억 달러의 미야자와 구상에 의한 지원이 포함되어 있다. 또한 일본의 통화스왑은 중국을 제외한 모든 국가와 일방적 형식으로 일본이 공여자이며 대상국이 수혜자인 형태를 취하고 있는 것이다.

한국도 중국과는 20억 달러 규모의 원—위안화 통화스왑협정을 체결했으며 쌍방간의 지원 형식에 달러로 전환 가능하도록 했다. 태국과는 10억 달러 규모의 로컬통화—달러의 쌍방간 협정을 체결했다. 한국은 2002년 6월 현재 필리핀·말레이시아 등과도 협상을 진행중이나 모두 쌍방간의 지원 형식을 취하고 있다.

동아시아의 통화스왑협정은 다자적으로 발동될 수 있는 네트워크를 만들어간다는 의미는 있으나 기본적으로 외환유동성 문제가 발생할 때 IMF의 지원을 전제로 하고 있다는 점에서 아시아 자체의 협력과는 다소 거리가 있다. 또 지원 한도가 결정되어 있기 때문에 대규모

동아시아 국가간 통화스왑 체결 현황(2002. 6 현재)

	지원통화	합의 시기	규모(억 달러)	지원 형식
일본-한국	달러/원	2001. 7	70	일방
일본-중국	엔/위안	2002. 3	30	쌍방
일본-태국	달러/바트	2001. 7	30	쌍방
일본-필리핀	달러/페소	2001. 8	30	일방
일본-말레이시아	달러/링깃	2001. 10	35	일방
중국-태국	달러/바트	2001. 12	20	일방
한국-중국	원/위안	2002. 6	20	쌍방
한국-태국	달러/로컬	2001. 6	10	쌍방

자료 : 윤덕룡, "동아시아 Regional Financial Arrangements(RFA)의 추진 현황과 한국의 대응과제",
「한국의 태평양경제협력외교: 방향과 전략」, 2002. 7. 12, 세미나 발표자료.

의 유동성 위기가 발생한다면 과연 이 정도로 문제를 해소할 수 있을 것인가의 과제가 있다.

다른 한편 동아시아는 외환 위기를 방지하는 하나의 수단으로 달러에 대한 의존도를 줄이기 위해서 다양한 방법을 모색해보았으나 큰 소득은 얻지 못했다. 일본은 엔의 국제화라는 차원에서 이를 접근하고 있으나 일본이 동아시아에서 무역흑자를 지속하는 한 엔의 국제화가 어렵다는 면이 있다. 유동성 위기를 방지하기 위한 근본대책으로서 발권력이 지지하는 긴급유동성 공급협정, 유동성 수요를 줄이기 위한 역내 통화결제협정 등이 필요하다고 인정되고 나아가 유럽과 같은 통화공동체를 형성하는 장기 방안이 논의되기도 했지만 그 길은 아직 요원하다.

논의만 무성한 국지적 지역협력

아시아 지역에는 다양한 국지적 경제권 형성이 거론되어왔다. 국지 경제권 개발로 관련 국가의 투자뿐만 아니라 역외 기업들의 투자를 유인할 수 있으며 특히 국지 경제권을 통해 생산되는 상품을 교역함으로써 역내무역의 촉진도 기대할 수 있다고 보기 때문이다. 국지적 경제협력의 핵심은 각 지역의 비교우위 요소를 결합하는 것이다. 지역별로 자원·노동력·자본·기술 등 생산요소의 부존 정도가 다르기 때문에 이를 결합하면 전 지역의 효율성을 제고할 수 있는 것이다.

국지 경제권으로 가장 먼저 등장한 것은 싱가포르, 인도네시아의 바탐섬, 그리고 말레이시아의 조호바루 주를 연결하는 성장의 삼각지대였다. 이는 1980년대 말부터 싱가포르의 자본과 기술, 인도네시아나 말레이시아의 노동력을 이용하기 위해 추진되었는데 싱가포르의 정부계 기업인 싱가포르 테크놀러지(Singapore Technologies)는 인도네시아의 살림그룹과 공동으로 바탐섬에 공업단지 바탐인도(Batamindo)를 건설하였다. 싱가포르의 부동산 개발자금은 싱가포르의 주말 휴양객이나 역외 국가의 관광객을 대상으로 하는 각종 리조트를 바탐섬이나 빈탄섬에 건설하는 데 쓰였다. 또한 인건비 상승으로 싱가포르의 많은 기업들이 인도네시아의 바탐섬이나 말레이시아의 조호바루로 이전해갔다. 조호바루로 연결되는 다리에는 아침이면 조호바루로 출근하는 여성 노동자들로 넘쳐나기도 했다.

이외에도 아세안에서는 개발하려는 목적이 무엇인지 불분명하지만 인도네시아의 수마트라, 말레이시아의 페낭과 태국 남부를 연결하는 지대를 개발하기 위한 논의도 일어났다. 1997년 외환 위기 이전 말레이시아는 말레이 반도에서 인도네시아의 수마트라로 수십 킬로미터에 이르는 교량을 건설하겠다는 장대한 계획을 세우기도 했던 것이다. 페낭섬은 관광과 공업을 기반으로 하고 있으나 태국 남부의 주 산업은 관광이며 따라서 공업 부문에서 협력의 가능성은 크지 않았고 관광객들이 양 지역을 오가고 있다. 성과는 별로 없지만 태국, 미얀마, 라오스, 중국 남부를 연결하는 북부의 4각지대, 인도네시아의 술라웨시, 필리핀의 민다나오와 보르네오를 연결하는 일대를 개발하려는 논의도 있었다.

아세안을 벗어나 살펴보면 메콩강 개발 계획이 ADB의 아이디어로 1990년대 초반 각광을 받았다. 중국의 운남성을 거쳐 미얀마, 라오스, 태국의 국경 지역인 골든 트라이앵글(황금의 삼각지대)을 지나 캄보디아와 베트남으로 흘러내리는 메콩강은 아시아에서 대표적인 국제하천이고 인도차이나의 개방과 빈곤을 해결한다는 명분도 작용하여

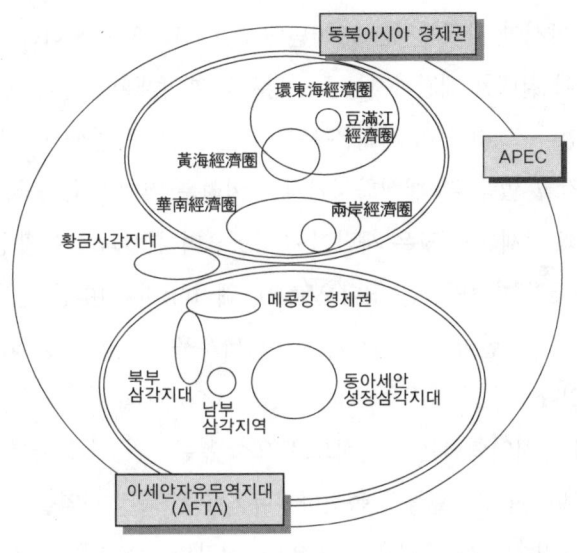

자료 : 박번순 및 유진석, 『아시아경제 재건을 위한 방안』, 삼성경제연구소, 1999.

ADB가 야심찬 프로젝트를 발굴하고 일부 자금을 지원하기도 했으나 외환 위기 이후 역내 국가의 자금 조달력에 한계가 발생했고, 이 장밋빛 계획에 대해서 역외 국가들이 관심을 기울이기는 했으나 막상 현지를 돌아보면 발을 빼고는 했다.

동북아시아에서는 홍콩, 대만, 중국의 화남 지역이 생산활동에서 강력한 통합을 이루어가고 있다. 명시적으로 관련 국가들이 어떠한 모토를 내걸고 시작한 것은 아니지만 화남 경제권은 홍콩과 대만의 자본 및 기술이 중국의 저렴한 노동력과 결합하여 세계적인 생산기지로 부상하게 된 사례이다. 광동성을 비롯한 화남 지역에서는 과거 꿈을 간

직한 채 동남아시아나 미주 지역으로 떠나갔던 젊은이들 대신 오히려 복귀하는 중국인으로 넘쳐났고 그래서 경제는 부흥하게 되었다.

동북아시아 지역에서는 1990년대 초 UNDP의 주도하에 북한, 중국, 러시아 일대를 개발하자는 두만강유역 개발계획이 한때 관심의 대상이 되었다. 그러나 이 계획은 북한이 근본적으로 변하지 않는 한 잠재력만 갖고 있을 뿐 현실화시키기는 어려운 것이었다. 중국과 한국 간의 황해 경제권도 많은 사람이 주장했으며 현실적으로 활성화되고 있다. 한국의 기업인들은 칭다오(靑島), 웨이하이(威海) 등 산동성으로 몰려가고 있고 한국의 인천시가 차이나타운을 건설하는 등 노력을 기울이고 있다.

국지적 지역협력은 기본적으로 요소 부존도가 서로 다른 지역(국가)을 연결하여 경제활동을 촉진하거나 낙후된 특정 지역을 공동 관심을 갖고 개발하자는 목적을 갖고 있다. 전자의 경우 대체로 시장에 의해서 사업이 추진되고 정부는 뒤에서 사업 촉진을 위한 제도 개선을 담당하는 경우가 많다. 후자의 경우 국제기관들이 먼저 아이디어를 제시하고 추진하지만 민간기업이 참여하기에는 사업성이 부족한 경우가 많다. 따라서 외부의 투자를 유치하려는 목적은 공업의 지역적 전개에 집적의 경제가 중요해지면서 지역적 클러스터로 발전하기 때문에 쉽게 달성되지 못했다.

쌍무적 자유무역지대의 대두

동아시아에서 1990년대 전반 경제통합의 추진은 크게 두 개의 흐름으로 나타났다. 그 하나는 아세안이 추진하고 있는 아세안자유무역지대(AFTA)이다. 아세안은 1992년 싱가포르에서 개최된 제 4차 아세아정

상회의에서 2003년까지 역내 관세율을 5% 미만으로 인하하는 등 AFTA를 추진하기로 했다.[1]

다른 하나는 1989년에 발족한 아시아태평양경제협력(APEC)이다. APEC은 1989년 호주의 주도로 한국·일본·미국·캐나다·선발 아세안 6개국 및 오세아니아의 호주와 뉴질랜드 등 아시아태평양 연안 12개국의 각료회의 차원에서 발족했으나 1991년 중국·홍콩·대만이 1993년 시애틀회의를 계기로 정상회의로 격상되었다. APEC은 1993년 시애틀회의에서 무역·투자 자유화 선언을 채택하고 1994년 인도네시아 보고르에서 정상들이 밝힌 보고르선언을 통해 선진국은 2010년, 개도국은 2020년을 목표로 무역 자유화를 추진하고 있다.

APEC은 아시아-태평양 지역의 무역투자 자유화를 추진하고 개방주의를 바탕으로 다자간 무역체제의 구축에 기여해왔다는 자부심을 갖고 있었으나 막상 동아시아가 외환 위기를 맞았을 때는 아무런 해결책을 내놓지 못해 그 기능이나 역할에 문제가 있다는 사실을 여실히 드러내고 말았다. APEC을 발족시키는 데 큰 기여를 한 호주의 경우 1980년대 후반의 동아시아 고도성장 시기를 맞아 서방 세계에 대한 경제협력을 동아시아로 전환시키는 작용을 하겠다는 의도를 갖고 있었고, APEC을 정상회의로 격상시킨 미국은 이를 통해 동아시아 경제 문제에 개입하겠다는 자세를 갖고 있었던 것이다. 이에 비해 아시아 국가들은 APEC에 크게 기대하지 않은 채 참여하고 있었다.

또한 AFTA와 APEC의 무역자유화는 태생적 한계를 갖고 있었다.

---

[1] 1998년 12월 베트남에서 개최된 아세안정상회담에서는 AFTA의 조기 완성을 결정하고 기존 6개국에 대해 관세를 5% 이하로 낮추기로 한 목표 연도를 당초 2003년에서 2002년으로 앞당겼다. 또한 AFTA와 함께 아세안투자자유지대(ASEAN Investment Area)의 창설도 결정하였다.

AFTA의 경우 회원국들의 경제가 상호 보완적이기보다는 경쟁적인 구조를 갖고 있었기 때문에 통합이 용이하지 않았고 APEC은 전원 합의제, 자발적 참여 원칙으로 인한 비효율성, 합의 사항의 구속성 부재, 경제 발전 단계의 다양함으로 인한 공동의 관심사 부재 등으로 거의 정상들의 이벤트로 변질되고 말았던 것이다. APEC은 특히 동아시아 외환 위기 이후 그 어느 누구도 관심을 갖지 않는, 정상들이 덕담을 주고받는 자리로 전락하고 말았다.

아시아-태평양 지역에서의 다자 체제가 그 기능을 다하지 못하고 태국에 발생한 외환 위기가 동남아시아뿐만 아니라 동북아시아인 한국에까지 전염되자 동아시아는 지역 전체가 하나의 단위로서 기능해야 한다는 사실을 점차 인식하게 되었다. 이로 인해 1990년대 후반에는 새로운 조류로서 아세안+3와 쌍무적자유무역지대 창설이 깊은 관심의 대상이 되기 시작했다.

아세안은 1997년 12월 쿠알라룸푸르에서 열린 아세안 창설 30주년 기념 아세안 비공식 정상회의에 동북아시아 3국의 정상들을 초청하였고 다음해인 1998년 12월 하노이에서 열린 정상회의는 아세안+3 회의를 정례화하기로 결정했다. 하노이회의에서 한국의 김대중 대통령은 민간자문기구로 동아시아비전그룹(EAVG)의 발족을 제안했고 1999년 11월 마닐라 정상회의에서는 동아시아지역협력에 관한 공동성명이 발표되기에 이르렀다.

EAVG는 수 차례의 회의를 거쳐 2001년 보고서를 정상회의에 제출했는데 이를 바탕으로 김대중 대통령은 동아시아 정상회의 개최, 동아시아자유무역지대 창설 등을 제안했다. 동아시아 정상회의는 아세안+3 형식으로 진행되고 있는 정상회의를 발전시키자는 것이었고 자

아시아 지역 국가가 참여하는 지역협정 및 자유무역협정

단계	FTA	연도
연구 및 제안 단계	일본-한국	1998
	동북아(한국, 중국, 일본)	1998
	아세안+3(APT)	1998
	ASEAN-중국	2000
	싱가포르-인도	2000
협상 완료	일본-싱가포르	1999
실행중	AFTA	1993

유무역지대는 정상들 간에 처음으로 공식적으로 제안된 것이었다. 최근에는 동북아시아자유무역지대에 대한 연구도 활발히 이루어지고 있다. 3국간 자유무역협정은 역내 경제통합으로 시장 규모 확대와 함께 각 산업에 규모의 경제 효과를 가져올 가능성이 있기 때문에 파급 효과가 클 것이고 아세안의 협력을 촉진하는 수단이 될 수도 있다.

아세안+3가 동아시아 전체를 묶는 다자 형식으로 방향과 진로를 모색하고 있는 반면에 개별 국가간의 쌍무적자유무역지대 창설 논의도 활기를 띠어갔다. 먼저 한국과 일본은 1998년부터 자유무역지대 창설을 위해 연구를 시작했다. 일본과 한국은 세계 2위 및 10위권 경제국으로 자유무역지대를 창설하면 인구 1억 7천만, GDP 약 5조 달러(전 세계 GDP의 17% 차지)의 시장이 형성되어 주목을 끌 수 있게 된다.

연구 결과에 의하면 양국이 FTA를 체결할 때 한국은 단기적으로는 대일 무역수지 적자가 증가하지만 세계 전체에 대한 교역이 증가하고 장기적으로 이익이 된다고 보고 있다. 그러나 한국이 일본에 대해 적자를 기록하고 있는 상황에서 추가적으로 적자가 증가한다는 것은 기업이나 국민들의 심정적 반발을 초래할 수 있는 것이었다. 또한 한국 기업들은 일본 기업과의 직접 경쟁에 대해 우려하고 있으며, 일본의 불공정 상관행 등 일본 시장 시스템에 대해 불신하고 있다. 한국의 자동차·가전 제품 시장에 대한 일본의 급속한 침투 등에 대한 우려도 있다. 한·일 양국의 FTA가 중장기적으로 양국에 이익이 될 것이라는 사실을 인정하면서도 양국이 정치적으로 강력하게 추진하지 못하는 것은 이러한 우려 때문이었다.

일본은 1차 대상국이었던 한국과의 FTA가 여의치 않자 싱가포르로 눈을 돌렸다. 일본과 싱가포르는 이미 밀접한 경제 관계를 가지고 있고, 싱가포르가 농수산물을 수입해야 하기 때문에 일본이 약점으로 갖고 있는 농수산물이 일본에게 협상의 걸림돌이 되지 않는다. 싱가포르는 급변하는 세계 경제환경에서 생존하기 위해 뉴질랜드·미국·유럽 등과 FTA를 추진하면서 FTA의 중심지로 부상하고자 하는 욕구를 갖고 있었다. 양국은 2002년 1월 FTA를 포함하는 「신시대 경제 동반자 협정(Japan-Singapore Economic Agreement for a New Age Partnership)」을 체결했다.

동남아시아 협력 실험의 제한된 성과

동아시아의 경제협력 중에서 시스템이나 제도상 가장 앞선 것은 아세안의 협력이다. 아세안은 경제협력을 위해 다양한 제도를 마련하고 있는데 아세안의 협력은 정치에서 경제·기술·환경, 심지어는 대학, 관광 등 협력 영역의 대상이 아닌 분야가 없을 정도이다. 그러나 아세안의 협력 효과는 크지 않았고, 결국 이는 동아시아 국가들에게 통합보다는 각개 약진으로 대외 경제 정책을 추진하는 것이 유리하다는 판단을 하게 했다.

동남아시아 협력은 1990년대 이전과 이후로 크게 구분해볼 수 있다. 1990년대의 협력은 정치적 협력이 중심이었고 여기에 경제적 협력이 약간 가미된 정도였다. 이 시기의 경제적 협력은 무역협력과 산업협력으로 구분할 수 있는데 무역협력은 자유무역을 촉진하기 위해 일정 품목에 대해 역내 관세에 혜택을 주는 특혜관세제도(PTA)가 있었다. 각국이 선정한 품목들에 대해서 관세를 인하해주는 것이었는데 1978년에 시작된 이 제도는 예컨대 동남아시아에서 전혀 수입이 필요 없는 눈썰매를 관세인하 품목에 포함해놓을 정도로 형식적인 협력에 그치고 말았다. 산업협력을 위해서 동남아시아 각국은 공동 프로젝트를 실시해보기도 했지만 그 효과는 크지 않았다.

1990년대에 들어서면 협력의 중심축은 경제로 이동하기 시작했다. 1980년대 후반 구 소련이 무너지고 베를린장벽이 열리자 냉전체제는 종말을 고하는 듯 했기 때문이다. 냉전체제의 해빙은 베를린장벽이 열리자 더욱 확실해졌다. 동유럽과 중국이 신흥시장으로 관심을 받기 시작한 것이다. 더구나 1986년부터 시작된 우루과이라운드의 협상 타결이 임박해오고 있었다. 바야흐로 세계는 경쟁의 시대로 접어들고 있었던 것이다. 이에 1980년대 말의 일본과 아시아 신흥공업국의 투자로 급속하게 성장한 아세안 국가들은 성장을 지속시켜나가기 위한 조치가 필요했다.

1992년 싱가포르에서 개최된 제 4차 아세안정상회의는 그 동안의 아세안정상회의와는 달랐다. 1987년 이후 5년 만에 개최된 아세안정상회의는 필리핀의 코라손 아키노, 태국의 아난 판야라춘, 말레이시아의 마하티르, 싱가포르의 고촉동, 인도네시아의 수하르토, 그리고 부르나이의 볼키아 국왕이 참석했다. 세계 경제의 불확실성은 더 크게 다가오고 있었고 1980년대 말에 시작된 고도성장세를 지속시켜야 한다는 의무감에서 이들은 향후 15년 안에 자유무역지대를 만들자는 합의를 끌어내었다. 아세안정상들은 회의 폐막과 함께 발표한 공동선언문에서 이를 명시했다. 당시 많은 사람들은 아세안의 산업구조나 아세안이 갖고 있는 불간섭 원칙, 형식상의 협력 기조에 비추어 AFTA가 순조롭게 발족할 것이라고 기대하지는 않았다.

    그러나 시간이 흘러 아세안은 베트남, 캄보디아, 미얀마, 라오스 등 새로 가입한 후발국을 제외하고는 2002년 AFTA를 출범하기에 이르렀다. 동남아시아에 진출한 다국적기업이 동남아시아 역내를 하나의 단위로 생각하고 역내 분업망을 형성하는 것은 자유무역지대를 촉진하는 요소가 되었다. 일본의 자동차·전자업체들은 역내에서 활발한 교역을 했다. 싱가포르에 진출한 다국적기업들은 말레이시아로 그 영역을 확대해왔고 싱가포르를 중심으로 지역화 전략이 활발하게 전개되었다. 덩달아 동남아시아의 대기업들도 역내에서 전략적 제휴를 하기 시작했다. 특히 동남아시아의 화교 기업인들은 역내 네트워크를 이용하여 제휴를 했는데 태국의 제1 기업집단인 시암시멘트그룹은 인도네시아에서 석유화학 프로젝트를 추진하기도 했다. 비록 시암시멘트그룹이 외환 위기 발생으로 8,000만 달러를 날리고 손해를 보고 말았지만 자생 기업들의 역내 사업제휴는 역내협력이 진전되고 있음을 보여주었다.

    그러나 외형과는 달리 AFTA가 성공적이라고 평가할 수는 없다. AFTA가 역내의 무역협력을 증진시키고 외국인투자를 확대한 것은 사실이지만 세계 다른 지역의 통합체에 비교해보면 그 효과는 크지 않았

경제통합체별 역내 수출 비율 추이

(단위 : %)

	1980~84	1985~89	1990~94	1995~99	2000
AFTA	20.8	18.9	22.5	24.8	24.5
EU	62.0	65.1	66.5	65.1	66.9
NAFTA	41.3	46.7	48.2	53.2	58.8
Mercosur	9.9	8.5	15.9	24.8	22.3
APEC	66.3	72.2	73.1	74.3	75.2
동아시아	-	-	38.1(1990년)	-	40

자료 : ADB, *Asian Development Outlook 2002*, p. 185.

던 것이다. 1980년대 초반 아세안의 역내무역 비율은 20.8%에서 2000년 24.5%로 증가했으나 다른 경제통합체에 비해 여전히 낮은 비율이고 EU나 NAFTA의 역내 수출 비율보다 훨씬 낮은 상태이다. 남미의 Mercosur의 경우도 역내 수출 비율은 22.3%로 낮으나 비율의 증가 속도는 AFTA에 비해 훨씬 높다.

아세안 역내협력의 효과가 크지 않은 것은 아세안 경제가 상호 보완적이기보다는 경쟁적이며 세계의 다른 시장에 밀접하게 연결되어 있기 때문이다. 아세안이 동시에 수출주도형 공업화를 추진하면서 산업의 보완성보다는 경쟁성이 강하기 때문에 역내교역의 잠재력이 낮았다. 또한 아세안 경제가 가공무역 형태의 수출을 함으로써 중간재와 부품은 일본에 의존하고 판매시장은 미국에 의존했다. 아세안 내부보다는 세계 시장과 더 깊은 관계를 유지하고 있었던 것이다.

협력의 부진요소로서 미국의 전략과 일본의 지도력 부족

동아시아가 경제통합을 이루어가는 데 가장 큰 장애 중의 하나는 미국의 대외 전략이었다. 제2차 세계대전 이후 동아시아의 통합이 실질적으로 제도적으로 어려웠던 것은 동아시아 국가들이 세계 시장을 상대로 한 수출 주도형 성장전략을 따랐다는 경제적 측면의 이유도 있지만, 다른 한편으로는 미국의 반대라는 정치적 요인도 무시할 수 없는 것이었다. 미국은 아시아 태평양 지역에서 자국의 영향력을 유지하기 위해 동아시아 자체의 통합에는 절대적으로 반대의 입장을 유지했다. 냉전시대에 미국의 이러한 전략은 손쉽게 달성될 수 있었다.

1990년대 들어 냉전체제가 해소되고 동아시아도 각성하기 시작했지만 그래도 미국의 영향력은 여전했다. 동아시아의 자체 협력 시도는 미국의 반대로 계속 무산되었다. 그 대표적인 것이 동아시아경제협의체(EAEC)와 AMF이었다. 1990년 초에 말레이시아의 마하티르 수상은 동아시아 국가들만 모여 동아시아경제그룹(EAEG)을 만들자고 제안했다. EAEG는 구체성을 띠기도 전에 미국의 강력한 반대에 직면했고 마하티르 수상은 한 발 양보하여 단순한 협의체로서 동아시아경제협의체(EAEC)를 추진했다. 미국은 다시 한 번 제동을 걸었다. 그러나 과거와 같이 동아시아를 쉽게 설득하지는 못했다. 이때 미국이 유효하게 사용한 것이 1989년 창설된 아시아태평양경제협력(APEC)의 활성화였다. 미국은 1993년 11월 처음으로 APEC 회원국 정상들을 시애틀의 블레이크 아일랜드로 불러들였다. 분노한 마하티르 수상은 참석하지 않았으나 APEC은 시애틀회의를 계기로 아시아-태평양지역 경제각료회담에서 정상회담으로 격상되었다. 미국은 APEC 무대에서 아시아와 세계무역의 자유화를 추진할 수 있다고 동아시아 국가들을 설득했다.

외환 위기 이후 아시아가 AMF 설립을 논의했을 때에도 미국은 적극적으로 반대했다. 외환 위기가 발생하고 일본과 동남아시아는 통화 협력체제를 갖추기로 했다. 그러나 아이디어는 즉시 미국 재무부와 IMF 등의 강력한 반대에 부딪혔다. 미국은 아시아통화기금이 IMF의 강력한 조건을 전제하지 않을 가능성이 있기 때문에 아시아 기업들의 모럴해저드를 유도할 가능성이 있다고 주장했다. 그러나 그 반대의 진정한 이유는 IMF의 경쟁자로 AMF가 자리를 잡을 때 미국의 동아시아 전략에 큰 차질이 생길 것이 두려웠기 때문이었다.

    동아시아에서 경제협력이 제도적으로 발전하지 못한 데는 일본의 지도력 한계라는 또 하나의 이유가 있다. 동아시아에서 경제를 선도하고 동아시아 경제질서를 형성하는 데 절대적인 영향을 미쳤지만 일본은 정치적으로는 동아시아 주변국들에게 확실한 믿음을 심어주지 못했다. 제 2차 세계대전 이전의 동아시아의 역사에 일본이 남긴 상처는 쉽게 지워지지 않았다. 경제적으로도 일본의 자본과 기술에 의해 동남아시아가 성장하긴 했지만 일본은 여전히 농산물 수입제한 조치나 비관세장벽 등 자국 내 일부 이익단체의 이익에 집착하여 동아시아에서 지도력을 발휘하지 못했다. 정치적으로는 미국의 충실한 대변자 역할을 해왔을 뿐이다.

    일본의 이러한 자국 중심적인 정책은 동아시아 경제에 부담으로 작용해왔다. 일본은 아직 농수산물에 대한 수입제한 조치에 적극적이다. 이는 19세기 영국이 세계의 공산품 무역을 주도할 때 보여준 농업 부문에 대한 제로 관세 정책과는 다른 것이다. 물론 영국은 식민지가 있었지만 농업 부문에 대한 국내의 저항이 어찌 없겠는가? 이처럼 일본이 선두 국가로서 책임과 의무를 다하지 않은 상태에서 동아시아가 통합된다면 동아시아 국가들은 일본에 대해 기술과 자본의 종속성이 더욱 심화될 것이고 대 일본 무역적자는 더욱 증가할 것이라고 보고 있다.

일본이 2001년 말부터 보여준 엔화 약세 정책은 일본의 리더십 포기의 한 사례로 인정되었다. 일본 정부는 수출경쟁력의 회복, 디플레이션 악화 방지를 위해 암묵적으로 엔화 약세를 용인했다. 일본 경제의 회복을 기다리는 미국도 이를 어느 정도 인정했다. 그 당연한 결과처럼 일본엔화의 약세는 동아시아의 수출경쟁력에 부정적 영향을 미치게 되었다. 2002년 1월에 동남아시아를 순방한 고이즈미 총리에게 일본의 충실한 제자 역을 자임해왔던 말레이시아의 마하티르 수상은 쓴소리를 마다하지 않았다. 동남아시아의 지도자들은 엔화 약세 정책이 근린궁핍화 정책이라고 여기지 않을 수 없었던 것이다. 실제로 일본의 엔화 약세 정책은 국내에서 금융 및 기업구조조정을 게을리해서 생긴 모든 문제의 원인을 외부에서 찾은 데 불과했다. 따라서 동아시아 국가들은 일종의 배신감을 느끼지 않을 수 없었고 특히 경쟁 관계에 있는 한국과 중국의 반발은 더욱 클 수밖에 없었다.

아시아 경제, "힘의 이동"

2. 동아시아 경제협력의 필요성과 목표

주도세력의 변화와 역내협력 체제의 변화

일본 주도로 동아시아가 성장을 해오는 동안 동아시아의 경제는 역내 교역과 투자가 증대되어왔다. 일본 이외에는 다른 어느 국가도 완결형 공업구조를 갖추지 못했기 때문에 산업 분업에 의지하지 않을 수 없었던 것이다. 특히 1980년대 후반 이후 선진 아시아 국가들이 생산비 절감을 위해 후발 국가에 대한 투자를 확대하면서 기업내 무역이 증가하게 되었고 후발 국가들이 성장하면서 또한 철강재·석유화학제품·전자 부품 등 소재 부문의 수요도 증가하였다. 이를 통해 역내무역은 더욱 증가하게 되었다. 이와 같이 1990년대 중반까지 동아시아의 역내협력은 일본의 주도로 이루어졌다. 일본은 1960년대 이후 경쟁력이 저하되는 산업을 다른 국가에 이전시키면서 자본재·중간재·부품을 수출했고, 다른 동아시아 국가들은 일본의 투자와 자본재를 이용한 생산 제품을 세계 시장에 수출하는 형태로 세계화를 통해 성장했던 것이다.

그러나 일본이 주도한 동아시아의 공업 발전 형태는 1990년대 말에 중대한 도전에 직면하게 되었다. 협력체제가 일본의 우위와 지배 형태로 나타났다는 자체 문제점도 있었으나 다른 측면에서 도전이 발생한 것이다. 가장 크게 꼽을 수 있는 것은 일본 자체에서 나타난 경제적·사회적 활력 저하 현상이다. 고령화로 내수 소비가 침체되고 지가 하락에도 불구하고 생산비는 계속 증가하고 금융의 부실은 심화되어 갔다. 후발국이 부상하고 있으나 제조업을 대신할 서비스 산업은 서방 세계에 비해 충분한 경쟁력을 갖추지 못했다.

또한 일본의 산업 정책의 영향을 받아 성장을 했던 아시아신흥공업국(NICs)은 시간이 지나면서 일본과 세계 시장에서 경쟁할 정도로 힘이 커졌다. 한국이나 대만은 정보통신·전자 산업 일부에서 일본과 대등한 경쟁을 펼치게 되었다. 마지막으로 일본의 직접투자에 의해서 성장한 동남아시아 국가들은 일본 기업의 아시아 생산 네트워크에 부수적인 역할을 하면서 독자적인 산업 발전을 이룩하지 못했고 다국적 기업의 하청기지로 전락하여 국제 경제 환경에 크게 영향을 받게 되었다. 동남아시아의 이러한 기형적인 발전은 동남아시아의 발전을 주도해온 일본에게 부담으로 작용하게 되었다. 동아시아에서 안행 형태의 파괴 현상이 나타난 것이다.

한편 일본 주도의 동아시아 체제가 1990년대 중반 이후 도전에 직면해 있는 동안 체제 외부에 있던 중국은 급속하게 성장했다. 중국은 1970년대 말 이후 개혁과 개방을 통해 점진적으로 세계 체제로 편입하면서 비교우위가 있는 노동집약적 산업을 확대하고 수출을 증대시켰다. 나아가 외국인투자를 적극적으로 유치하여 자본 및 기술집약적 산업을 육성하면서 경제의 고부가가치화를 추진했다. 초기에 중국에 진출한 외국인 기업은 일본·한국·대만에 진출한 외국인 기업들과는 달리 저렴한 생산비용을 이용하기 위해 진출했기 때문에 수출시장을 적극적으로 개척했다. 그래서 2000년 경 외국인투자 기업은 중국 총수출의 50% 이상을 차지하게 되었다. 시간이 지나면서 외국인투자의 성격이 변했는데 중국이 고도성장을 하면서 국내 시장이 확대되었기 때문에 시장 개척을 위한 투자에 나선 것이다. 이러한 기업들은 기술이전에 더 적극적이기 마련이다.

또한 중국은 WTO에 가입하면서 경쟁 압력에 직면하게 되고 비효율적 산업과 기업의 생산성을 지속적으로 높여가게 될 것이다. 이렇게 되면 2010년이 되기 전에 중국은 일본과 독일을 제치고 미국에 이어 제 2의 무역국으로 등장하게 될 것이다.

이처럼 일본의 역할이나 경쟁력이 저하되고 있는 가운데 중국은 거대한 시장과 강력한 정치적 영향력을 키워나가고 생산력과 기술잠재력을 구체화·현실화하고 있다. 따라서 중국의 고도성장, 일본의 정체는 21세기 아시아 경제구도를 결정짓는 가장 중요한 요소가 될 것이며, 나아가 향후 동아시아 경제의 협력과 통합 형태를 결정짓는 선도자는 일본에서 중국으로 바뀌게 될 것이라는 전망이 가능하다. 동아시아 경제의 패러다임이 바뀌는 것이다.

갈등과 위기의 동아시아

물론 일본은 중국이 부상하더라도 기술력과 생산력을 무기로 현재의 위치를 지켜나갈 것이다. 일본 기업은 세계 전역에서 여전히 활발한 생산활동을 할 것이고 경제성장률은 낮더라도 풍부한 민간저축을 바탕으로 불안하지만 풍요로운 다소 모순된 안락함을 누릴 수가 있을 것이다.

한편, 한국·대만 등 선진 신흥공업국들에게 중국의 부상은 중요한 기회가 될 수도 있다. 과거 일본 주도의 동아시아 경제에서 이들은 핵심 부품이나 중간재를 일본에 의존하는 가공무역 형태의 반중심국의 위치에 있었으나 중국과 협력을 확대하면서 자본 수출국으로 혹은 독자적인 공업 기반을 갖춘 선진공업국으로 성장할 수도 있을 것이다. 중국은 공업을 육성하면서 일본형의 완결형 구조를 도모하겠지만 이들은 일정 기간 중국 시장을 이용하면서 힘을 축적할 시간을 벌 수 있을 것이다. 장기적으로 이러한 여유 시간이 얼마나 지속될 것인가는 불분명하지만 적어도 이 시간을 이용해서 서비스 산업·핵심 제조업의 육성 등 산업구조의 고도화를 이루어갈 수 있을 것이다.

동남아시아의 경우도 중국의 성장은 기회가 될 수 있다. 동남아시아와 중국 간의 교역은 급격히 증가하고 있으며 중국 기업의 대 동남아시아 투자도 증가하고 있다. 동남아시아에 포진한 화교 기업들과 중국 기업의 교류 확대는 동남아시아 경제를 활성화시킬 수도 있을 것이다. 양측은 상호 이익을 위해 이미 중국—아세안 자유무역지대를 추진하기로 합의했다.

그러나 세상일에는 모두 양면성이 있는 것이다. 중국의 부상과 일본의 정체는 동아시아 체제에 불안 요소가 될 가능성이 더 크다. 첫째는 중국과 일본의 경쟁 관계가 상호 발전적이지 않을 가능성이 있다는 점이다. 양국 사이의 정치·군사적인 이해 관계의 상치, 역사적 갈등의 불완전한 치유 등의 문제를 논외로 하더라도 세계 2위의 경제국인 일본과 비교할 때 인건비가 15~20분의 1이나 싼 중국의 주도권 교체가 순조로울 수만은 없을 것이다. 역사상 살펴보더라도 주도국의 변화는 순조로운 전환보다는 갈등과 알력 속에서 진행되는 것이 일반적이므로 만약 양측의 경제협력 관계가 순조롭지 않다면 당사국뿐만 아니라 다른 동아시아 국가들에게미치는 파장은 클 것이다. 2001년 통상 분야에서 일본이 양송이 등에 긴급수입제한 조치를 발동하자 중국이 보복에 나선 바 있다. 중국은 철강 등 소재 산업을 육성하는 과정이라 일본에 대해서는 많은 무기를 갖고 있다. 양국의 갈등이 단순히 통상마찰 정도로 끝나지 않고 최악의 상황으로 치닫게 되면 동아시아 경제 질서를 불확실하게 몰고가는 항구적인 대결 구도로 갈 수도 있다.

둘째는 중국의 부상에 따라 동아시아 국가들이 다시 한 번 세계시장에서 가격경쟁을 치를 가능성도 있다는 것이다. 일본엔화 환율의 움직임에 한국이나 대만의 수출 기업들은 예의 주시해야 한다. 실현되지는 않았지만 외환 위기 직후 중국의 위안화 평가절하 가능성에 동아시아 국가들은 초조해 했다. 동아시아 국가들은 세계 시장에서 물고 물리는 경쟁 관계에 있는 것이다. 이제 중국이 WTO에 가입한 이후 세계에 공산품을 실어내기 시작하면 국제 공산품가격은 하락 압력에 직면할 것이다. 중국의 등장으로 세계는 장기적 디플레이션의 압력에 시달리고 동아시아에서 중국과 경쟁하는 국가들은 언제나 환율전쟁도 불사할 태세를 갖추고 있어야 할지 모른다. 또한 동아시아 교역조건의 악화는 지속적으로 나타날 것이다. 교역조건이 악화되면 비록 수출량 증가를 통해 수출총액을 늘린다 해도 후생 수준은 저하된다. 결과적으로 동아시아는 경제 규모는 커지지만 생활 수준은 하락하는 상황에 빠질 가능성이 크다.

셋째는 동아시아 질서의 변화 과정에서 동남아시아 경제의 낙후와 주기적 경제 위기의 가능성을 들 수 있다. 외환 위기 이후 동남아시아 경제의 체질은 더욱 악화되었다. 금융의 부실로 기업들은 한동안 추가 투자를 하지 못했고 고도성장기에 왕성했던 기업가정신은 어두운 터널 속으로 들어갔다. 필리핀·태국·인도네시아·말레이시아 그리고 신흥공업국을 꿈꾸는 베트남까지 모두 중국의 저가 공산품 세례에 시장을 상실할 위기에 직면하게 될 것이다.

1970년대 이후 동남아시아 각국이 외국인투자를 유치하기 위해 각종 혜택을 제공하면서 설립했던 공업단지에서는 기업들이 빠져나갈 것이다. 자체 기술역량이 없는 가운데 외국인투자가 더 이상 유입되지 않는다면 실직자가 증가할 것이고 사회의 불안은 심화될 것이다. 중국과의 자유무역도 기대와 달리 동남아시아의 산업기반을 약화시킬 수 있다. 중국이 빠른 속도로 자기완결형 공업구조를 갖춰나간다면 동남아시아가 중국 시장을 이용할 수 있으리라는 기대는 물거품에 지나지 않을 수도 있다. 인도네시아와 필리핀은 막대한 정부 채무, 인플레이션이라는 문제를 안고 있고, 태국이나 말레이시아도 성장 산업을 갖고 있지 않다. 동남아시아 국가에게 중국의 부상은 기회라기보다는 위협으로 더 크게 다가온다. 즉 동남아시아 경제가 중남미형의 주기적 위기 발생이라는 악순환에 빠져들 수 있는 것이다.

동아시아 전체의 안정과 번영

동아시아 경제의 협력은 몇 가지 목표를 가져야 한다. 가장 중요한 것은 동아시아의 경제적 안정과 번영이다. 동아시아의 안정과 번영을 확보하기 위해 가장 중요한 것은 동아시아의 주도권을 인계하고 인수해야 하는 일본과 중국의 힘의 교체 과정이 평화로운 것이어야 한다는 점이다. 일본은 전성기를 누린 강대국이며 중국은 신흥 강대국이다. 중국의 추격에는 힘이 들어가 있고 일본의 방어에는 활력과 동력이라는 면에서 무기가 충분하지 못하다.

폴 케네디가 『강대국의 흥망』에서 잘 설파했듯이 강대국들은 경제적 성공 뒤에 후발국의 추격에 직면하게 되고 이에 군사적으로 반응을 하게 된다. 필자는 정치나 군사에 관한 전문가가 아니고 특히 일부에서 우려하는 일본의 재무장 문제에 대해서는 알지 못하지만, 중국의 부상을 일본이 순수히 수용할 것이라고 믿을 정도로 순진하지는 않다. 이미 중국의 상품은 일본 수입 상품의 1/5을 차지하고 있고 중국산 경공업 제품들이 일본의 소비자들 주변에 넘쳐나는데 중국에 대한 일본의 감정이 좋을 리 없다. 실제로 일본과 중국은 21세기를 맞아 동아시아 국가를 두고 주도권 경쟁에 들어가 있다. 일본이 한국과 FTA를 적극 추진하는 것도, 2002년 초 고이즈미 총리가 동남아시아를 방문하여 지원과 협력을 약속한 것도 모두 중국을 의식한 것이다.

동아시아 경제의 미래는 일본과 중국이 어떤 관계를 설정하느냐에 달려 있다고 해도 과언이 아니다. 중국의 경제력 확대는 일본에 큰 고통이 될 수 있다는 점에서 일본은 다양한 방법으로 이에 대응하려 할 것이다. 일본과 중국의 갈등은 먼저 통상마찰로 나타날 것이다. 일본은 농수산 분야라는 아킬레스건을 갖고 있다. 일본 사회의 구조개혁 없이는 일본 정치가 농수산물 개방 문제를 쉽게 해결할 수 없을 것이다. 따라서 먼저 일본의 중국산 농수산물 수입 규제, 중국의 대 일본 공산품 수입 규제라는 악순환이 나타날 수 있다. 뿐만 아니라 중국이 공업화를 가속해간다면 일본은 산업구조를 빨리 전환하지 않는 한 공산품에서도 중국 상품에 대한 수입규제 압력이 나타날 것이다. 이와 같은 양국의 갈등과 반목은 다른 국가의 통상에도 불확실성을 주게 될 것이다. 중국이 철강 제품의 수입을 규제한다면 일본산 철강에만 수입규제를 하기는 어렵기 때문이다.

일본이 경쟁력을 유지하기 위해서는 동아시아에서 일본 기업들의 실물 투자의 유기적 연관 관계를 제고하고 통합하는 것이 좋을 것이다. 기존에 구축해온 동남아시아의 생산시설과 일본 내의 생산시설의 유기적 관련성을 제고하고 생산성과 효율을 높여나가며 중국과의 격차를 유지하고 일본 주도의 동아시아 경제 시스템에 중국의 진입을 막는 것이다. 그러나 이는 국가적인 목표는 될 수 있을지 모르지만 성공하기는 어렵다. 개별 기업들은 동남아시아에 추가적으로 투자하기보다는 중국에 진출하려 할 것이다. 동남아시아에서 철수하지 않는 것을 오히려 다행으로 여겨야 할지도 모른다. 중국에 진출한 기업들은 기술을 치외법권처럼 내부화하여 경쟁력을 유지하려 하겠지만 중국은 시장을 담보로 하여 일본 기업이 아니더라도 이미 유럽이나 미국의 기업들에게 기술을 이전받게 되기 때문에 결국 일본 기업은 기술을 이전하지 않을 수 없을 것이다.

또 다른 불안 요인은 중국 내부에 있다. 중국이 현재의 시스템과 제도를 가지고 지속적으로 선진국 소득 수준까지 간다는 것은 희망에 불과지도 모른다. 중국은 역사상 진보와 퇴보를 거듭해왔다. 조녀선 스펜스가 『현대중국을 찾아서』에서 이야기한 것처럼 중국은 정체성을 찾아가는 과정에서 안정과 불안을 반복해온 것이다. 문화혁명의 불안기를 거쳐 개혁과 개방의 시대가 정착되는 듯했으나 중국이 천안문 사태로 다시 빙하기에 들어갔음을 세계는 이미 보았다. 중국 경제가 동아시아에 강력한 영향을 미치게 되는 순간에 중국에서 정치적 격변이 발생한다면 동아시아 국가들에게 미치는 부정적 파급 효과는 상상할 수 없을 만큼 클 것이다.

　일본과 중국의 성공적인 역할 전환이 동아시아 경제의 번영에 가장 중요한 요소임에는 틀림없다. 외환 위기 이후 증가한 실업, 도시 비공식 부문, 인도차이나 반도의 빈곤과 미성숙된 민주화, 동남아시아 각국에서 외국인 관광객에게 억지 웃음 짓는 젊은 여성들, 약물 중독과 HIV 등 아시아가 안고 있는 문제는 동아시아 경제가 안정될 때만이 해결책을 마련할 수 있을 것이다.

역외 의존도의 축소

지금처럼 동아시아 국가가 대외의존형 경제체질을 굳혀가게 된다면 동아시아 경제는 대외 환경 변화에 지속적으로 영향을 받을 것이다. 먼저 세계 전체적으로 동아시아의 흑자, 서구의 적자 구조로 인한 동아시아의 불안정성을 생각할 수 있다. 미국이나 유럽은 언제나 동아시아에 대해 통상압력을 행할 수 있고 세계 경제질서의 안정을 책임질 주체가 불분명한 상황에서 이러한 마찰은 더욱 심화될 것이 뻔하다.

　물론 동아시아의 흑자가 언제까지 계속될지는 알 수 없다. 미국이 주도하는 미주자유무역지대(FTAA)가 2005년 말이면 발족할 가능성이 있고, EU가 동유럽을 품에 안게 된다. 동아시아의 대미 수출 비중은 1990년대 중반 NAFTA의 창설과 함께 감소하기 시작했는데 FTAA의 창설은 점유율 하락을 더욱 부채질할 것이다. 이렇게 된다면 동아시아는 대외 경제환경의 변화가 가져오는 외부충격에 쉽게 노출될 것이고 이 또한 문제이다.

좀더 현실적으로 보면 동아시아의 대미 의존도가 높은 상황에서 언젠가는 교정 과정을 거치게 될 미국의 경상수지 적자가 갖는 위험이 있다. 미국의 경상수지 적자는 2001년 현재 GDP의 4.1%에 이르렀고 이러한 적자는 지속적으로 누적되어왔다. 한 국민경제가 이러한 경상수지 적자를 언제까지 계속 유지할 수 있을 것인가? 그것은 불가능하지만 미국은 달러라는 비장의 무기를 갖고 이를 유지해왔다.

달러는 두 가지 측면에서 미국에 이익을 안겨다주었다. 그 하나는 세계의 다른 나라들, 특히 개도국들이 외환보유고로 달러를 비축해야 한다는 데서 온다. 개도국은 신용도를 유지하기 위해 막대한 외환보유고를 유지해야 하고 이 보유외환은 거의 수익을 내지 못한다. 그러나 이들이 외채를 차입할 때는 높은 이자를 내야 한다. 미국은 달러라는 무기로 세계 다른 나라의 이익 일부를 가져가고 있는 것이다. 다른 하나는 미국이 강한 달러 정책을 유지하면서 세계의 자본을 흡수하고 있는 것이다. 미국으로 유입되는 자금의 규모가 크면 클수록 개도국이 이용할 수 있는 자금은 작아진다.

그러나 강한 미국이라는 환상이 깨질 때가 되면 미국에 대한 국제 자본의 유입이 중단될 수 있고 미국의 경상수지 문제를 극복하기 위해 달러가치를 현실화할 가능성이 크다. 이렇게 된다면 동아시아의 대미 수출은 심대한 타격을 받는다. 미국의 경상수지 적자 교정이라는 시한폭탄은 동아시아 경제에게 잠재적 위협인 것이다.

수출에 의존하던 동아시아 국가들이 수출에 타격을 입을 때 어떻게 반응할 것인가를 예측하는 것은 별로 어렵지 않다. 가장 먼저 할 수 있는 일은 각국이 평가절하로 대응하는 것이다. 외채를 많이 안고 있는 국가가 일시에 평가절하를 할 수는 없겠지만 일본은 1차적으로 평가절하를 할 수 있다. 일본과 중국의 경제 전체의 생산성은 큰 차이가 있으나 경공업이나 일부 중화학공업 분야에서 양국 노동자의 노동생산성은 큰 차이가 없을 것이다. 그리고 중국 노동자의 임금은 일본 노동자 임금의 5% 미만이다. 일본이 평가절하를 한다 하여 중국과 직접 경쟁할 수는 없다. 결국 피해를 보는 측은 한국·대만 그리고 동남아시아 국가들의 수출 부문이 된다. 특히 한국·대만 등이 평가절하를 하고 중국까지 가세한다면 동남아시아 국가들에게는 재앙이 될 것이다.

한편 대외의존형 경제체질이 고착된 국가들은 성장을 지속하기 위해 다국적기업의 FDI를 유치해야 한다. 그러나 세계적인 과잉공급 상황에서 FDI의 형태는 신규 투자보다는 기존 투자의 M&A형으로 이동하고 있다. 동아시아에서 M&A에 대한 자세는 극히 보수적이다. 동아시아의 유교적 문화에 기인하든 민족주의적 단결력 때문이든 혹은 창업자에 대한 기억의 생생함에 기인하든 어떤 이유로든 기업을 해외에 매각한다는 것은 정치적으로 결코 환영받지 못한다. 그렇다면 신규 투자를 유치해야 하는데 그 신규 투자가 과연 지속적으로 유입될 수 있느냐 하는 점이 문제이다. 동아시아에 대한 신규 투자는 중국 이외에는 예전 같지 않을 가능성이 크다.

경제의 개방은 세계화의 부작용이 아무리 크다고 할지라도 한 나라의 힘으로는 제어할 수 없다. 결국 동아시아 전체가 외부 충격을 줄이기 위해서는 역외 의존도를 축소하는 방안을 모색해야 한다. 가장 좋은 방법은 동아시아의 내부에서 교역 기회를 발굴하는 것이다. 일본이 중요한 시장이긴 하지만 일본 내에서 고령화가 진전되면서 다른 동아시아 국가들의 비교우위가 있는 공산품보다는 서비스에 대한 수요가 증가할 것이다. 더욱이 저성장이 계속된다면 수입 수요 확대 역시 어려운 실정이다.

이에 반해 중국 시장은 동아시아가 찾아야 할 돌파구가 될 가능성이 많다. 이미 지적했지만 동아시아의 역내 수출 비율은 유럽이나 북미에 비해서도 상당히 낮은 수준이다. 동아시아의 무역 및 투자 관계가 심화되면서 위기의 전염이 쉬웠다는 견해도 있으나 전세계적으로 다가올 수도 있는 위기에 대해서 동아시아가 타격을 입지 않기 위해서는 역내교역 비율을 높여야 한다. 역내교역을 높이기 위해서는 무역을 창출해야 하며 중국의 성장을 비롯하여 역내교역의 창출 가능성은 충분하다고 본다.

실제로 역내교역의 창출은 중국의 부상에 따른 동아시아 국가들의 선택과 집중 전략에 따라 더 커질 수 있다. 중국의 공업 생산 증가에도 불구하고 동아시아 국가들이 환율 정책 등을 통해 기존 체제를 유지해간다면 이는 자원의 낭비이고 결국 누구에게도 도움이 되지 않는다. 교역 창출에 필요한 것은 각국이 비교우위 구조에 따라 산업을 특화하는 것이다. 현재와 같이 세계 시장에서 단순하게 중국과 경쟁해 간다면 아세안뿐만 아니라 신흥공업국들도 수출가격의 하락에 직면하게 될 것이다. 만약 현재 40%인 동아시아 역내 수출 비율을 50% 수준까지만 끌어올릴 수 있다면 위기는 발생하지 않을 것이다.

동남아시아의 주기적 위험에 대한 방지

1990년 존 윌리암슨(John Williamson)은 "1989년 현재 중남미 국가에 대해 워싱턴의 기관들이 내놓은 정책 제안에 대한 최소한의 공통분모"라는 의미로 10여 개의 정책제안들을 발표했다. 10여 개의 정책제안에는 엄정한 재정, 기초위생, 초등교육, 인프라 건설 등 높은 투자수익을 보장하고 소득 불균형을 개선할 수 있는 분야에 대한 공공지출의 전환, 세제개혁, 금리 자유화, 경쟁적 환율 정책, 무역 자유화, 외국인 직접투자 유치 자유화, 민영화, 규제 완화, 소유권제도의 확립 등이었다. 이러한 정책은 중남미 경제가 시장경제를 수용하고 세계 경제 체제 내로 편입되는 데 필요한 것으로서 미국 재무부나 IMF, 세계은행의 관료, 경제학자들이 대체적으로 동의하는 것이었고 윌리암슨은 여기서 처음으로 워싱턴컨센서스라는 다소 모호한 이름을 만들어냈다.[2]

외환 위기 이후 아시아적 가치를 주창하는 동아시아의 지도자들이나 지난 50여 년 동안 아시아가 이루어낸 고도성장에 자부심을 가졌던 사람들은 위기의 원인을 외부에서 찾고 싶어했다. 극단적으로는 아시아의 발전을 시샘하는 미국인, 특히 유태인의 음모라는 비과학적인 주장도 제기되기도 했다. 심지어 워싱턴컨센서스는 그 모호한 이름 때문에 일종의 신자유주의의 음모의 기본교과서인 것처럼 해석되기도 했다. 이 정도는 아니지만 좀더 현실 문제를 안다고 하는 관찰자들은 아시아의 위기가 소위 워싱턴컨센서스로 대표되는 미국 주도의 신자유주의가 강요한 아시아 개도국의 개방을 투기자본이 이용하고 공격한 데서 비롯되었다고 보기도 했다. 워싱턴컨센서스를 수용한 중남미 국가의 경제 침체는 비판자들의 견해에 충분한 타당성을 부여하기도 했다.

---

[2] 워싱턴컨센서스의 변용 과정은 다음 문헌을 참조.
John Williamson, "What Should the World Bank Think about the Washington Consensus?" *The World Bank Research Observer*, Vol. 15, No. 2(August 2000), pp. 251~264.

그러나 아시아의 위기는 동아시아가 세계화에 제대로 적응하지 못했기 때문에 발생한 것이었다. 과거 아시아의 고도성장을 가져왔던 일방적 수출지향 정책, 기술역량을 개발하지 않은 상태에서의 과잉공급 상황과 교역조건의 악화는 동아시아 경제위기의 가장 중요한 원인이었던 것이다. 물론 개방 정책이 준비되지 않은 국가들에게 과도하게 적용된 바 있고, 심지어는 1990년대 말 세계은행의 부총재였던 경제학자 스티글리츠(Joseph Stiglitz)로부터도 특히 금융 자유화(금리 자유화) 등에 대해서는 비판을 받았다. 하지만 워싱턴컨센서스를 동아시아의 위기와 직접 연결시키는 것은 자존심을 지킬 수 있을지는 몰라도 문제를 해결하는 방안은 되지 못했다.

그렇다면 동아시아 경제가 다시 위기를 맞지 않을 것인가? 워싱턴 컨센서스와 관계 없이 세계화 속에서 해외 시장에 경제의 대부분을 의존하고 있는 아시아 국가들에게 위기는 언제나 반복될 수 있다. 동아시아 외환 위기 전염국들의 외환유동성은 위기 당시에 비해 개선되었으나 세계 기준으로 보면 여전히 많은 외채를 지고 있다. 2001년 말에도 인도네시아의 외채는 GDP의 90% 이상에 이르고 필리핀·태국 등의 외채도 아직 상대적으로 높다. 그러므로 국제 경제환경의 변화는 여전히 이들에게 큰 영향을 미칠 수 있다.

또한 동남아시아 국가들은 국내 경제의 기초여건이 부실하다. 인도네시아의 정부 채무는 GDP의 100%에 이르고 있다. 인도네시아가 정부 채무를 문제 없이 상환해갈 수 있을 것인가? 정부 채무가 많은 나라는 대부분 세제개혁이 필요한데 이를 원만하게 수행할 수 있을 것인가? 더구나 인도네시아와 필리핀의 높은 인플레이션은 또 다른 통화 하락 압력으로 작용하지 않을 것인가? 공업화를 지향하고 있는 태

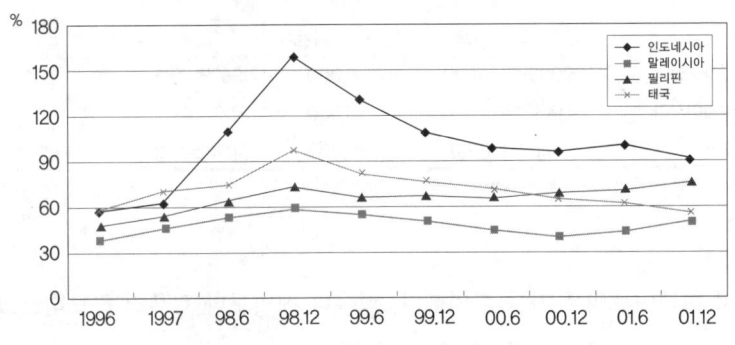

자료: ADB.

국이나 말레이시아가 부족한 기술역량으로 중국의 부상에 잘 대처할 수 있을 것인가? 교육 시스템의 개혁을 통해 산업사회에 필요한 인재를 육성해낼 수 있을 것인가? 나아가 정치제도가 이 모든 것을 가능하게 할 정도로 선진화되어 있는가? 이 모든 문제에 대해 그렇다고 대답하기에는 동남아시아가 자체적으로도 너무 많은 문제를 안고 있다.

동남아시아가 다국적기업의 투자로 성장했다는 점에서 동남아시아 경제의 미래를 평가하는 데 다국적기업의 움직임은 중요한 예측지표가 될 수 있다. 이 점에서 미국계 컴퓨터 주변기기인 하드디스크드라이버를 생산하는 시게이트는 좋은 사례를 제공한다. 시게이트가 처음 싱가포르에 진출한 때는 1982년이었다. 시게이트는 싱가포르에서 다수의 생산기지를 운영했고 곧 말레이시아 페낭섬과 태국으로 생산기지를 확장해갔다. 시게이트는 태국과 말레이시아의 상대적으로 저렴한 노동력을 이용해 생산을 했고 싱가포르를 동남아시아 활동의 중심기지로 활용했다. 말레이시아나 태국 정부는 IT 산업의 선두 주자로

시게이트사의 동남아시아 고용 규모 변화

	최고시 고용 규모	2002년 상반기	비고
싱가포르	27,000(1990년대 초)	9,000	1982년 진출
말레이시아	24,000(1986~87)	5,500	
태국	40,000(1997)	18,000	시게이트는 태국 최대기업(종업원 기준)

자료 : Far Eastern Economic Review(2002. 5. 2)를 바탕으로 작성.

서 시게이트의 투자를 환영했다. 섬유나 신발보다 컴퓨터 하드디스크 드라이버는 훨씬 그럴듯한 산업이었기 때문이다. 1997년경만 해도 시게이트의 고용은 3개국을 통틀어 10만 명 선에 이르고 있었는데 이 3개국에 진출한 기업 중에서 가장 규모가 큰 것이었다. 그러나 시간이 지나면서 동남아시아의 입지경쟁력은 감소했다. 시게이트는 싱가포르의 공장의 문을 닫았고 말레이시아와 태국에서도 종업원을 줄이기 시작했다. 1997년만 해도 4만 명에 이르던 태국 시게이트의 종업원은 2002년 상반기에 18,000명으로 줄어들었다. 말레이시아에서도 전성기 때 24,000명에 달했던 종업원은 5,500명으로 감소했다. 이러한 쇠락의 원인으로는 시게이트가 만들어내는 하드디스크의 경쟁 심화로 가격이 급속히 하락한 점, 중국의 등장에 따른 생산 증가 등을 들 수 있다.

2002년 들어 일본 대기업들의 철수도 증가하고 있다. 일본 기업들은 비록 동남아시아가 여전히 중요하고 사업을 지속하겠다고 주장하지만, 일부 기업들은 아시아 역내의 생산 분업 체제를 효율화하는 과정에서 동남아시아의 설비를 줄이거나 철수하는 것이다. 「일본경제신문」의 조사에 의하면 2002년 들어 7월까지 동남아시아에서 22개 생산거점이 폐쇄되거나 대폭 축소되었으며 삭감된 종업원 수는 1만 7,000명 선이었다. 마쓰시타, 히타치, NEC, 미네르바, 아이와, 미놀타 등 주요 기업을 망라했다. 이들은 동남아시아에서 생산하던 제품을 주로 중국 쪽으로 이관하고 있는 것이다.[3]

이와 같이 동남아시아에서 다국적기업이 철수할 가능성은 얼마든지 있는 것이다. 특히 생산설비의 축소, 철수가 용이한 전자조립업체의 경우 아무런 미련 없이 종업원 문제만 잘 해결할 수 있다면 떠날 수 있다. 이들을 붙잡기 위해 동남아시아가 임금억제 정책을 쓸 수 있고 인센티브를 추가적으로 제공할 가능성이 있지만 전통 산업에서의 장기적 추세로 보아 동남아시아의 입지경쟁력은 저하하지 않을 수 없다.

따라서 현재의 동아시아 경제 체제가 계속되는 한 동남아시아 경제는 주기적인 위기를 겪게 될 것이다. 외환 위기 이후 유가 상승으로 위기의 심화를 막을 수 있었던 인도네시아는 수년 동안 성장잠재력을 제고할 수 있는 투자를 하지 못했다. 외국인투자는 들어오지 않고 빠져나가는 부분이 더 커 수년 간 계속 순 유출 상태이다. 태국이나 말레이시아는 당분간 일본 기업의 생산기지로 기능할 수 있겠지만 추가적인 투자가 계속될 가능성은 없다. 국내의 취약한 기술 기반으로 이제 중국 상품에 의해 세계 시장에서도 밀려나게 될 수 있다. 인도차이나의 저개발 국가들의 디지털디바이드는 더욱 심화될 것이다. 이미 외환 위기 때 동남아시아에서의 위기가 아시아 전역으로 확산될 수 있다는 사실은 확인되었다. 이것을 단순한 금융현상으로 볼 수만은 없다. 그러나 동아시아 전체의 안정과 번영을 위해 동아시아 내 가장 취약한

---

3 日本經濟新聞, 2002. 7. 25.

부분인 동남아시아 경제를 튼튼히 하고 위기를 사전에 방지하는 것은 동아시아 공동의 과제여야 한다.

아시아 경제, "힘의 이동"

3. 가장 중요한 실물경제협력

우선적으로 필요한 실물경제협력

동아시아 경제가 위에서 언급한 몇 가지의 문제를 순조롭게 해결하기 위해서는 역내 각국이 호혜적인 협력을 통해 문제를 해결해나가야 한다. 이를 위해 동아시아 경제가 비교우위 구조를 보다 분명히 해야 할 것이다. 단순히 제조업 내부에서 동아시아 국가들의 분업이 아닌 1차 산업에서 서비스 산업에 이르기까지 전체 생산활동에서 비교우위를 활성화하는 것이다.

한때 경제 개발 과정에서 한국의 전략가들은 "비교우위 그것이 무엇인데?"라는 자세를 보여주었다. 비교우위 논리에 따르자면 한국은 철강 산업이나 자동차 산업은 불가능했다는 것이 그들의 논리이고 사실상 그러했을 것이다. 그러나 철강 산업이나 자동차 산업을 시작했던 1960년대 한국 경제의 규모는 미미해서 세계의 견제를 받지 않았고 동시에 한국은 기업가정신이라는 물질적 요소가 아닌 다른 요소를 갖고 있었기 때문에 한국이 비교우위 원리를 위반했기 때문에 성장했다는 논리가 반드시 맞는 것도 아니다.

다시 말하면 비교우위는 시간에 따라 변하게 마련이고 영원히 고착되는 것은 아니다. 인도네시아가 땅이 많기 때문에 농업에 비교우위가 있고 농업에 특화해야 한다고 주장한다면 인도네시아의 어느 누구도 좋아하지 않을 것이다. 농업의 비교역적 성격 때문에 일본이나 한국도 일정 부문 농업을 계속 영위해야 할 것이다. 그러나 역동성을 통해 비교우위가 변할 수 있다는 사실을 인정하면서 전체적으로 비교우위 원리를 살려가는 것은 동아시아 경제의 지속 가능한 성장에 기초가 되어야 한다.

무역이 증가하면서 필연적으로 국가간 통상마찰이 심화될 것이다. 이미 중국과 일본은 통상마찰을 겪었다. 한국과 중국은 농수산물, 특히 마늘로 한바탕 전쟁을 치렀다. 농산물 문제에 대한 동아시아 내부의 마찰은 더욱 심화될 것이다. 일본이나 한국은 1950년대만 해도 농업국가였다. 농촌에 대한 국민들의 향수가 남아 있고 정치적 근거지로서 농촌과 어촌을 생각하지 않을 수 없다. 이런 상황에서 중국과 농산물 문제로 인해 마찰이 빚어지면 소위 합리적인 판단은 어려워진다.

일본과 한국이 중국과의 농산물 마찰에서 국민을 설득할 수 있는 수단은 공산품 분야에서 비교우위를 최대한 활용하자는 정도가 된다. 그러나 이 또한 간단하지 않다. 중국과 한국·일본의 산업구조가 완전히 독립적이지 않는 한 상호 경쟁하는 부문이 있을 것이다. 중국의 국유기업이 가진 비효율성을 고려하면 중국과 동아시아 간 특히 일본이나 한국과는 공산품에서도 무역마찰이 나타날 것이다.

예컨대 철강이 그런 분야이다. 중국은 2002년 3월 한국 등 철강 수출국에 대해 냉연강판 등 5개 품목의 긴급수입제한 조치를 취하고 조사를 개시했다. 중국은 세계 제1위의 철강 생산국이지만 1999년 현재 1인당 철강 소비량이 92kg에 불과하여 개도국인 말레이시아의 450kg에 비추어도 훨씬 낮은 수준이다. 중국의 철강 산업은 소규모 업체의 난립으로 파편화되어 있고 비효율적이어서 한국 POSCO의 1인당 생산량 1,362톤에 비해 중국은 41톤에 불과한 실정이다. 또한 중국 철강 산업은 수요를 반영하지 않고 아무도 원하지 않는 제품을 생산하고 있다.[4] 중국은 이 문제를 해결하는 데 필요한 시간을 벌기 위해 가장 간단한 방법을 선택한 것이다.

세계적 공급과잉 상태가 계속된다면 중국과 동남아시아도 통상마찰을 피할 수 없다. 동남아시아는 AFTA를 추진해왔으나 그 성과는 미미했다. 이는 자국 산업을 육성하기 위한 의지를 각 정부가 포기하지 않았기 때문이다. 특히 말레이시아의 경우 자동차 산업에 대해서는 민감 품목으로 지정하여 관세 인하를 포기했다. 국제교역에서 가장 중요한 상품 중의 하나인 자동차를 예외로 한 데에 대해 다른 회원국들은 분노하지만 말레이시아를 제지할 뾰족한 수가 없다. 말레이시아는 또 2002년 3월에는 철강에 대한 관세율을 50% 인상했는데 이는 국내 열연코일 생산업체인 라이온그룹을 위한 것이었다. 라이온그룹은 연 300만 톤의 열연코일을 생산하고 있으나 26억 달러 이상의 채무로 인해 고통을 겪고 있고 미국이 철강 제품에 세이프 가드를 발동하자 대만·한국·일본 등의 대미 수출 제품이 동남아시아로 전환될 것을 우

---

4 *The Economist*, 2002. 2. 2.

려했기 때문이다. 수입제품의 가격은 톤당 205~220달러인 데 비해 라이온그룹의 메가스틸(Megasteel)의 경우 톤당 347달러에 판매가격이 형성되고 있다.[5]

결국 동아시아가 지속적인 교역조건의 악화를 막고 자원의 효율적인 배분 그리고 무역 창출을 위해서는 산업 부문의 협력이 필요하다. 반도체 · 철강 · 석유화학 · 자동차 등에 대해서는 동아시아가 공동으로 협력체제를 구축할 필요가 있다는 것이다. 그렇다고 동아시아 기업들만 생산하는 게 아닌 상황에서 이들의 생산량을 규제할 수는 없다. 다만 과도한 경쟁과 국가의 개입으로 비효율적인 기업이 생존함으로써 다른 나라의 기업이 도태되는 현상이 발생해서는 안 되도록 해야할 것이다. 말레이시아의 자동차 산업, 철강 산업은 말레이시아 정부만 문제 없다고 판단하고 있는 실정이다. 산업협력 문제는 국가 자체적으로나 아시아 국가들이 공동으로 개입할 수 있는 문제는 아니지만 시장의 기능이 원활히 작동할 수 있도록 시장 감시 체제를 구축할 필요는 있다. 나아가 이러한 시장이 작동하여 비교우위가 작용할 수 있는 협력체제를 구축해야 한다.

문제는 아세안이 어떤 산업구조로 가야 할 것인가이다. 중국의 등장은 아세안을 변화시켜 더이상 과거에 가졌던 공업국으로의 부상이라는 꿈을 접어야 할지도 모른다. 아세안은 에너지 · 농업 · 관광 등의 부문에서 비교우위를 살릴 수 있을 것이나 이에 만족하지는 않을 것이다. 그러나 가만히 앉아서 낭떠러지를 쳐다보고 있는 것보다는 일단 무슨 조치를 취하는 것이 나을 것이고 이것은 동아시아 산업협력에 참

---

5 The Asian Wall Street Journal, 2002. 4. 16.

여하는 것이다.

이미 진척되는 중국과 아세안의 협력

동아시아 질서 변화에서 가장 핵심에 서 있는 국가는 중국이다. 동남아시아는 중국과 인도차이나의 공산주의에 대항해서 아세안을 발족시켰을 정도로 1990년대 이전까지 양측의 관계는 비우호적이었다. 그러나 중국이 개방을 통해 국제사회에 진출하고 냉전체제가 붕괴하면서 경제가 국제 경제 관계의 중심으로 떠오르자 양측은 더이상 적대적일 필요가 없어졌다. 1990년대 이후 싱가포르의 이광요나 말레이시아의 마하티르 수상이 서방이나 국내 경쟁자들의 비판에도 불구하고 아시아적 가치를 옹호할 때,[6] 미국으로부터 인권 문제 등으로 항상 비난을 받아온 중국의 강택민 주석이 "아시아에는 아시아의 논리가 있다"고 주장하면서 이들의 견해에 동조할 정도로 유화적으로 변화했다. 중국과 동남아시아의 정치지도자들 간에 아시아적 가치에 대한 공감대가 형성되고 있는 실정인 것이다.

중국의 입장에서는 동북아시아 협력보다는 대 동남아시아와의 협력 관계가 용이하다. 한반도에서 남북 문제가 진전을 보이지 않는 한 중국의 역할에는 일정한 한계가 있을 것이며 일본과는 아시아 지역의 주도국 위치를 놓고 경쟁을 하고 있기 때문이다. 또한 중국은 한국에 무역적자를 기록하고 있으나 일본에게는 흑자를 기록하고 있어 동북아시아 지역과의 경제 관계에 특별한 불만이 있는 것은 아니다. 비록

---

6 마하티르가 "아시아적 가치가 보편적 가치이고 유럽의 가치는 유럽의 가치일 뿐"이라고 강조하지만 안와르는 "만약 독재적 관행에 대한 변명과 기본권이나 자유를 부정하기 위해서 아시아적 가치란 말을 쓴다면 이는 창피스러운 것"이라고 비판했다. (*The Economist*, 1998. 7. 25, p. 23.)

기술을 이전 받기 위해서 일본과 한국에 협력할 필요성은 있으나 중국의 성장에 따라 일본이나 한국이 오히려 중국 시장에 진출을 원하는 상황에서 중국이 적극적인 협력 방안을 제시할 필요는 없는 것이다.

한편으로 중국은 중국의 부상을 우려하는 동남아시아를 안심시켜야 할 필요성을 느끼고 있다. 동남아시아는 경제력은 작지만 10개국이 아세안을 결성하여 국제사회에서 정치적인 영향력이 상당하다. 세계적 강대국으로 부상하고자 하는 중국으로서는 동남아시아를 무시할 수 없다. 동남아시아와의 관계에서 중국은 일본에 비해 유리한 측면을 가지고 있다. 동남아시아 국가의 대 일본 경제 관계는 수직적·종속적으로 고착되었으며 특별한 전기가 없는 한 이 관계가 대등하게 전환하기는 어렵다. 그러나 중국과의 관계는 적어도 현재 상태에서는 동남아시아가 무역수지 흑자를 기록하면서 수직적이기보다는 수평적 관계를 유지하고 있는 것이다.

중국이 아세안과의 관계 개선 그리고 장기적으로 동북아시아 지역과의 협력을 위해서 제시할 수 있는 제도적 프로그램은 중국과 아세안의 자유무역지대이다. 중국의 주룽지 총리는 2000년 11월 아세안+3 회의에서 아세안 지도자들에게 아세안—중국 자유무역지대 창설을 공식적으로 제안했다. 양측은 2001년 3월 콸라룸푸르에서 개최된 제3회 아세안—중국 무역 및 경제협력 공동위원회[7]에서 경제협력 문제를 다루기 위한 아세안—중국 전문가그룹을 창설했다. 이 그룹은 중국의 WTO 가입 효과와 자유무역지대를 포함하는 양자간 경제협력의 미래에 대해서 연구하여 보고서를 양측의 정상들에게 제출하기로 했다. 아

---

7 이 위원회는 1995년 8월 자카르타에서 공식적으로 발족했다.

아세안―중국 전문가그룹 회의는 2001년 4월 중국에서 최초의 모임을 가졌고 6개월 후 양국 정상들에게 "21세기 아세안―중국 경제협력 강화(Forging Closer ASEAN-China Economic Relations in the Twenty-first Century)"를 제출했다.

이 보고서에 따르면 아세안―중국의 자유무역지대로 인해 아세안 6개국의 순수출 증가 효과는 약 56억 달러이며 이 중 중국에 대한 수출 증가는 130억 달러에 이른다. 중국의 대 아세안 수출은 106억 달러가 증가하고 전체 수출은 68억 달러가 늘어난다. 실제로 아세안의 대 중국 수출은 FTA가 없을 경우보다 48% 증가하지만 중국의 경우에는 55.1%가 증가하는 것으로 나타나고 있다.

문제는 아세안―중국 자유무역지대도 무역 창출 효과와 전환 효과를 통해 미국을 비롯한 다른 나라의 이 지역에 대한 수출에 부정적인 영향을 미친다는 것이다. 일본의 대 아세안 수출이나 대 중국 수출은 감소하고 있으며 미국의 경우도 동일한데 특히 일본의 대 중국 수출은 8억 달러 이상, 미국의 대 중국 수출도 5억 달러 이상 감소하는

아세안-중국 자유무역지대의 수출 증가 효과

(단위 : 백만 달러)

	아세안	중국	일본	미국	기타	총계
아세안	-3,167	13,008	-1,011	-799	-2,461	5,570
중국	10,614	-890	-512	-813	-1,557	6,842
일본	-325	-824	-	394	472	-282
미국	-2	-501	123	-	100	-280
기타	-475	-2,679	468	482	844	-1,361

자료 : 아세안 사무국, *Forging Closer ASEAN-China Economic Relations in the Twenty-first Century*, 2001.

것으로 나타난다. GDP 증가 효과를 보면 인도네시아의 GDP가 약 1.12% 증가하여 가장 큰 혜택을 보게 되며 중국의 GDP는 0.27% 증가하는 것으로 나타난다. 일본과 미국의 경우 -0.09% 및 -0.04% 등의 감소로 나타난다.

아세안—중국 자유무역지대를 구체화하는 데는 그다지 많은 시간이 걸리지 않을 것이다. 아세안이 이미 십 년 이상 자유무역지대를 만들기 위해 작업을 해왔으며 이 모델을 그대로 원용하면 될 것이기 때문이다. 물론 아세안은 후발 아세안 국가인 캄보디아·라오스 등의 완전 AFTA 실시를 2006년으로 계획하고 있다. 실제로 중국의 주 총리는 2008년까지 자유무역협정을 체결하자는 견해를 보였으나 아세안 지도자들은 2년 연기를 요구했던 것으로 알려지고 있다.

아세안—중국 자유무역지대는 양측 정치지도자들의 승인에 불과한 것이지만 양측의 고위 관계자들은 2002년 들어 협상을 시작했다. 분명한 사실은 중국이 먼저 관세를 인하하고 특히 아세안 후발국인 미얀마·라오스·캄보디아에 대해 특혜관세대우를 할 것이라는 점이다.

장기적으로 동아시아 자유무역지대 실현 필요

사실 아세안—중국의 자유무역지대가 반드시 경제적 요인만을 그 배경으로 하고 있다고 보기는 어렵다. 아세안은 중국과 자유무역지대를 창설함으로써 일본과 중국의 경쟁 관계를 이용할 수 있을 것으로 본다. 나아가 장차 일본·한국을 포함하는 동아시아 자유무역지대가 현실화된다면 아세안은 협상에서 유리한 고지를 점령하고 있는 셈이다. 중국은 중국대로 일본을 대체하는 아시아의 리더 자리를 국제사회나 아시아에 각인시킬 생각이다. 또한 아세안을 등에 업음으로써 미국과의 협상 과정에서 좀더 확실한 경쟁자가 될 수도 있을 것이다.

한편 동아시아 전체를 포괄하는 동아시아 자유무역지대를 창설하자는 견해도 나왔다. 보고서 "21세기 아세안―중국 경제협력 강화"는 동아시아의 경제협력의 진전을 위한 중요한 전진, 아세안과 한·중·일을 포함한 보다 야심찬 비전을 위한 기초로서 아세안―중국 자유무역협정을 제안하고 있다. 2000년 아세안+3 회의에 참여한 정상들은 이 문제를 더 논의하기로 한 바 있다. 기왕 아세안+3를 더욱 활성화하기로 했으니 동아시아 자유무역지대를 창설할 수도 있다는 것이다. 2001년 11월의 아세안+3 회의에서 한국의 김대중 대통령은 동아시아 비전그룹의 연구 결과를 바탕으로 아주 중요한 제안을 하였다.

현실적으로 일단 아세안―중국의 자유무역지대가 구체화되어간다면 동북아시아 지역도 무대응으로 일관할 수는 없을 것이다. 경제통합의 효과는 요소의 상대가격차가 큰 국가들 간에 이루어질수록 크기 때문에, 다양한 국가들이 통합할 때 더 큰 효과를 낼 수 있다. 즉 동아시아에서 한국과 일본이 자유무역지대를 만들게 되면 중국과 한국에게만 정의 효과가 있을 뿐 아세안이나 미국 등은 부정적 효과를 보게 된다. 한·중·일 3국이 자유무역협정을 체결하는 경우 아세안과 미

경제통합체의 후생(GDP 성장률)에 미치는 효과

(단위 : %)

	한국	중국	일본	아세안	미국
한국+일본	0.3	+0.0	−0.0	−0.0	−0.0
한중일 3국	0.7	0.3	0.1	−0.2	−0.0
아세안+3	0.7	0.2	0.1	0.9	−0.0

자료 : 세계은행, *East Asia Update*, 2001. 10, p. 15.

국에게 부정적인 효과를 미칠 것이다. 대신 아세안+3는 미국을 제외한 아시아 전 지역에서 상당한 플러스 효과를 내고 특히 아세안에게 큰 이익을 안겨준다. 이처럼 보다 규모가 큰 자유무역지대가 더 큰 효과를 내게 되는 것이다. 이는 중국과 아세안의 자유무역지대가 쉽게 일본과 한국 등 동북아시아를 포함한 아시아 자유무역지대로 발전할 수 있을 것으로 전망되는 이유이기도 하다.

동아시아 자유무역지대를 촉진하는 힘

동아시아가 공동번영을 하고 대외 의존도를 축소하기 위해 역내교역을 창출하며 동남아시아의 주기적 위기를 방지하기 위해서 반드시 자유무역지대를 창설해야 하는가에 대한 답은 부정적일 수도 있다. 실제로 형식보다는 실질이 중요할 수 있는 것이다. 그러나 교역 확대를 위한 거래비용의 축소, 시장의 지배구조 형성을 위해서는 자유무역지대의 창설이 도움이 될 수 있다.

경제적 통합의 이익 이외에도 동아시아의 제도적 통합 가능성을 높여주는 몇 가지 요인이 있다. 가장 중요한 것은 중국 측의 요인이다. 중국은 WTO 가입 협상이 일단락되면서 동아시아 문제에 깊은 관심을 보이기 시작했다. 동아시아에서 중국의 영향력과 위상을 제고하기 위해 노력하고 있으며 이미 동아시아의 리더라고 생각하고 세계를 다극 체제로 꾸려가려고 한다. 2002년 중국은 유럽의 다보스포럼을 모델로 출발한 중국의 보아오포럼을 만들어 진행했다. 중국 정부는 보아오포럼을 세계적인 행사로 발전시키기 위해 고이즈미 일본 총리 등 각국의 정상급 인사들을 초청하는 데 힘을 쏟았다.

중국이 아시아에 선사할 가장 선물은 시장이다. 시장환율로 평가

해도 중국은 2000년 GDP가 1조 달러를 넘어서 미국, 일본, 독일, 영국, 프랑스, 이탈리아에 이어 세계 7위의 경제 규모를 가지고 있다. 중국의 2000년 1인당 GDP는 840달러에 불과하지만, 구매력 평가로 환산할 경우 4,700달러 수준으로 훨씬 높아지고 지역으로는 서부 내륙, 산업으로는 일부 서비스 산업의 시장화가 진전되면 중국의 시장 규모는 더욱 커질 것이다.

중국을 둘러싼 화교자본의 움직임도 중요한 촉진 요소가 될 수 있다. 즉 동아시아에는 중국 이외의 지역에 수천만 명의 화교가 거주하고 있으며 이들은 수천억 달러의 자금을 갖고 있다고 알려져 있다. 비록 동아시아의 외환 위기 이후에 화교자본이 상당한 타격을 받았으나 여전히 화교는 중요한 국제 금융자본의 원천이다. 실제로 홍콩이나 대만의 화교 기업뿐만 아니라 동남아시아의 화교는 향후 생존을 위해 중

동아시아의 인구 구조

(단위 : 천 명, %)

	총인구		고령인구 비중	
	2000	2025	2000	2025
일본	126,898	121,150	23.1	32.9
한국	47,275	52,533	10.6	22.3
인도네시아	212,107	272,442	7.5	12.9
말레이시아	23,171	30,968	6.6	13.7
필리핀	75,967	108,251	5.7	10.9
싱가포르	4,146	4,168	10.5	28.4
태국	62,320	72,717	8.7	18.1
베트남	79,832	108,037	7.4	12.3
중국	1,277,558	1,480,412	10.1	19.5

자료 : UN.

국 사업을 확대할 것이고 이는 자연스레 동남아시아와 중국의 협력 강화로 귀결될 것이다.

한편 일본, 한국, 싱가포르 등에서 나타나는 고령화 문제는 동아시아의 민족주의의 지평을 상당 부분 변화시킬 전망이다. 인구의 고령화는 사회의 활력을 저하시키고 있는데 이는 이미 일본에서 나타나고 있다. 2000년 현재 동아시아에서 일본만이 고령인구(65세 이상)의 비율이 23.1%에 이르고 있으나 2025년이 되면 한국, 싱가포르 등의 고령화 비율이 20%를 웃돌 것이다. 따라서 이들은 현재보다는 이민에 대한 문호를 개방하지 않을 수 없을 것이다. 결국 아시아에서는 상품과 자본의 이동뿐만 아니라 노동력의 이동도 보다 활발하게 나타날 전망이다. 이미 아세안에서는 싱가포르, 말레이시아가 노동력을 대거 수입하고 있으며 최근에는 고급 인력의 수입도 증가하고 있다. 일본, 싱가포르, 대만 등이 주 수입국이며 일본과 대만은 아시아 전 지역에서, 싱가포르는 주로 말레이시아에서 수입하고 있다.

동아시아 자유무역지대에 대한 장애

동아시아 자유무역지대가 반드시 순조롭게 추진되지 않을 수도 있다. 많은 장애 요인이 도사리고 있으며 그 장애 요인은 확연히 드러나 눈에 보이지만 동아시아 자유무역지대가 창출할 수 있는 이득은 쉽게 눈에 보이지 않는다. 실제로 동아시아의 정치·문화는 특정 사안에 대한 적절한 논의와 결정 그리고 결정사항의 이행에 대해 일관성을 유지하기 어렵게 한다. 동북아시아 국가들이 아직 민주주의에 익숙해 있지 않기 때문에 민주적 제도가 완비되어 있더라도 쉽게 정책화하기는 어려운 실정이다.

가장 큰 문제는 농수산 등 소위 민감한 부문의 자유화 문제이다. WTO의 GATT 24조는 관세동맹 또는 자유무역지대로 인정받기 위해서는 회원국들이 상호간에 이루어지는 '사실상 모든(substantially all)' 무역에 관한 관세 및 기타 제한을 철폐해야 한다고 규정하고 있다. 이렇게 된다면 농산물 문제는 다른 어떤 장벽보다도 동아시아의 자유무역지대 창설을 어렵게 할 것이다. 농수산물에서 비교우위가 없는 일본·한국의 정부 관료들은 협상의 시작과 함께 바로 비애국자로 낙인찍힐 것이다. 일본이 싱가포르와, 한국이 칠레와 자유무역협정을 체결하기 위해 시도한 것은 이들이 각각 농산물 문제에서 어느 정도 자유로울 수 있다는 점을 반영하고 있었다.

그러므로 농수산물을 제외한 공산품을 대상으로 자유무역지대를 창설할 수 있겠고 사실 EU—멕시코 자유무역협정은 양측에서 많은 농수산물을 예외 품목으로 규정하고 있기도 하다. 그러나 이러한 사례를 동아시아에 적용한다면 대부분 농산물을 수출하고 있는 역내의 후진국은 환영하지 않을 것이다. 더 나아가 과연 누구를 위한 경제통합이냐라는 근본적인 의문이 제기될 것이다. 설사 일본이나 한국의 주장이 수용되어 농산물을 제외할 수 있다고 해도 미국·호주 등 비록 역외국이지만 농산물의 국제교역 자유화에 큰 관심을 보이고 있는 국가들이 동아시아 자유무역지대의 불완전성을 들어 반발할 수 있다.

또 다른 문제는 일본과 중국의 경쟁이다. 일본은 1960년대 이래 아시아 경제를 주도했고 여전히 세계 2위의 경제대국이다. 비록 1990년대 들어 경제 침체로 어려움을 겪고 있으나 제조업의 생산기술과 축적된 자본은 세계적 수준을 유지하고 있다. 동아시아가 공업화를 통해 성장을 지속한다는 전략을 버리지 않는 한 일본은 동아시아 경제에 영향을 미치지 않을 수 없다. 이에 비해 중국은 일본이 제공하지 못하는 시장을 통해 동아시아의 미래의 성장을 지속시킬 수 있는 영향력을 발휘하게 된다. 따라서 중국과 일본이 동아시아의 주도국 위치를 놓고 경쟁을 하는 한 동아시아가 제도적 협력체를 추진해가는 데 저해요소가 될 수 있다는 것이다.

또한 중요하게 살펴볼 문제는 동아시아 경제 발전의 격차가 동아시아 통합, 자유무역지대의 창설에 중요한 걸림돌이 된다는 것이다. 아세안이 자유무역지대를 추진하는 데도 후발국인 베트남·캄보디아·라오스·미얀마에 대해서는 시차를 두고 관세 인하를 허용하고 있다. 이런 상황에서 일본이나 한국·대만 등의 선진국이 동일한 선상에서 무역 자유화를 추진한다는 것은 거의 불가능에 가깝다고 할 수 있다. 다행히도 중국은 아세안과의 자유무역지대를 계획하면서 이들 아세안 저개발국에 대해서는 일방적 관세 인하를 계획하고 있고 바로 이 때문에 아세안 내의 말레이시아, 인도네시아 등의 우려에도 불구하고 아세안—중국 자유무역지대의 협상을 시작할 수 있었던 것이다. 따라서 동아시아 자유무역지대가 정식으로 논의된다면 역내 선진국은 중국의 사례를 원용해야 할 것이다.

■■■ 맺는말

동아시아 협력을 위한 제언

　동아시아의 협력이 생각만큼 쉬운 일은 아니다. 한 국민경제 내에서도 이해관계자간의 충돌이 정책 결정을 어렵게 하는 경우가 많은데 국가 간에는 더욱 그러할 것이다. 필자가 보는 동아시아 경제의 미래에 대한 몇 가지 문제는 사실상 일반시민의 문제가 아닐 수도 있다. 그렇지만 동아시아가 협력을 해야 하는 이유는 우리 주변에서 얼마든지 찾아 볼 수 있다. 2002년 봄 우리는 중국 땅에서 날아온 황사가 우리 삶에 얼마나 큰 영향을 미치는가를 여실히 경험했다. 황사가 심한 날에는 학교가 문을 닫아야 했고 병원에는 목감기 환자가 넘쳐났다. 싱가포르와 말레이시아 인들은 인도네시아에서 불어오는 연기 때문에 매년 한 차례 고통을 겪는다. 빈곤한 인도네시아의 수마트라와 보르네오 섬 주민들이 화전을 일구기 위해 산림에 불을 놓아 그 연기가 바다를 건너 날아온 것이다.

　협력은 정치인들만의 몫은 아니다. 동아시아 시민사회의 형성과 성숙은 바람직한 협력방안을 마련하는 데 도움이 될 수 있을 것이다. 동아시아에는 1인당 소득이 3만 달러가 넘는 국가가 있는가 하면 300여 달러에 불과한 국가도 있다. 3만 달러의 소득을 가진 국가와 시민이 300여 달러의 소득을 가진 국가와 시민들을 고려하지 않는다면 협력이라는 단어는 아무런 의미가 없다. 동아시아의 다른 사회에 대한 사정을 이해하고 바람직한 협력방안이 나오도록 정부에게 압력을 행사하는 일은 시민사회의 몫이다. 강력한 민족주의가 더 이상 동아시아의 공동 번영을 저해하지 않도록 동아시아 시민들의 의식이 개선되어야 한다.

인도차이나 반도 최빈국의 하나인 라오스의 '열림'은 좋은 예다. 라오스는 오랫동안 프랑스의 지배를 받았고 1970년대에는 사회주의 실험을 했지만 성공하지 못했다. 캄보디아와 같은 장기간의 내전도 없었고, 동아시아 경제가 세계와의 교류를 통해 성장했다는 점을 고려한다면 라오스가 아직 저개발 상태인 것은 내륙국이라는 지리적 위치가 한 원인일 것이다. 이러한 라오스에 1980년대 말부터 새로운 바람이 불기 시작했다. 구 소련의 개혁과 개방에 영향을 받아 라오스가 신경제 정책을 채택하기 시작했던 것이다.

그러나 그것보다 더 중요한 바람은 라오스가 대외적으로 통로를 마련한 것이다. 1994년 라오스의 수도 브엔티안과 메콩강 건너 태국 농까이를 연결하는 우정의 다리(우호교)가 완공되었다. 다리의 건설에는 호주 정부가 지원한 3400만 호주달러가 기반이 되었다. 이 다리는 태국의 남성들이 라오스에서 값싼 밤의 열기를 즐기기 위해 건너기도 하지만 미답의 땅을 동경해서 세계 각지에서 찾아오는 배낭여행객들과 태국 농까이와 라오스 브엔티안을 왕래하는 상인들이 더 많이 이용한다. 2001년 5월 어느 날 이 우정의 다리를 찾은 필자는 하나의 다리가 만들어내는 열림과 협력이 얼마나 중요한 것인가를 느낄 수 있었다. 그리고 이 다리의 건설을 위해 프로젝트를 알아보고 자금을 지원한 저 바다 건너 호주 시민사회의 안목과 성숙함이 부러웠다.

모든 사람이 호주의 우호교를 거쳐 라오스로 입국하는 것은 아니다. 어떤 사람들은 방콕에서 비행기를 타고 라오스 공항에 입국을 할 때 그는 공항이 일본이 지원한 공항임을 보게 된다. 일본은 식별하는 눈이 떨어졌는지도 모르지만 자본을 갖고 있었다. 일본 정부는 태국의 동부 묵다한과 라오스의 사바나 켓을 연결하는 메콩강의 두 번째 교량을 건설할 예정이다. 호주가 지원한 우호교를 통해 태국과 연결되었던 라오스 사람들은 이제 일본의 돈을 이용해 태국·베트남과 연결되고 그들의 중계 역할을 할 수 있게 된 것이다.

동아시아의 협력에서 정치인의 역할을 무시할 수 없다. 동아시아 경제에서 21세기 초반 10여 년은 격변기가 될 것이다. 국제질서의 변화 외에도 역내에 소소한 갈등 요소는 수없이 많이 있다. 태국과 미얀마에서는 국경 부근의 마찰로 양국의 장군들이 서로를 비난한 눈길로 바라본다. 다리 하나를 사이에 두고 있는 문명국인 싱가포르와 말레이시아는 나이든 정치지도자들의 알력 때문에 국제사회의 주목을 받기도 한다. 불법 노동자의 체류 문제는 동아시아 내부에서 왕왕 국가 간 갈등요소가 되기도 한다. 불법 노동자로 억류되었다가 쫓겨오는 자국 노동력을 수송하기 위해 말레이시아로 해군선을 파견해야 하는 인도네시아 지도층들의 마음이 편할 리 없다. 일본의 정치인들은 가끔씩 한국인들의 심기를 불편하게 한다.

그러나 이러한 문제들은 사실상 동아시아 전체가 새롭게 변모하는 세계질서의 환경을 인식하면 큰 문제라고만 할 수는 없다. 협력 과정에서 나타나는 문제는 정치지도자들을 더욱 어렵게 할 것이다. 중국의 성장과 산업집적은 신흥공업국이나 아세안의 산업공동화를 초래할 수 있다. 중국의 WTO 가입을 통한 수출 확대, 수세에 몰린 일본 기업의 현지 기술이전 가속화, 중국 기업의 대 동남아시아 투자 증가로 아시아의 산업구조는 변화할 것이다. 중국이 1차적으로 동남아시아에 수출과 투자를 확대하면 경쟁력이 낮은 동남아시아 산업의 퇴출 현상이 나타날 것이고, 동남아시아 공산품의 가격 하락과 산업구조 전환은 2차적으로 한국·대만 등의 제조업체에 파급되어 구조조정이 확산될 것이다.

일본이나 한국에서 농업 부문의 문제, 전통 산업의 쇠퇴로 불거지는 실업 문제들은 정권을 흔드는 문제일 수 있다. 이런 문제가 터져 나올 때 아무리 세계적 시야를 갖춘 정치지도자라 하더라도 뾰족한 수를 발견하기 어려워진다. 더구나 마늘 문제의 협상 과정에서 어느 관료가 더 잘못했는가가 마늘 문제의 전부라고 호도하는 사람들이 많은 사회에서는 더욱 그러할 것이다. 실제로 장기적 협력 문제는 장기적인 모색보다는 단기적인 문제 해결에만 집착하는 정치인들에게는 버거운 것으로 세계 문제에 더 많은 관심을 갖는 정치지도자들이 많아져야 한다.

정치지도자들이 해야 할 일은 또 있다. 사회를 역동적으로 만드는 것이다. 동아시아 경제를 발전시킨 주체 중의 하나는 기업가였다. 일본은 이미 제2차 세계대전 이전부터 굳건한 기업가계층이 자리잡고 있었고 전후에도 이들은 다시 과거의 기술을 이용하여 경제를 재건할 수 있었다. 일본의 기업가는 특히 장인주의적 기업가로서 오랜 역사의 경험을 통해 서구를 모방했으며 모방을 통해 새로운 제품을 생산해

냈다. 신흥공업국에서는 전후에 기업가가 등장하기 시작했다. 그들은 새로운 분야에 대한 도전과 모험을 통해 산업을 발전시켰다. 한국의 조선·반도체 등은 새로운 기업가적 모험에서 출발한 산업이었고 대만의 정보통신업도 마찬가지였다. 동남아시아에서 기업가는 화교 기업이 중심이었다. 이들은 금융·유통 부문에서 기업가로 등장했다. 사회가 더욱 역동적으로 움직이기 위해서는 이러한 기업인들의 창의력이 충분히 발휘될 수 있고 새로운 기업인들이 지속적으로 출현하고 성장해야 한다.

　동아시아가 고도성장 과정에서 많이 의존했던 개발독재형 국가는 지금 같은 정보혁명의 시대에는 사람들의 창의력을 발휘할 수 있는 토양으로 작용하지는 못할 것이다. 이 점에서 동아시아 국가들은 사회의 민주화를 더욱 촉진해야 한다. 그리고 인도차이나 반도의 국가들을 밖의 세계로 끌어내야 하고 싱가포르·말레이시아 등에서는 더 많은 사람들이 자유롭게 자기의 의사를 표현할 수 있어야 한다.

　특히 중국의 정치지도자들은 민주화 문제에 더 많은 관심을 기울여야 할 것이다. 중국이 현행 정치적 체제를 유지하고 단순히 경제력으로만 아시아의 현실적, 혹은 제도적 주도국이 되려고 한다면 주변 국가들은 불안을 느낄 것이다. 보다 민주화되고 자유로운 중국이 주도하는 아시아 통합과 사회주의적·일방적 체제가 주도하는 아시아 통합 중 어느 것이 주변 국가들을 덜 불편하게 할지는 명확하다. 중국이 보다 성실하고 책임감 있는 주도국이 되기 위해서는, 그리고 창의력을 통한 발전을 위해서 국내의 정치적 민주화에 더 많은 노력을 기울여야 할 것이고 동아시아 주변국은 중국의 바람직한 발전을 격려해야 할 것이다.

표 목차

동아시아 국가의 성장률 추이　17
동아시아의 생활 수준　19
세계은행이 보는 동아시아의 기능적 성장 모델　21
세계 무역에서 지역별 비중 추이　25
동아시아 국가의 공산품 수출 비중　26
동아시아 국가의 수출의 대 GDP 비율(2001)　28
성장 전략별 GDP 성장률 비교　30
성장 전략별 한계고정자본계수　30
동아시아의 투자 및 무역 관계(1989~92)　34
각국(지역)의 동아시아 내 수입 추이　42
동아시아 지역의 대 일본 무역수지 추이　43
세계 권역의 무역구조(1999)　44
미국의 대 동아시아 수출입 및 무역수지　45
2001년도 상반기 국가별 피제소 현황　47
동아시아의 저축률과 투자율　49
동아시아 국가의 총요소생산성 상승률(TFP) 추정　54
세계 시장에서 아시아 및 대양주의 비중　59
동아시아 국가의 IT 제품 수출과 비중　61
미국의 대 동아시아 국가별 수입 추이　67
동아시아 기업의 부채 관련 지표(1996)　71

동아시아 국가의 이자보상배율 추이　72

동아시아 국가의 수출가격 상승률 추이(1971~98)　75

동아시아 국가의 수출 증가율 추이(1994~97)　75

일본과 동아시아의 경제 연계 지표(2000)　78

일본 금융기관의 대 아시아 대출 변동 추이　79

인도네시아 기업의 채무 상황(1998년 6월)　83

동아시아 고부채 모델　86

외환 위기 이후 동남아시아의 경제성장률 추이　89

동남아시아 국가의 공적자금 투입(2001)　92

각국의 NPL 보유와 AMC의 권한(2001년 말 현재)　93

동남아시아의 과학기술 관련 지표　96

동남아시아의 PC 및 인터넷 보급 상황(2001)　97

신흥공업국의 외환 위기 이후의 통화가치 및 주가 상승률　100

아시아 신흥공업국의 성장률 추이　102

신흥공업국의 수출 증가율 추이　104

신흥공업국의 저축·투자율 및 외환보유고 추이　106

세계의 경상수지 불균형 추이　118

일본의 주요 경제지표 추이　122

동남아시아의 대일 무역수지의 총수출 대비 비율 추이　124

일본의 대 동남아시아 직접투자 추이　125

일본의 인구지표 추이 및 전망　128

위기 이후 외국인직접투자 개방　136

태국 주요 화교계 은행의 자산 매각　138

외환 위기 이후 살림그룹 자회사의 상황(2002년 중반)　143

동남아시아의 시멘트 산업의 외국인투자　144

2000년 전후의 구미 자동차의 대 아시아 진출　146

중국의 주요 경제지표　153

중국 경제의 전환　155

세계 주요 무역국의 수출 추이(1980~2000)　157

중국의 상위 10대 수출국 및 수출 실적 추이　159

중국의 상위 10대 수입국 및 수입 실적 추이　161

중국 GDP와 투자에서 차지하는 외국인직접투자의 비율　164

아시아 증시의 주가 상승률 추이　165

다국적기업의 대중 투자 발표(2000년 경)　168

세계 의류시장에서 차지하는 각 지역의 비중 추이　171

중국 전자 제품의 세계 생산 비중(2001)　173

중국 공산품의 세계 시장 비중 전망　175

중국 상위 10 컴퓨터 브랜드의 시장점유율(2001년 3월 현재)　180

중국에서 활동하는 일본계 반도체 기업(2002년 상반기)　185

중국내 신설 반도체업체 현황　186

중국 도시 지역 국유경제의 고용과 투자 비중(1999)　192

중국 국유기업 개혁의 구도　193

중국 국유기업의 통합·재편에 따른 대기업 출현　194

일본 전자업체의 주요 기술 공여 사례(2002년 상반기 현재)　196

중국의 수출에서 차지하는 외자기업의 비중　200

미국 시장에서 아시아의 지역별 시장점유율 추이　210

중국의 세계 시장 점유율에 대한 동남아시아 3국의 탄력성　212

중국과 아세안에 대한 외국인직접투자 유입 추이 비교　214

일본의 상위 10대 교역국(2001년 수입 기준)　219

일본의 중국 제품의 수입 이유　222

일본의 품목별 수입에서 차지하는 아시아 각국의 비중　222

일본의 해외 투자 및 대 중국 직접투자 추이　224

일본 전자업체의 중국 진출(2000~2001) 225
아세안의 대 일본 및 중국 수출 의존도 추이 227
중국과 일본의 주요 경제지표 비교(2000) 230
중국의 대 대만 및 홍콩의 수출입 추이 234
중국과 홍콩의 외국인직접투자 유입 및 유출 추이 235
대만 기업의 대 아세안 및 중국에 대한 투자 236
대만 IT의 지역별 생산 비중(2002. 1/4) 238
대만의 대중국 정책 변화 241
홍콩을 중심으로 한 동남아시아 화교자본의 역내 전개 247
중국의 대 아세안 국가와의 수출입 251
동아시아 국가의 대 일본 및 중국 수출 비중 추이 256
중국과 일본의 대 동아시아 수입 추이 257
일본과 중국의 대 아세안 수입 추이 및 전망 258
일본의 대 중국 및 아세안 직접투자 추이 259
한국 기업의 대 중국 및 아세안에 대한 투자 추이 261
중국의 해외 직접투자(공식통계 기준) 262
중국의 대 말레이시아 및 태국 직접투자(승인 기준) 263
동아시아 국가간 통화스왑 체결 현황(2002. 6 현재) 274
동아시아의 지역 경제권 분포 277
아시아 지역 국가가 참여하는 지역협정 및 자유무역협정 281
경제통합체별 역내 수출 비율 추이 285
동남아시아 국가의 외채 대 GDP 비율 303
시게이트사의 동남아시아 고용 규모 변화 304
아세안-중국 자유무역지대의 수출 증가 효과 313
경제통합체의 후생(GDP 성장률)에 미치는 효과 315
동아시아의 인구 구조 317

아시아 경제, "힘의 이동"
-일본에서 중국으로 옮겨가는 경제주도권

2002년 10월 10일 초판 1쇄 인쇄
2002년 10월 15일 초판 1쇄 발행

지 은 이 | 박번순
펴 낸 곳 | 삼성경제연구소
펴 낸 이 | 최우석
출판등록 | 제03-00975호
등록일자 | 1991년 10월 12일
주　　소 | 서울시 용산구 한강로 2가 191 국제센터빌딩 7, 8층
　　　　　전화 3780-8153(기획), 3780-8084(영업)
　　　　　팩스 3780-8152
　　　　　http://www.seri.org
　　　　　seriijt@seri.org

ISBN 89-7633-209-1 13320

* 저자와의 협의에 의해 인지는 붙이지 않습니다.
* 가격은 뒤표지에 있습니다.
* 잘못된 책은 바꾸어 드립니다.

삼성경제연구소 도서정보 이렇게도 보실 수 있습니다.
인터넷 홈페이지에서 → Book → SERI가 만든 책